지도로 읽는
**아시아**

소통의 장점과 공동 작업의 기쁨을 누리게 해준 프랑스 지도 제작 및 미래연구소 연구원들에게 바칩니다.

지정학적 이슈로 보는 아시아의 역사와 미래

# 지도로 읽는 아시아

장 크리스토프 빅토르 외 지음 | 조민영 옮김

시공사          Tallandier          arte EDITIONS

# 차례

# 아시아!

'아시아'라는 단어는 과연 역사적 사실을 담고 있는 지리적 증거로 인정될 수 있을까? 흔히 역사, 지리, 언어, 종교로 확연히 구분되는 아시아의 각 지역들과 인구 전체를 탐험하다 보면, 실제 아시아를 무엇으로 정의할 수 있을까 하는 의문이 생긴다.

아프리카는 지리적으로 세 개의 바다(아라비아해, 지중해, 홍해)와 두 개의 대양(인도양과 대서양)으로 뚜렷하게 구분된다. 반면 아시아는 경계가 분명하게 구분되는 한 덩어리의 대륙은 아니다. 아시아를 정확하게 무엇으로 정의할 수 있을까? 지리학자 피에르 구루Pierre Gourou는 아시아를 '쌀 문명civilisation du riz'으로, 역사학자 르네 그루세René Grousset는 '대초원의 제국'으로 표현했다. 또한 싱가포르의 정치가 리콴유는 아시아를 '월드 오브 아시아world of Asia'라는 한 덩어리의 세계로 보았다. 어쩌면 그 끝에 작은 유럽 반도가 달려 있지만 어쨌든 하나의 '대륙'이라고 할 수는 없는 '유라시아'가 지리적으로는 더 정확한 표현일지 모른

다. 어쨌거나 한 가지 지리적 기준만으로 아시아를 꿰뚫을 수는 없다.

일부 말레이시아 정치인들은 잠재적으로 존재하는 '아시아적 가치들' 위에 구축된 단일 문명이 중요하다고 주장한다. 그러나 이러한 주장은 인도, 중국, 몽골, 일본의 문명이나 여러 군도들의 다양한 해상 문명뿐 아니라, 아시아인의 풍부한 인류학적 다양성만 가지고도 간단히 반박할 수 있다.

또한 아시아 내의 긴장 관계를 살펴보면 아시아 여러 나라들이 한 대륙에서 공존하기가 쉽지 않음을 알 수 있다. 이곳에는 애니미즘, 불교, 유교, 일본의 민속신앙 신토神道, 힌두교, 이슬람교, 기독교 등 다양한 종교를 믿는 수많은 민족 언어학적 집단이 함께 살아가기 때문이다. (기독교, 유대교, 이슬람교처럼) 경전이 있는 종교들은 상인들의 정복, 군사적 승리를 견인한 무기들, 이러한 승리에 쐐기를 박은 선교사들의 포교에 의해 아시아에 뿌리내렸다. 반면 '아시아'가 문명적으로 한뿌리를 갖지 않는다고 누누이 강조하는 관점에서 보면 아시아의 다른 종교들은 전부 아시아에서 자생한 것이다.

아시아를 특수한 인구학적 모델로만 묘사할 수도 없다. 이 지역에는 세계에서 인구가 가장 많은 중국과 인도가 속해 있으나, 부탄이나 동티모르처럼 인구가 적은 나라도 있기 때문이다. 또한 일본과 중국은 매우 빠른 속도로 고령화되고 있는 반면, 인도는 전 세계에서 인구 연령대가 가장 낮은 나라에 속한다. 세계적으로 도시화 비율이 가장 높은 곳도 아시아이고, 세계화의 손길이 닿지 않은 농촌이나 농업지역이 가장 많은 곳 역시 아시아다.

아시아의 윤곽과 그 주변부를 좀 더 잘 파악하고 탐색하려면, 아시아를 떠나 다른 관점에서 아시아를 살펴보는 것도 좋은 방법일 것이다.

지도로 보는 아시아

유럽에서 볼 때 아시아는 다채로운 문화가 공존하는 '동양'이자, 생소하면서도 이국적인 세계다. 태평양과 인접한 아시아의 서쪽 경계는 동쪽 경계보다 명확하게 구분하기 쉽지 않다. 요컨대 유럽인의 관점에서 아시아가 시작되는 지점을 결정하는 문제는 곧 유럽이 끝나는 지점을 결정해야 하는 문제이기도 하다는 뜻이다.

아랍 세계의 눈에 비친 아시아는 뚜렷이 구분되는, 적어도 세 가지 모습을 갖고 있다. 첫 번째는 인도와 파키스탄 상인들, 두 번째는 타이완, 싱가포르, 홍콩, 중국의 투자자들과 건축가들의 모습이다. 마지막으로 세 번째는 값싼 임금과 부당한 처우로 혹사당하는 필리핀, 방글라데시, 네팔, 스리랑카, 인도네시아 이주 노동자들의 모습이다.

UN 경제사회국 인구분과Population Division에 따르면 중동 국가들은 '서남아시아'로 분류되고, 카자흐스탄, 키르기스스탄, 우즈베키스탄, 타지키스탄, 투르크메니스탄 등은 '중앙아시아'에 속한다. 반면 국제통화기금IMF은 지리행정적으로 이 중앙아시아 국가들을 존재감이 희미한 독립국가연합CIS으로 분류했다가 다시 구소련 국가로 편입시켰다. 이렇다 보니 국제기구들의 구분 때문에 오히려 혼란이 가중되는 형편이다.

한편 런던 로이즈Lloyd's of London 보험 시장과 미국 국무부 및 에어프랑스, 애플, 미국 정유회사 엑슨모빌ExxonMobile 같은 다국적 기업들은 자기중심에서 벗어나 바깥세상으로 나아가려는 아시아의 다른 속성을 발견하게 될 것이다.

이 '아시아 안내서'는 아시아의 또 다른 통일성, 즉 경제적 역동성이라는 통일성을 탐색하고자 한다. 그러려면 다른 기준점에서 출발해야만 한다.

아시아의 서쪽 경계인 파키스탄에서 동쪽 경계인 필리핀까지, 북쪽 경계인 몽골 고원에서 남쪽 경계인 인도네시아 수마트라섬 북부의 니아스섬에 이르는 공간을 한번 살펴보자. 북한을 제외한 이 지역의 모든 나라들은 연간 4~5퍼센트에 이르는 성장률을 기록하고 있다. 또한 이들 대부분이 거의 20년간 이러한 성장률을 유지하고 있다는 사실을 고려하면, 왜 그리고 어떻게 세계의 중심이 점점 유럽과 아메리카를 벗어나 아시아로 옮겨가고 있는지 파악할 수 있을 것이다.

포르투갈의 옛 이름인 루시타니아의 가톨릭교도 엔히크 왕자는 항해의 개척자로, 그가 주도한 16세기의 '위대한 발견'은 지중해를 중심으로 한 세계의 확장이었다. 한편 유럽은 18세기에 경제력과 군사력을 앞세워 아시아 일부를 지배했다. 20세기, 특히 후반부에는 유럽과 아메리카가 당사자 간 교역 우선권을 강조했고, 21세기 초엽에는 태평양을 둘러싼 아시아 중심 세계로 변화의 바람이 옮겨갔다. 아시아 여러 나라들은 오랫동안 식민 지배를 받았고, 그 뒤에는 국내적으로 자유를 위한 투쟁을 펼쳤으며, 마지막으로 냉전의 위기를 겪었다. 이들은 1990년대가 되어서야 자신들의 역사를 되찾고 경제 발전에 박차를 가하기 시작했다. 그때 비로소 제국주의, 군주제, 공산주의 혹은 독재의 전통이 아닌 개방 체제나 민주주의 체제를 선택할 수 있었고, 그들 역시 세계화의 대열에 합류함으로써 사회적ㆍ환경적 긴장 관계가 형성되기도 했다.

이 '아시아 안내서' 1부에서는 아시아의 한 가지 면모를 파고들기보다는 다양한 모습들을 두루 살펴본다. 인구, 정치, 경제, 에너지, 사회, 환경적 측면은 모두 앞으로 우리가 살아갈 미래 세계를 구축하는 데 도움이 되기 때문이다.

2부에서는 아시아에 존재하는 잠재적 갈등, 소수자를 향한 폭력, 새로운 연대, 전쟁 가능성, 방어비의 지속적인 상승 등을 알아본다. 이런 요소들은 불안정한 상황이 발생하게 되는 원인을 밝혀줄 것이다.

마지막으로 3부에서는 아시아를 변화시키는 힘과 타성의 논리를 분석해보고자 한다. 아시아는 세상 밖으로 나아가는 동시에 자신들에게 이질적인 문화 및 정치적 영향력들을 대거 빨아들이고 있다.

이 안내서의 지리적 여정은 동쪽으로는 일본에서 서쪽으로는 아프가니스탄까지, 북쪽으로는 중국과 몽골에서 남쪽으로는 인도네시아와 몰디브까지로 집중된다. 또한 '실제' 여행을 하는 것처럼, 현재 위치에서 중앙아시아나 오세아니아 대륙 언저리로 가고 싶을 때는 여정을 변경하는 일도 서슴지 않을 것이다.

내게는 아시아를 아주 여러 번 여행할 기회가 있었다. 그곳 사람들과 풍경은 물론 그 지역과 그 지역이 품은 이야기, '역사'에 대한 강하고 올된 호기심이 나를 그곳으로 이끌었다. 여행은 늘 감동적이고 흥분되고 매력적이었고, 길게 머문 곳도 잠깐 들렀다 떠난 곳도 있었다. 아시아에 맹목적으로 이끌린 스무 살 무렵부터는 인도적, 전문적, 감성적 안내서들 덕분에 몽골을 제외하고 이 책에서 다룬 대부분의 나라들을 방문하고, 그곳에 머물고, 거기서 일했다.

비행기가 아시아 어딘가의 공항에 내릴 때마다 나는 언제나 고향에 돌아온 것 같았다! 익숙한 냄새, 색깔, 강, 변화들, 사람들은 물론, 그들의 슬프고 달콤한 이야기와 그들이 지금껏 준비해온 미래가 있는 그곳 말이다. 그렇게 결정된 미래에 그들은 국제사회의 권력 관계를 재편하고 새로운 무대로 옮겨갈 것이다. 그리고 중국에는 느리지만 유쾌한 정신의 탈식민지화를 여는 시대로 나아갈 것이다.

장 크리스토프 빅토르

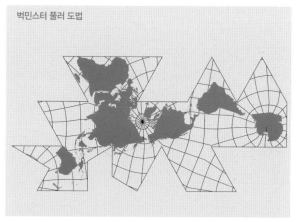

메르카토르 도법

에케르트 제4도법

벅민스터 풀러 도법

람베르트 정각원뿔 도법

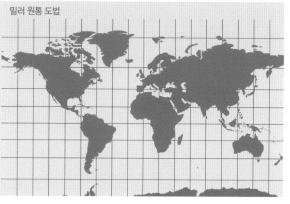

밀러 원통 도법

# 이 책에서 사용한 도법

'지도를 읽는다.' 지도를 읽는다는 게 그리 간단한 일은 아니다. 지도를 읽을 수준이 되려면 지도가 포착하여 도식화한 복잡한 세계에서 길을 잃지 않기 위해 몇 가지 기호들을 능숙하게 다룰 수 있어야 한다.

권력의 대상(지도는 현실의 선택적 재현이다. 지도 위에 모든 것을 표현할 수 없으므로 지도 제작자는 무엇을 보여줄 것인지 선택해야 하고, 선택 과정에는 권력과 정치가 작용한다–옮긴이)인 지도는 실재가 아니다. 모든 것을 한눈에 다 보여줄 수 없기 때문에 실재를 단순화시켜 재현한 것이다. 지도는 인간이 지상의 영토들을 편리하게 이용하고, 그 영토들과 관련된 지식을 얻고 그 지식을 물려주려는 끊임없는 시

도의 일환이다. 그러므로 시간을 갖고 천천히 파악해야만 비로소 지도의 의미가 드러난다.

지도를 읽을 때 알아두어야 할 첫 번째 기호는 지도 제작 도법이다. 이것은 둥근 지구를 평면으로 해석할 때 필요한 기본 규칙이다. 모든 도법은 장소를 고정하여 관찰 지점을 결정한다. 지도 위에서는 모든 나라가 기준 지점이 되므로, 각 나라는 '세계의 중심'으로 표현될 수 있는 영원하고 공통된 꿈을 실현할 수 있다. 먼저 메르카토르 도법Mercator's projection을 살펴보자. 이 도법은 각도를 중시했으나 평면을 왜곡했기 때문에 극지방이 표시되지 않는다. 에케르트 제4도법Eckert's projection은 아르테 방송사에서 방영된 〈지도의 이면Dessous des cartes〉에서 사용한 바 있다. 이 도법은 지구의 실제 표면과 지도 평면이 비례하기 때문에 '제3세계(중위도 지방)'의 왜곡이 가장 적어 비교적 정확하게 표현된다는 장점이 있다. 람베르트 정각원뿔 도법Lambert's conformal conic projection은 지구본을 원뿔에 투영한 뒤 이를 펼쳐 평면에 전개한 도법이다. 다이맥션 맵Dymaxion Map으로도 불리는 벅민스터 풀러 도법Buckminster Fuller's projection은 구 형태의 지구를 다면체로 재구성하여, 전개해서 보면 지구의 모든 육지가 하나의 땅덩어리로 보인다. 이 도법은 어떤 경로나 흐름을 나타낼 때 적합하다. 밀러 원통 도법Miller's cylindrical projection은 메르카토르 도법을 보완하여 축척의 변화와 면적의 확대를 줄인 도법이다.

다음으로 알아두어야 할 두 번째 기호는 지도 위에 표시되는 요소들과 관련된다. 그 요소들 때문에 어떤 현상을 생략하거나 표시할 수 있고, 기호를 넣거나 의문을 제기할 수도 있으며, 지도를 보는 사람의 편견이 강화되거나 확신이 어긋날 수도 있다.

이 책에서 독자는 입체감을 살린 생생한 지도뿐 아니라 경제적, 사회적, 문화적, 환경적 현상을 드러내는 정치적 지도들도 보게 될 것이다. 무엇을 보여주느냐에 따라 여러 지도를 고르게 선택했으나, 때로는 면적의 비율, 표현에 대한 취향, 심미적 만족감을 고려하여 지도를 택했다. 이렇게 한 이유는 지도가 얼마나 유용한 도구인지 알려주고, 세상의 실재를 드러내는 도구가 제시하는 가능성들을 전체적으로 보여주기 위해서다. 독자의 이해를 돕기 위해 각 지도마다 사용한 도법을 표시했다. 단 협소한 지역을 표시한 지도는 일반적으로 람베르트 도법을 사용했고, 이런 경우는 따로 표시하지 않았다. 마지막으로 시각적인 면을 고려하여 지도 제작에 사용된 출처는 뒤편의 부록에 실었다.

지도로 읽는 아시아

1 – 네덜란드

2 – 벨기에

3 – 룩셈부르크

4 – 스위스

5 – 리히텐슈타인

6 – 안도라

7 – 오스트리아

8 – 체코

9 – 슬로바키아

10 – 몰도바

11 – 슬로베니아

12 – 크로아티아

13 – 보스니아 헤르체고비나

14 – 세르비아

15 – 코소보

16 – 몬테네그로

17 – 구 유고슬라비아 공화국(마케도니아)

18 – 알바니아

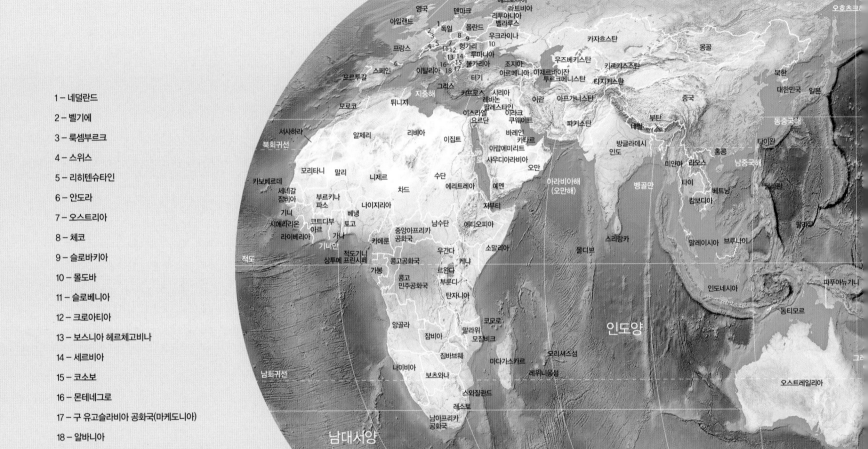

북극해

베링해

알래스카만

캐나다

그린란드(덴마크령)

북극권

래브라도해

북태평양

미국

북대서양

멕시코 만

멕시코

바하마

사르가소해

북회귀선

쿠바

도미니카공화국

세인트키츠네비스

벨리즈

자메이카

아이티

앤티가바부다

온두라스

푸에르토리코

도미니카

과테말라

니카라과

세인트루시아

세인트빈센트 그레나딘

엘살바도르

카리브해

바베이도스

코스타리카

그레나다

베네수엘라

트리니다드 토바고

파나마

마셜제도

가이아나

프랑스령 기아나

미크로네시아연방

콜롬비아

수리남

적도

나우루

에콰도르

키리바시

브라질

솔로몬제도

페루

투발루

볼리비아

사모아

프랑스령 폴리네시아

피지

통가

파라과이

남회귀선

도니아

우루과이

남태평양

칠레

아르헨티나

뉴질랜드

남대서양

로스해

북극권

# 다채로운 아시아

## 1부

약 15년 전부터 아시아는 세계의 미래가 이곳에서 펼쳐질 것이라는 인식을 심어주면서, 비약적 경제 발전으로 충만한 대륙의 이미지를 전파했다. 그러나 인구 증가, 경제 발전, 급속한 도시화와 함께 사회적 불평등, 빈곤, 천연자원의 고갈로 인한 갈등의 고조, 이산화탄소 배출에 따른 온실효과 심화 등이 발생했고, 이런 문제점들은 아시아의 특징으로 외부 세계에 각인되었다. 아시아를 향한 변화의 흐름에서 역으로 아시아도 큰 영향을 받지 않을 수 없었다. 아시아라는 명칭은 이 지역을 분명하게 하나로 아우르지만, 그 이면에는 다양한 역사적, 지리적, 국가적, 지역적 현실들이 분명하게 존재한다. 또한 일반적 성향을 의미하는 아시아의 동질성을 찾고 대륙을 포괄적으로 바라보는 시각도 있다. 그러나 그 이면에는 때로 모순적인 사회적, 경제적, 정치적, 문화적 동력의 영향을 받는 민족으로 구성된 다원적 세계가 엿보인다.

인도, 일본, 중국, 방글라데시 같은 나라에는 지금도 여전히 전통 사회의 관습들이 뚜렷이 남아 있다. 교류가 다각화되면서 이들 사회에 깃든 현대성의 기류들은 점점 강화되고, 현재 진행형인 기술적 변화는 점점 빨라지고 있다. 강압에 의한 것이든 잠재력에 의한 것이든 아시아 각 사회는 세계화 속에서 스스로 길을 열어나가고 미래를 구축하기 위해 노력 중이다.

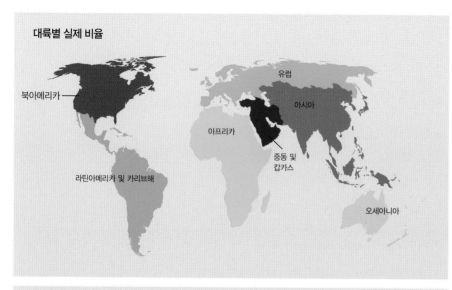

대륙별 실제 비율

북아메리카

라틴아메리카 및 카리브해

아프리카

유럽

아시아

중동 및 캅카스

오세아니아

### 1950~2050년의 세계 인구 변화

이 지도들은 대륙별 인구 변화를 나타낸 것인데, 각 대륙에 표시된 수치에 따라 물리적인 크기를 변형시켰다. 분석한 대륙들의 크기를 비율적으로 축소하거나 확대함으로써, 그래픽을 이용해 어떤 현상의 실재, 여기서는 대륙 간 인구 비율을 나타낼 수 있다. 위의 첫 번째 지도는 각 대륙의 면적을 그대로 반영하였으며, 기준 지도로 삼는다. 1950년, 2015년, 2050년 세계 인구 분포를 나타낸 오른쪽 지도에서는 세계 인구에 대한 각 대륙의 인구 비율에 따라 대륙의 크기가 커지거나 작아진다.

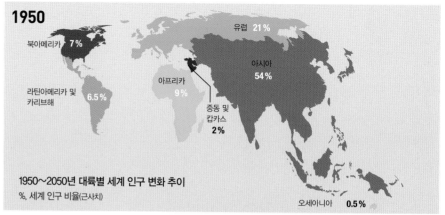

1950

북아메리카 7%

유럽 21%

라틴아메리카 및 카리브해 6.5%

아프리카 9%

아시아 54%

중동 및 캅카스 2%

#### 1950~2050년 대륙별 세계 인구 변화 추이
%, 세계 인구 비율(근사치)

오세아니아 0.5%

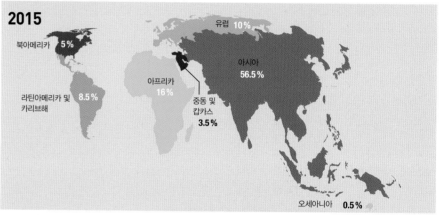

2015

북아메리카 5%

유럽 10%

라틴아메리카 및 카리브해 8.5%

아프리카 16%

아시아 56.5%

중동 및 캅카스 3.5%

오세아니아 0.5%

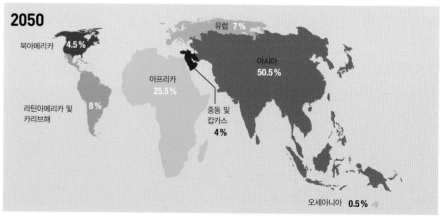

2050

북아메리카 4.5%

유럽 7%

라틴아메리카 및 카리브해 8%

아프리카 25.5%

아시아 50.5%

중동 및 캅카스 4%

오세아니아 0.5%

2050년이 되면 아시아는 전 세계에서 가장 인구가 많은 대륙이 될 것이다.
남아시아의 저연령 사회와 동아시아의 고령화 사회는 아시아 인구의 다양한 실상을 보여준다.

# 인구통계로 본 아시아

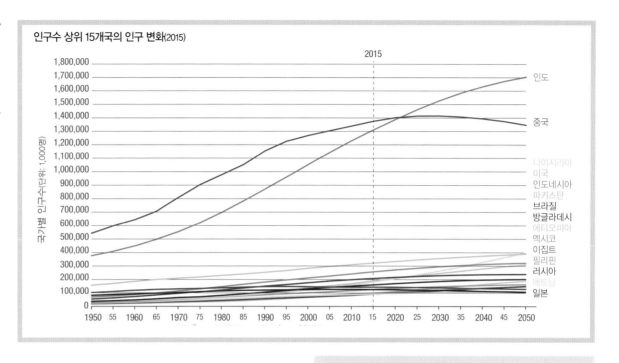

인구수 상위 15개국의 인구 변화(2015)

국가별 인구수(단위: 1,000명)

(그래프 오른쪽 국가 목록: 인도, 중국, 나이지리아, 미국, 인도네시아, 파키스탄, 브라질, 방글라데시, 에티오피아, 멕시코, 이집트, 필리핀, 러시아, 베트남, 일본)

세계 인구는 20세기 내내 전례 없는 증가를 경험했다. 1900년에 15억 명, 1950년에 25억 명에 이어 2000년에는 61억 명이 되었다. 21세기는 지난 세기보다 인구 증가 속도가 다소 주춤하긴 하겠지만 그래도 세계 인구는 꾸준히 증가할 것이다. 2015년 UN이 공개한 새 인구 예측 보고서에 따르면 오늘날 세계 인구는 73억 명이고, 2050년에는 97억 명에 다다를 것이다. 세계 인구의 연 증가율은 현재 1.18퍼센트에서 2050년에는 0.57퍼센트 수준이 될 것이다. 생활 여건과 건강 상태, 교육 수준의 증가 등 복합적인 요인이 작용하여 여성 1인당 평균 출산율은 오늘날 2.5명에서 2050년에는 2.25명으로 감소할 것이다. 동시에 기대수명은 현재 70세에서 2050년에는 77세로 증가할 것이다. 전 세계의 이러한 인구통계학적 경향의 이면에는 지역적으로 굉장히 괴리된 현실이 감추어져 있다. 세계 인구 지도에서 아시아는 인구수 세계 1위의 대륙이지만, 국가별로 보면 인구 변화 정도가 매우 다양하게 나타난다.

## 세계에서 인구가 가장 많은 대륙

1950년에서 2015년 사이 아시아 인구는 13억 명에서 43억 명으로 세 배 이상 증가했고, 이것은 세계 인구의 60퍼센트에 약간 못 미치는 수치다. 2050년에는 전 세계 인구에서 아시아가 차지하는 비율이 50퍼센트로 감소하겠지만, 어쨌든 이 대륙은 48억 명이라는, 세계에서 가장 인구가 많은 대륙이 될 것이다. 아프리카는 2015년 현재 전 세계 인구의 16퍼센트에 해당하는 11억 명이 거주하며, 세계에서 두 번째로 인구가 많은 대륙이다. 가파른

### ▲ 인도가 중국을 앞지를 것이다

인구수 상위 10개국 가운데 6개국이 아시아 국가로, 세계 인구의 다수가 꾸준히 아시아에 집중되고 있다. 현재 그리고 앞으로 1억 5,000만 명이 더 늘어날 이 인구력의 무대에서 중국과 인도는 각각 두 주역이 될 것이다. 인구수 세계 1위 자리를 차지하려는 두 국가 간의 상징적 대결은 2025~2030년 즈음 인도에 유리하게 돌아가리라 예상된다. 인도는 이 시기에 최초로 중국의 인구수를 앞지를 것이다.

인구 증가 비율로 볼 때 아프리카 대륙의 인구는 2050년에 전 세계 인구의 25퍼센트인 24억 명에 이를 것이다. 전 세계 인구의 10퍼센트를 차지하는 유럽 인구는 현재 7억 3,800만 명이며 점차 감소할 전망이다. 반면 라틴아메리

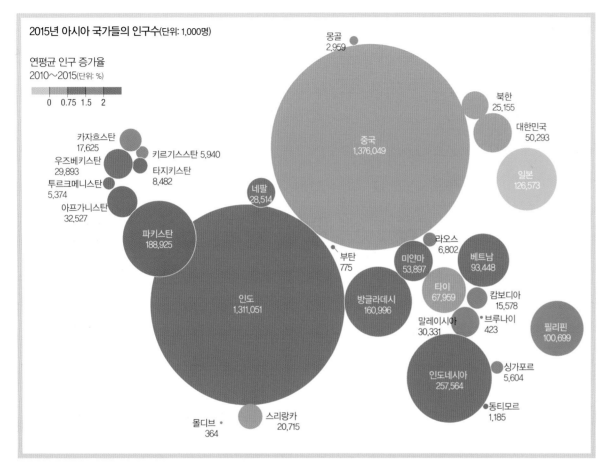

### 2015년 아시아 국가들의 인구수(단위: 1,000명)

연평균 인구 증가율
2010~2015(단위: %)

0  0.75  1.5  2

몽골
2,959

북한
25,155

대한민국
50,293

중국
1,376,049

일본
126,573

카자흐스탄
17,625

키르기스스탄 5,940

우즈베키스탄
29,893

타지키스탄
8,482

투르크메니스탄
5,374

아프가니스탄
32,527

네팔
28,514

파키스탄
188,925

부탄
775

라오스
6,802

미얀마
53,897

베트남
93,448

인도
1,311,051

방글라데시
160,996

타이
67,959

캄보디아
15,578

말레이시아
30,331

브루나이
423

필리핀
100,699

인도네시아
257,564

싱가포르
5,604

동티모르
1,185

몰디브
364

스리랑카
20,715

타난다. 현재는 인구의 약 41퍼센트가 24세 이하이나, 앞으로는 저연령층이 축소되고 60세 이상 인구 비율이 현재 11퍼센트에서 2050년 24퍼센트로 증가할 것이다. 기대 수명 역시 대륙 평균 현재 71.5세에서 2050년에는 78.2세로 늘어날 것이다. 이러한 인구통계학적 경향으로 보아 아시아 대륙도 21세기에는 인구 고령화에 직면하리라 짐작할 수 있다.

아시아에서 이런 현상과 가장 밀접한 관련이 있는 나라는 일본과 중국이다. 일본은 이미 오래전부터 고령화 현상이 나타났다. 북아메리카(특히 캐나다) 및 유럽에서 나타난 인구 고령화와, (일본을 제외하고) 아시아 인구가 맞게 될 고령화의 차이점은 바로 고령화의 진행 속도다.

서구 유럽 국가에서는 인구 고령화 과정이 거의 한 세기에 걸쳐 진행되었기 때문에 국가적으로나 사회적으로 대비할 시간이 있었다. 반면 아시아, 특히 중국에서는 1979년에 시작된 한 자녀 정책(공식적으로는 2015년에 폐지되었다) 때문에 겨우 몇십 년 만에 고령화 현상이 나타났고, 전통적 사회구조와 국가 경제력이 불안정해졌다.

## 아시아 대륙의 다양한 인구학적 현실

카(6억 3,400만 명)와 북아메리카(3억 5,700만 명)의 인구는 서서히 증가할 것으로 보인다.

일반적으로 아시아의 인구 변화는 과거 유럽이나 북아메리카 국가들이 경험했던 인구 변화 모델을 따를 것이다. 아시아 대륙의 연간 인구 증가율은 1960년대 중반에 2.4퍼센트에 도달했고, 2015년에는 1.04퍼센트였으며, 2050년에는 0.19퍼센트가 될 것이다. 2015~2050년 동안 아

시아 대륙의 출산율은 여성 1인당 평균 2.2명에서 1.92명으로 낮아질 것이다. 이는 인구대체수준population replacement level (인구를 현상 유지하는 데 필요한 출산율의 수준. 여성 1인당 평균 몇 명을 낳아야 인구가 늘거나 줄지 않고 현상을 유지할 수 있는지 정해 놓은 수치다―옮긴이)의 한계점인 여성 1인당 평균 2.05명에 못 미치는 수준이다.

오늘날 아시아의 특징은 인구의 역동성과 젊은 인구로 나

아시아 여러 나라들을 개별적으로 살펴보면 대륙의 면면은 보기보다 좀 더 이질적이다. 한쪽에는 인구 대국인 중국과 인도가 있고 그 아래로 인도네시아, 파키스탄, 방글라데시가 자리하며, 인구가 적은 부탄, 동티모르, 브루나이 같은 극소국가들이 이들과 나란히 존재한다. 마찬가지로 아프가니스탄, 동티모르, 파키스탄, 몽골 같은 나라들은 연간 가파른 인구 성장률을 기록하고 있으나, UN 인구 예

## 인구 변천 과정 ▶

인구 변천 도식의 초기 단계를 보면, 한 나라의 인구는 사망률이 감소하고 출생률이 높게 유지될 때 증가한다. 그러나 초기 단계가 지나면 출생률도 동일하게 감소한다. 아시아의 출산율 변화는 각 나라의 매우 상이한 인구 변천 단계를 보여준다. 대한민국과 싱가포르는 여성 1인당 평균 출산율이 1.2명, 일본은 1.4명, 중국과 타이(태국)는 1.5명(인구대체수준의 한계점에 한참 못 미치는 수치)이다. 이와 나란히 스리랑카는 2.1명, 방글라데시는 2.2명이며, 파키스탄, 라오스, 필리핀은 3명 이상, 동티모르는 5.9명이다.

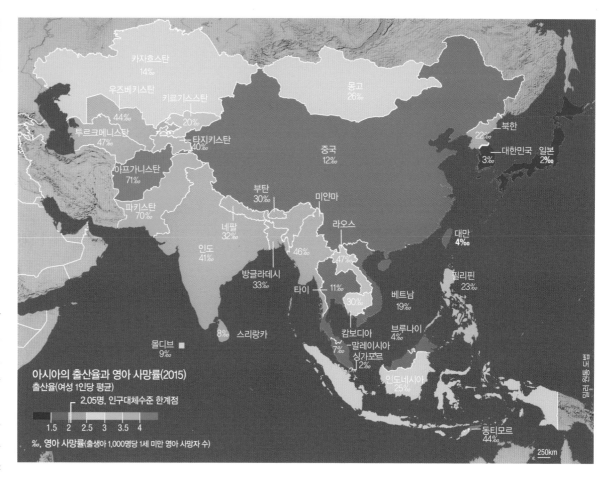

**아시아의 출산율과 영아 사망률(2015)**
출산율(여성 1인당 평균)

2.05명, 인구대체수준 한계점

1.5  2  2.5  3  3.5  4

‰, 영아 사망률(출생아 1,000명당 1세 미만 영아 사망자 수)

250km

측은 일본의 경우 앞으로 인구가 꾸준히 줄어들 것으로 내다보고 있다.

인구 변천 도식에서 사회 내 사망률이 감소하면 다음 단계에서는 통상 출산율 감소가 뒤따른다. 이 과정에서 아시아 모든 나라가 동일한 양상을 보이지는 않는다. 발전이 현실로 나타난 곳도 있지만, 경제적 저개발 상태는 취약한 보건체계와 결합되어 여러 나라에서 여전히 높은 영아 사망률로 나타난다. 아시아의 1세 미만 평균 영아 사망률은 출생아 1,000명당 31명이다. 싱가포르, 일본, 대한민국, 브루나이는 매우 낮은 영아 사망률(2~4퍼밀)을 보이는 반면, 아프가니스탄(71퍼밀), 파키스탄(70퍼밀), 라오스(47퍼밀), 미얀마(46퍼밀), 인도(41퍼밀)는 아시아 평균을 훨씬 웃도는 수치를 보인다. 이러한 격차는 기대수명에서도 똑같이 되풀이된다. 일본(83.3세), 싱가포르(82.6세), 대한민국(81.4세) 등에서는 높은 평균 수치를 나타내는 반면, 라오스에서 65.5세, 미얀마에서 65.6세, 인도에서 67.4세로 수치가 떨어진다. 아시아 여러 나라들의 인구학적 지표(출생률, 사망률 등)는 특히 생활 여건의 전반적 개선 덕분에 향상되는 경향을 보이고 있다. 그렇다 해도 이 인구가 앞으로 계속해서 겪어나

갈 어려움을 과소평가하는 것은 바람직하지 못하다. 일부 경제적 성공을 이룩한 국가들이 존재하지만, 사회복지 및 위생적으로 매우 취약한 상황에 놓인 아시아 사회들이 있음을 간과할 수는 없다. 아시아 사회는 급격한 인구학적 변화에 대처할 방안을 마련하여, 앞으로는 그로 인한 새로운 상황들에 적응해나가야 할 것이다(학교, 병원, 도시의 인

구 집중에 따른 위생시설 구축, 고령화, 전통적 가족 구성과 연대에 관한 문제 제기 등).

지도로 읽는 아시아

에케르트 제도법

지구의 야경, 나사 제공

250km

21세기에도 세계의 도시화는 계속되고, 사회들을 근본적으로 바꾸고 있다. 지금까지 현대화 및 경제 발전과 동일시되어온 어떤 현상이 아시아에서 새로운 불행의 원인으로 나타나는 것을 보면, 아시아의 세계화는 굉장히 우려스러운 면이 있다.

# 도시화,
# 소리 없는 혁명

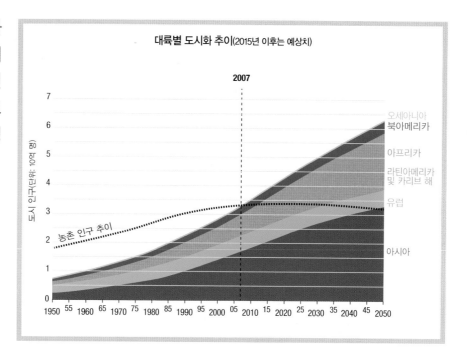

**대륙별 도시화 추이**(2015년 이후는 예상치)

2007

도시 인구: 단위 10억 명

농촌 인구 추이

오세아니아
북아메리카
아프리카
라틴아메리카 및 카리브 해
유럽

아시아

1950 55 1960 65 1970 75 1980 85 1990 95 2000 05 2010 15 2020 25 2030 35 2040 45 2050

사람들의 주요 생활공간 및 경제활동의 장소가 반드시 도시인 것은 아니다. 19세기에는 도시 거주 인구가 전 세계 인구의 10퍼센트에 불과했다. 당시에는 대부분 농지가 사람들의 삶의 터전이었고, 농업이 사회의 경제적 부를 창출하는 주요 수입원이었다. 19세기 후반 유럽 대륙에서 산업혁명이 일어난 뒤에야 농촌 인구는 시골을 떠나 도시로 향했다. 산업 및 서비스 경제 활동이 우세한 도시 지역에 인구가 집중되는 도시화 현상은 이후 그 확장세를 멈추지 않았다. 도시화는 유럽에서 시작되어 점차 아메리카 대륙 전체로 퍼져나갔으며, 20세기 후반에는 아시아와 아프리카에도 나타났다. 19세기 초에는 도시에 1억 2,000만 명가량이 살았고, 1950년에

는 7억 4,600만 명이 도시에, 18억 명은 농촌에 살았다. 2015년에는 전 세계 70억 명 이상의 인구 가운데 39억 명이 도시에 살았고, 33억 명은 여전히 농촌에 거주했다.

60년 새 도시 거주자 수가 다섯 배 증가한 것이다. 오늘날에는 전 세계 인구의 54퍼센트가 도시에 살고 있으나, 아시아는 앞으로 몇 년은 더 대다수(52퍼센트)가 농촌에 거주하는 대륙이 될 것이다. UN에 따르면, 아시아는 2018년에 도시 거주 인구가 전체 인구의 절반이 되는 상징적 지점을 통과할 것이다.

## 급속한 도시화가 빚어낸 불안한 결과

아프리카와 더불어 아시아는 인구 증가 때문에 향후 수십년 동안 가장 극심한 도시화를 겪을 대륙이다. 2050년에

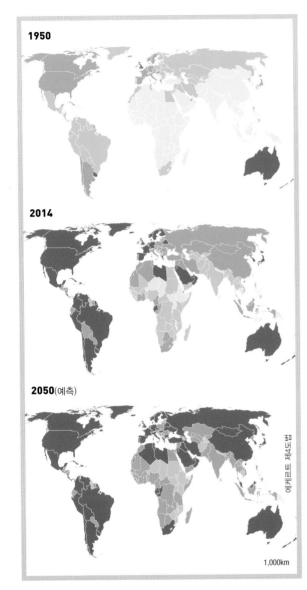

**1950**

**2014**

**2050**(예측)

1,000km

출처: 유엔 경제사회국

**국가별 도시 거주 인구 비율**(단위: %)

25%  50%  75%  100%

## ◀ 도시화의 선두권에 합류한 개발도상국

2015년 유럽, 북아메리카, 라틴아메리카 국가들은 평균 80퍼센트 이상이 도시화된 반면, 아시아와 아프리카 국가는 대부분 농촌 인구로 구성되었다. 이 두 대륙의 개발도상국들은 앞으로 수십 년 동안 도시화를 대거 수용할 것이다. 오늘날 아시아의 도시화 비율은 48퍼센트에 불과하지만, 어쨌든 이 대륙은 대규모 인구의 영향으로 (전 세계 39억 도시 인구 가운데) 21억 명의 도시 인구를 흡수할 것이다. 이는 전 세계 도시 인구의 절반 이상에 해당한다.

는 세계적으로 도시 인구가 25억 명 더 늘어나고, 아시아는 이 수치의 절반가량(12억 명)을 흡수할 것이다. 현재 아시아의 도시 거주자는 21억 명인데, 이대로라면 2050년에는 33억 명에 이를 전망이다(아시아 대륙 인구의 64퍼센트). UN은 2050년 인도에 4억 400만 명, 중국에 2억 9,200만 명 등 아시아에 새로 생겨나는 도시 인구 절반 이상이 이 두 나라에 집중되리라고 본다. 도시화 과정은 세 가지 현상에서 그 원인을 찾을 수 있다. 농촌 탈출, 즉 농촌 인구의 도시 이동 외에도, 도시 성장의 배경에는 도시 자체 인구의 자연 증가 및 농지 일부를 도시 공간으로 재편성하는 것이 주요 동인으로 작동한다. 가령 전체 인구의 32퍼센트가 도시에 거주하는 인도의 경우 2001~2011년의 도시 성장은 45퍼센트가 도시의 자연적 증가, 25퍼센트가 농촌 탈출, 30퍼센트가 농지 재편성에서 비롯되었다. 도시화 과정은 오랫동안 경제 발전과 동일시되어왔다. 농촌을 떠난 인구가 도시 주변의 산업 발달에 필요한 노동력을 제공했기 때문이다. 소득 증가 외에 도시 정착은 깨끗한 주거 시설, 보건 시설, 교육 시설에 접근이 용이한 생활 여건의 향상과 동의어가 되었다. 도시로의 이동, 도시적 생활 방식으로의 변화(새로운 직업 활동, 남성 및 여성에게 유리한 교육, 보건 체계의 손쉬운 이용)는 사회적 행동의 변화로 나타나고, 인구학적 차원에서는 출산율 감소로도 해석된다. 그러나 오늘날 아시아 여러 나라에서 도시화는 현대화이고, 현대화가 곧 경제 발전이라는 기계적인 도식은 이제 더는 통하지 않는다. 농촌 탈출과 인구 증가의 영향으로, 도시들이 미숙련 노동력을 흡수하던 시대는 지났다. 이제는 단시일에 부를 축적한 경제 엘리트, 성공한 중산층, 빈곤층이 공존하는 도시들이 다양한 속도로 생겨난다. 빈곤층은 사회적, 계층적 박탈감에 대한 해결책을 비공식 경제informal economy(고용의 공식적 구조 밖에서 발생하는 보수를 받는 노동의 분류-옮긴이)의 발전에서 찾고 있으나 이는 허울뿐인 해결책이다.

## 도시 문제, 위기인가 기회인가

21세기 아시아의 도시들은 상반된 사회적 현실들이 극심한 불평등 속으로 점점 심각하게 집중되는 상황에 처해 있다. 즉 경제는 힘차게 굴러가지만 빈곤층은 늘어가고, 생활 여건은 향상되었지만 여전히 취약한 보건 시설이나 쓰레기 배출 때문에 건강이 위협 받을 가능성도 높아졌다. 또한 도시의 고급화gentrification와 함께 빈민가도 증가했으며, 교육 기회는 늘었으나 특히 빈곤한 환경에서 살아가는 사람들이 한곳에 집중됨으로써 폭력 현상도 나타난다. 도시 교통 시설은 개선되고 있지만 극심한 혼잡은 여전하며, 기후변화에 대처할 방안들이 개발되고 있음에도 환경오염의 증가는 건강에 악영향을 미친다.

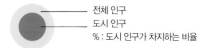

## 도시 거주 인구 비율(2014)

전체 인구
도시 인구
% : 도시 인구가 차지하는 비율

### 아시아 대륙의 다양한 도시화 ▶

아시아 대륙의 국가별, 지역별 도시화 현황은 천차만별이다. 예를 들어 일본의 도시화 비율은 93퍼센트를 기록하고 있으나, 동남아시아의 두 나라 말레이시아와 캄보디아는 각각 74퍼센트와 21퍼센트의 비율을 보인다.

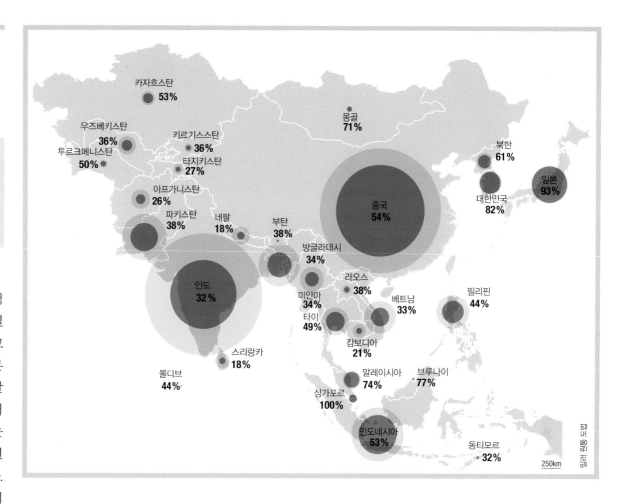

카자흐스탄 53%
몽골 71%
우즈베키스탄 36%
키르기스스탄 36%
투르크메니스탄 50%
타지키스탄 27%
북한 61%
일본 93%
아프가니스탄 26%
대한민국 82%
파키스탄 38%
네팔 18%
부탄 38%
중국 54%
방글라데시 34%
인도 32%
라오스 38%
미얀마 34%
베트남 33%
필리핀 44%
타이 49%
스리랑카 18%
캄보디아 21%
몰디브 44%
말레이시아 74%
브루나이 77%
싱가포르 100%
인도네시아 53%
동티모르 32%
250km

기반 시설로서 주거 문제는 주요한 과제다. 유엔인간정주계획UN-Habitat은 도시의 주거 환경 개선 및 문제 해결을 위해 인도적 지원을 하고 있다. 2005년 UN 연례 보고서에 따르면, 2030년까지 전 세계 20억 명 이상에 기본적인 주거 및 기반 시설이 필요할 것으로 예상했다. 이 말은 지금부터 2030년까지 매년 3,500만 호의 집을 지어야 한다는 뜻이다. 가령 인도네시아의 경우 2005년에는 1억 명(전체 인구의 45퍼센트)이 도시 지역에 거주했는데, 현재는 1억 3,700만 명(전체 인구의 53퍼센트)이 도시에 산다. UN 산하기구에 따르면 이러한 변화는 2005~2015년에 73만 5,000호의 주택을 추가로 건설하고, 42만 호의 주택을 개선해야 했다는 뜻이다.

아시아에서 도시화 문제는 빈곤의 문제와 분리할 수 없다. 실제 가장 강력한 도시화 현상을 겪게 될 나라들은 현재 극심한 빈곤에 허덕이는 나라들이 될 것이다. 아시아 도시 거주자의 3분의 1 이상은 적절한 주택, 깨끗한 물, 보건 시설 및 청정에너지를 사용하지 못하는 형편이다. 이 분야의 투자 부족은 공중보건의 대참사를 불러올 것이다. 경제 개발을 향한 희망과 잠재적 사회 불안정의 기로에 놓인 아시아에서 도시화는 불확실한 도박이나 다름없다. 그러므로 두 가지 근본적 물음을 제기할 수 있다. 첫째, 도시의 급성장과 지속 가능한 경제 발전에 대한 요구를 어떻게 조화시킬 것인가? 농촌 지역을 등한시하지 않고 이 지역의 도시화를 어떻게 관리할 것인가? 농촌은 여전히 많은 사람들의 삶의 터전이며, 농업 및 식량 공급 측면에서 매우 중요하기 때문이다.

참조: 29쪽 빈민가, 빈곤의 다른 얼굴. 115쪽 상하이, 21세기의 수도

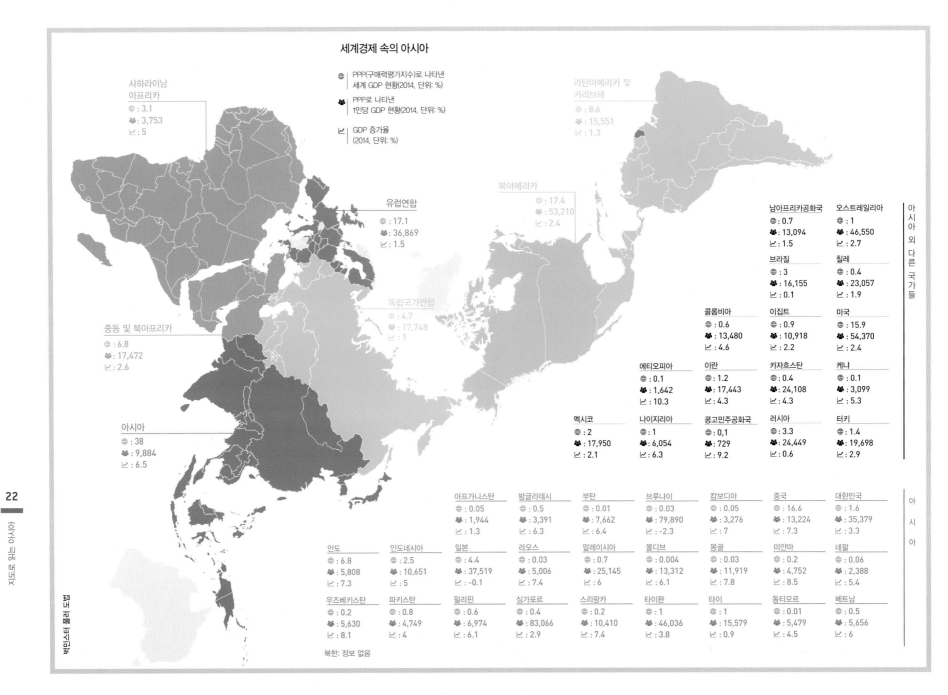

# 세계경제 속의 아시아

**범례:**
- ⊕ PPP(구매력평가지수)로 나타낸 세계 GDP 현황(2014, 단위: %)
- 🐾 PPP로 나타낸 1인당 GDP 현황(2014, 단위: %)
- 📈 GDP 증가율 (2014, 단위: %)

**사하라이남 아프리카**
- ⊕ : 3.1
- 🐾 : 3,753
- 📈 : 5

**라틴아메리카 및 카리브해**
- ⊕ : 8.6
- 🐾 : 15,551
- 📈 : 1.3

**유럽연합**
- ⊕ : 17.1
- 🐾 : 36,869
- 📈 : 1.5

**북아메리카**
- ⊕ : 17.4
- 🐾 : 53,210
- 📈 : 2.4

**독립국가연합**
- ⊕ : 4.7
- 🐾 : 17,748
- 📈 : 1

**중동 및 북아프리카**
- ⊕ : 6.8
- 🐾 : 17,472
- 📈 : 2.6

**아시아**
- ⊕ : 38
- 🐾 : 9,884
- 📈 : 6.5

## 아시아 외 다른 국가들

**남아프리카공화국**
- ⊕ : 0.7
- 🐾 : 13,094
- 📈 : 1.5

**오스트레일리아**
- ⊕ : 1
- 🐾 : 46,550
- 📈 : 2.7

**브라질**
- ⊕ : 3
- 🐾 : 16,155
- 📈 : 0.1

**칠레**
- ⊕ : 0.4
- 🐾 : 23,057
- 📈 : 1.9

**콜롬비아**
- ⊕ : 0.6
- 🐾 : 13,480
- 📈 : 4.6

**이집트**
- ⊕ : 0.9
- 🐾 : 10,918
- 📈 : 2.2

**미국**
- ⊕ : 15.9
- 🐾 : 54,370
- 📈 : 2.4

**에티오피아**
- ⊕ : 0.1
- 🐾 : 1,642
- 📈 : 10.3

**이란**
- ⊕ : 1.2
- 🐾 : 17,443
- 📈 : 4.3

**카자흐스탄**
- ⊕ : 0.4
- 🐾 : 24,108
- 📈 : 4.3

**케냐**
- ⊕ : 0.1
- 🐾 : 3,099
- 📈 : 5.3

**멕시코**
- ⊕ : 2
- 🐾 : 17,950
- 📈 : 2.1

**나이지리아**
- ⊕ : 1
- 🐾 : 6,054
- 📈 : 6.3

**콩고민주공화국**
- ⊕ : 0.1
- 🐾 : 729
- 📈 : 9.2

**러시아**
- ⊕ : 3.3
- 🐾 : 24,449
- 📈 : 0.6

**터키**
- ⊕ : 1.4
- 🐾 : 19,698
- 📈 : 2.9

## 아시아

**아프가니스탄**
- ⊕ : 0.05
- 🐾 : 1,944
- 📈 : 1.3

**방글라데시**
- ⊕ : 0.5
- 🐾 : 3,391
- 📈 : 6.3

**부탄**
- ⊕ : 0.01
- 🐾 : 7,662
- 📈 : 6.4

**브루나이**
- ⊕ : 0.03
- 🐾 : 79,890
- 📈 : -2.3

**캄보디아**
- ⊕ : 0.05
- 🐾 : 3,276
- 📈 : 7

**중국**
- ⊕ : 16.6
- 🐾 : 13,224
- 📈 : 7.3

**대한민국**
- ⊕ : 1.6
- 🐾 : 35,379
- 📈 : 3.3

**인도**
- ⊕ : 6.8
- 🐾 : 5,808
- 📈 : 7.3

**인도네시아**
- ⊕ : 2.5
- 🐾 : 10,651
- 📈 : 5

**일본**
- ⊕ : 4.4
- 🐾 : 37,519
- 📈 : -0.1

**라오스**
- ⊕ : 0.03
- 🐾 : 5,006
- 📈 : 7.4

**말레이시아**
- ⊕ : 0.7
- 🐾 : 25,145
- 📈 : 6

**몰디브**
- ⊕ : 0.004
- 🐾 : 13,312
- 📈 : 6.1

**몽골**
- ⊕ : 0.03
- 🐾 : 11,919
- 📈 : 7.8

**미얀마**
- ⊕ : 0.2
- 🐾 : 4,752
- 📈 : 8.5

**네팔**
- ⊕ : 0.06
- 🐾 : 2,388
- 📈 : 5.4

**우즈베키스탄**
- ⊕ : 0.2
- 🐾 : 5,630
- 📈 : 8.1

**파키스탄**
- ⊕ : 0.8
- 🐾 : 4,749
- 📈 : 4

**필리핀**
- ⊕ : 0.6
- 🐾 : 6,974
- 📈 : 6.1

**싱가포르**
- ⊕ : 0.4
- 🐾 : 83,066
- 📈 : 2.9

**스리랑카**
- ⊕ : 0.2
- 🐾 : 10,410
- 📈 : 7.4

**타이완**
- ⊕ : 1
- 🐾 : 46,036
- 📈 : 3.8

**타이**
- ⊕ : 1
- 🐾 : 15,579
- 📈 : 0.9

**동티모르**
- ⊕ : 0.01
- 🐾 : 5,479
- 📈 : 4.5

**베트남**
- ⊕ : 0.5
- 🐾 : 5,656
- 📈 : 6

북한: 정보 없음

지난 20년 동안 세계경제는 아시아와 관련하여 큰 변화를 겪었다. 아시아 경제가 세계 무역에 통합되고 경제가 급성장하면서 모순도 생겨났지만, 아시아 국가들은 부의 판도를 점차 바꿔나가고 있다.

# 경제성장

제 2차 세계대전 이후 세계경제는 흔히 두 부류로 나뉘었다. 하나는 '북반구 국가' 혹은 '선진국'이라 불리는 산업화된 나라들로, 유럽, 북아메리카 및 최근에는 동아시아의 몇몇 나라들이 포함된다. 다른 하나는 개발도상국으로, 아프리카에서 아시아에 이르는 나라들을 아우르는 포괄적인 개념이다. 냉전 이후 이 나라들은 '제3세계' 혹은 '남반구 국가'로 불렸다. 이러한 도식적 구분은 경제적·지리적 측면에서 여러 나라들의 경제 발전 상황을 설명하는 데는 적합하지만, 아시아에 적용하기에는 부적합하다는 사실이 금방 드러났다.

## 떠오르는 경제 대국 '신흥공업국'

1970년대에 대한민국, 홍콩, 싱가포르, 타이완은 신흥공업국<sup>NIC</sup> 또는 '아시아의 네 마리 용<sup>Four Asian dragons</sup>'으로 재분류되면서, 일본 경제를 모델 삼아 몇 단계를 거쳐 경제 회복 과정에 착수했다. 1단계는 토지 개혁, 2단계는 선진국(북아메리카 및 유럽) 수출을 목표로 한 산업 생산품의 특화, 3단계는 전자 및 정보처리 분야를 중심으로 한 고부가가치 상품의 생산이다. 이 모델은 종종 전제적 정치체제로 운영되며 '발전국가<sup>Developmental state</sup>'라 불린다. 발전국가는 국가가 중심적 위치에서 시장경제 개방과 국가 개입을 조율한다. 이러한 방식으로 1970년대의 '네 마리 용'은 선진국 대열에 진입할 수 있었다.

1980년대와 1990년대에는 아시아 경제 발전의 강력한 잠재력이 동남아시아 및 '아시아의 호랑이(인도네시아, 말레이시아, 필리핀, 타이, 베트남)'라 불리는 나라들로 옮겨갔다. 이후 2000년대를 전환점으로 중국과 인도 역시 아시아 및 전 세계의 경제를 이끄는 동력이 되었다. 이들 나라가 경험한 경제 발전은 다음과 같이 요약할 수 있는 다양한 요인들과 여러 정치적 결단의 산물이다. 인구 증가, 풍부한 노동력, 넉넉한 천연자원, 국가의 주도적 역할, 봉쇄경제에서 시장경제로의 이행, 국내 경제의 개혁, 수출 지향적 모델 채택, 사회복지 및 임금의 강력한 통제, 외국인 투자 수용, 국제무역 노선의 통합 등이 그것이다.

이러한 경제 발전의 결과, 여러 나라들에서 특히 중산층이 출현했다. 중산층은 점점 그 수가 늘어나고 교육 수준이 높아졌으며, 민족적 문화 전통을 지키면서도 서양의 문화 코드를 따르는 소비 습성을 갖고 있다. 중산층의 영향력이 강화되면 소비자의 구매력이 증가하여 내수 시장이 발달한다. 이들은 국가의 성장을 견인하고, 이를 통해 수출 의존도를 줄일 수 있다.

경제협력개발기구<sup>OECD</sup>에 따르면 '전 세계 중산층'에 속한

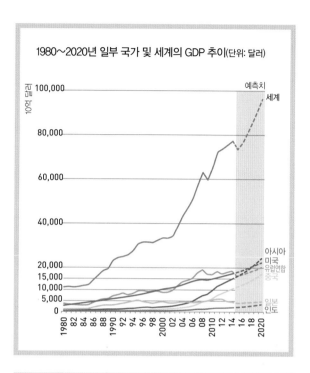

1980~2020년 일부 국가 및 세계의 GDP 추이(단위: 달러)

### ▲ 아시아의 꾸준한 경제성장

아시아 경제는 2000년대 초반, 중국의 국내총생산<sup>GDP</sup> 증가를 동력 삼아 성장하기 시작했다. 중국과 더불어, 규모는 작지만 인도의 GDP 증가도 아시아 경제성장에 한몫을 했다. 2005~2014년에 중국의 연간 경제성장률은 9~14퍼센트 사이를 왔다 갔다 했고, 인도는 (2008년 재정 위기 때를 제외하고) 5~10퍼센트를 유지했다. 반면 일본은 정체 상태가 지속되고 있다.

18억 인구 가운데 4분의 1이 넘는 5억 2,500만 명이 아시아에 거주한다. 흔히 선진국과 개발도상국에 적용되는 중산층 평가 기준이나 정의가 제각각 다르기 때문에, 중산층의 동질성은 세계적 차원에서 상대적으로 보는 게 바람직

## 세계무역 속의 아시아 ▶

전 세계 상품 수출에서 아시아 점유율은 1948년 14퍼센트에서 2014년 32퍼센트로 증가했다. 1980년대 초 근대화 개혁이 시작된 중국이 합류하면서 세계 수출 시장의 아시아 점유율은 10배 더 늘었다. 중국은 2001년 12월 세계무역기구WTO에 정식 가입한 뒤에야 상품 무역에서 그 비중이 급격히 증가했다. 이것은 중국의 세계무역 진입과 산업 국가들의 경제적 추격의 신호탄이 되었다.

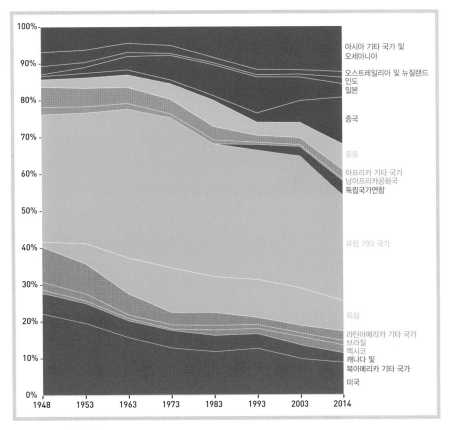

**1948~2014년 지역별, 일부 국가별 세계 상품 수출 추이**(단위: %)

아시아 및 오세아니아　아프리카　유럽　라틴아메리카
중동　독립국가연합　북아메리카

하다. 그렇다 해도 OECD는 2030년 전 세계 중산층 인구가 49억 명에 이르고, 이 가운데 66퍼센트를 아시아 인구가 차지할 것으로 내다본다.

## 경제 세계화의 동력

거시경제의 주요 지표들(GDP, 성장률)에 비추어볼 때 지난 30년 동안 아시아의 변화는 세계경제에 강력한 영향을 미쳤다. 중국의 급성장과 1991년 인도의 시장경제 개방의

효과에 힘입어 1980년대 이후 세계경제에서 아시아가 차지하는 비율은 계속해서 증가했다. 1980년 구매력평가지수PPP(각 국가의 물가 수준을 고려하여 산출한 GDP-옮긴이)로 나타낸 세계 GDP에서 아시아의 비중은 19퍼센트에 머물렀으나, 2014년에는 거의 38퍼센트로 상승했다. 이러한 변화는 중국과 인도의 자산 수준 증가와 거의 맞물린다. 세계 GDP(혹은 PPP)에서 이 두 나라 및 일본, 인도네시아, 대한민국을 제외한 다른 아시아 나라들은 현재 각각 1퍼센트 미만의 비중을 차지한다.

아시아는 오늘날 세계경제를 지배하고, 세계경제 성장의 동력이 되는 상호의존성에도 영향을 미친다. 2005~2014년 동안 아시아 이머징마켓emerging market(자본시장 부문에서 급성장하고 있는 국가들의 신흥 시장-옮긴이)의 연평균 성장률은 7~11퍼센트 상승했다. 덕분에 2008년 9월 미국발 금융 및 경제 위기에 따른 서구 경기 침체기에도 세계경제는 긍정적으로 성장할 수 있었다. 다수의 아시아 국가들이 연평균 5퍼센트 이상의 경제성장률을 보였으나, 세계경제가 좋은지 나쁜지를 평가할 수 있는 거의 유일한 기준은 오로지 중국뿐이다. 그래서 2015년의 경우처럼 중국의 성장세가 둔화되면 곧 세계경제 전체에도 영향을 미치기 때문에, 서구의 선진국들은 중국 경제를 늘 예의주시한다. 그러므로 아시아는 경제력의 중요한 한 축이며, (특히 중국, 인도, 인도네시아를 비롯한) 아시아 일부 나라들은 세계경제 지배 구조 안에서 자신들의 역할이 재평가되도록 요구할 수도 있다. 그러나 지나친 경제 개발에는 빈곤의 증가와 환경 파괴의 심화라는 쓸쓸한 뒷모습도 존재한다.

참조: 43쪽 중국, 자국의 경제 모델에 의문을 제기하다. 107쪽 거대한 허브, 137쪽 부탄, 태초의 행복을 간직한 나라

# 브루나이,
# 탄화수소로 일궈낸 발전

▬ ▬ ▬ 이슬람 군주국가인 브루나이는 싱가포르 다음으로 국민 1인당 평균소득이 높은 나라다. 브루나이의 1인당 기준 GDP는 2014년에 4만 1,500달러였고, PPP 기준 1인당 GDP는 2014년 총 8만 달러에 달했다. 이로써 브루나이는 전세계 부자 나라 가운데 4위를 차지했다. 브루나이의 면적은 5,765제곱킬로미터로, 숲과 삼림이 전체 면적의 4분의 3을 차지하며 인구는 42만 3,000명이다. 석유 및 천연가스 등의 탄화수소 개발에서 주로 수입이 발생하기 때문에, 브루나이 국민들은 다른 동남아시아 국가의 국민들보다 훨씬 수준 높은 생활 여건 및 물질적 여유를 누릴 수 있다. 브루나이의 문해율은 95퍼센트를 웃돌고 2014년 국가 교육 예산은 GDP의 약 3.8퍼센트였다. 그러나 지난 몇 년간 유가 하락은 브루나이 경제에 심각한 영향을 미쳤고, 2014년에는 GDP가 2년 연속 2퍼센트 이상 떨어졌다.

브루나이는 말레이시아 및 인도네시아와 통치권을 공유하는 보르네오섬 북서쪽에 위치한다. 브루나이는 탄화수소 대부분이 매장되어 있는 남중국해 북쪽으로 면한 두 부분의 영토로 구성된다. 이곳의 천연자원 개발 수입이 GDP의 3분의 2를 차지하며, 세입의 90퍼센트 이상을 구성한다. 브루나이는 농업이 GDP의 1퍼센트 미만이고 산업이 거의 70퍼센트를 차지한다. 이런 나라가 지금까지 삼림자원을 보존할 수 있었던 것은 (자연자원에서) 정기 수입을 얻는 경제 방식 덕분이다. 저유가 지속은 이러한 상황에 단기적으로 어떤 영향을 미칠까? 또한 21세기 중반으로 예상되는 기존의 탄화수소 자원 고갈은 중장기적으

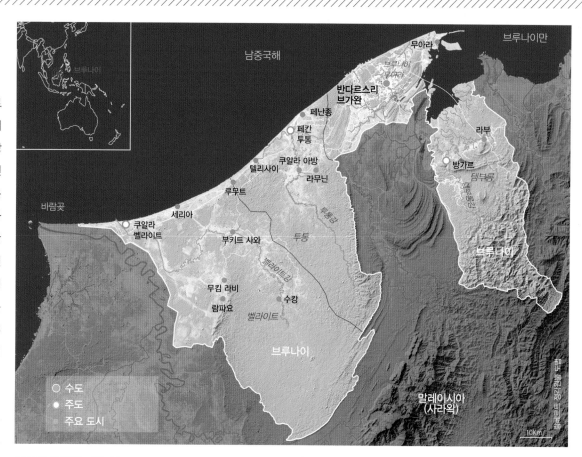

로 어떤 영향을 미칠까?

과거 영국의 보호령이었다가 1984년에 독립한 브루나이는 탄화수소에 의존하는 경제에서 탈피하여 세계적인 에너지 전환의 필요에 부응하는 선택을 해야 할 것이다. 그러한 결정들은 소수의 사람들에게 맡겨질 것이다. 이슬람교를 바탕으로 한 신권 절대군주국인 브루나이는 1968년에 왕권을 이어받은 술탄(국왕) 하싸날 볼키아 Haji Hassanal Bolkiah가 국법에 따라 행정부의 수반인 총리, 국방장관, 재무장관을 겸한다. 그리고 제한된

수의 정부기관이 다수인 말레이시아계(66퍼센트), 중국계, 인도계 및 여러 민족(두순, 투통, 벨라이트, 케다얀, 비사야)으로 구성된 국민의 삶을 지배한다. 특히 돈세탁과 관련한 행위들로 비판을 받은 브루나이는 2015년 유럽연합EU 유럽위원회가 작성한 조세회피지 목록에 오르기도 했다. ▬ ▬ ▬

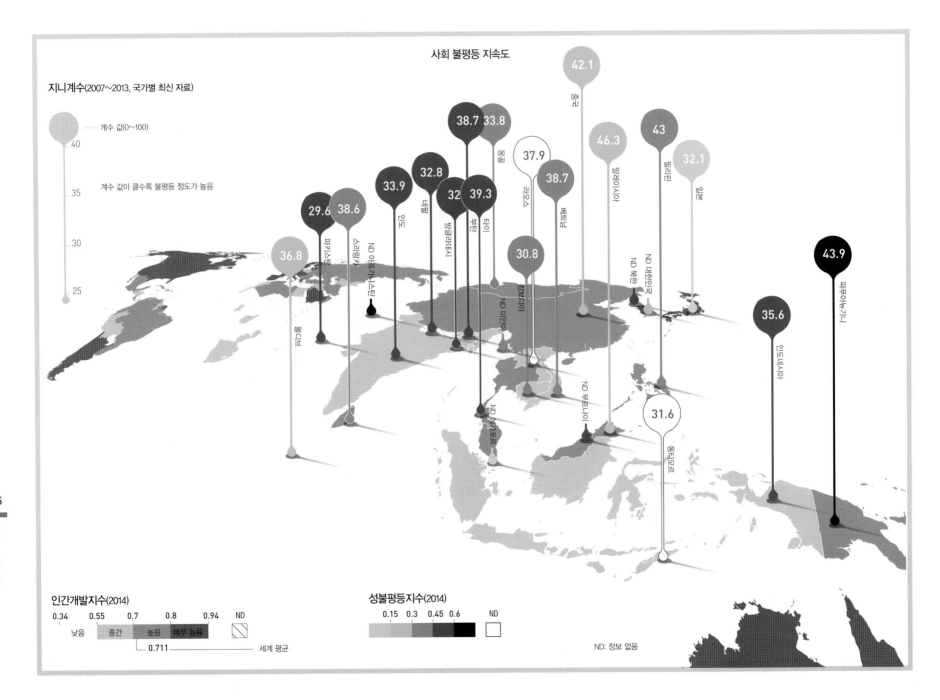

사회 불평등 지속도

지니계수(2007~2013, 국가별 최신 자료)

계수 값(0~100)

40

35

30

25

계수 값이 클수록 불평등 정도가 높음

42.1 중국

38.7 33.8

37.9 몽골

46.3 미얀마

43 캄보디아

32.1 라오스

33.9 이란

32.8 인도

32 우즈베키스탄

39.3 투르크메니스탄

38.7 네팔

29.6 카자흐스탄

38.6 키르기스스탄

36.8 러시아

ND 아제르바이잔

ND 타지키스탄

ND 파키스탄

ND 미얀마

30.8 방글라데시

ND 조선민주주의인민공화국

ND 대한민국

ND 스리랑카

ND 브루나이

35.6 인도네시아

31.6 동티모르

43.9 파푸아뉴기니

26

지도로 읽는 아시아

인간개발지수(2014)

0.34   0.55   0.7   0.8   0.94   ND

낮음   중간   높음   매우 높음

0.711 ―――― 세계 평균

성불평등지수(2014)

0.15   0.3   0.45   0.6   ND

ND: 정보 없음

아시아는 경제성장을 이룩했지만 아시아인들은 일상에서 무수한 어려움을 겪고 있다. 불평등과 빈곤은 물론 기본적인 공공 서비스를 제대로 누리지 못하면서 수억 명의 사람들이 발전의 변방에서 살아가고 있다.

# 사회 불안정

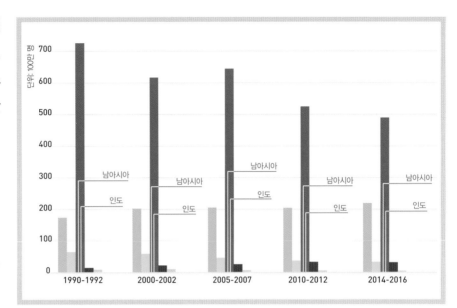

**지역별 영양실조 인구수**(단위: 100만 명)

한 나라의 사회경제적 현실을 평가하는 지표는 굉장히 많다. 빈곤, 기본 공공 서비스(식수, 보건 시설 등)의 접근성과 관련된 데이터 외에도, 어떤 지표들은 한 국가 내 국민들에게 영향을 미치는 인간개발과 여러 형태의 불평등 정도를 측정하기 위한 다양한 변수들을 압축해서 보여준다. 이러한 지표들로 미루어 볼 때 아시아 대륙에서는 사회 불평등이 실제 개선되는 경향을 보이기도 하지만, (대한민국, 일본, 싱가포르 등) 몇몇 선진국을 제외하면 상당수 아시아인들은 여전히 불안한 상황에서 살고 있다.

유엔개발계획UNDP이 고안해낸 인간개발지수HDI는 기대수명, 교육 수준, 국민소득 세 가지 항목을 토대로 0~1까지 수치로 나타낸다. 인간개발지수는 경제성장만이 아니라 건강, 교육 수준 같은 인적 요소들을 통합하여 한 국가의 발전 정도를 측정한다. UNDP는 전 세계 국가들을 4단계로 구분한다. 아시아에서 대한민국, 싱가포르, 일본, 브루나이는 인간개발지수가 매우 높음(0.8 이상)인 나라에 속한다. 말레이시아, 스리랑카, 중국은 높음 단계(0.7~0.8)인 반면 네팔, 스리랑카, 미얀마, 아프가니스탄은 낮음(0.5 이하) 단계에 속하는 나라들이다.

## 심각한 사회 불평등

성불평등지수 역시 UNDP가 개발한 것으로, 인적 개발의 세 가지 요소로 남녀 간 성불평등을 평가한다. 세 요소는 생식 건강(모성 사망률, 청소년 출산율), 여성 권한(여성 국회의원 비율, 중등 이상 교육을 받은 25세 이상 남녀 비율), 노동시장 참여도이다. 지수가 높을수록 남녀 간 불평등 정도가 심하다는 뜻이다. 아시아에서 아프가니스탄, 인도, 파키스탄, 방글라데시는 지수가 0.5이상으로, 성불평등이 가장 심한 나라들에 속한다.

끝으로 지니계수는 한 나라의 사회경제적 불평등을 측정하는 지수들 가운데 가장 많이 쓰이며, 0~100(통상 지니계수는 0~1의 값으로 산출하나, 이 책에서는 %로 환산한 0~100의 값으로 표시했다-옮긴이)의 값으로 산출된다. 세계은행WB은 지니계수가 "한 경제체제 내에서 개인 간 혹은 가계 간 소득 분배가 완전 평등에서 얼마큼 벗어났는가"를 나타낸다고 정의했다. 다시 말해 지니계수로 한 나라의 빈부의 차를 가

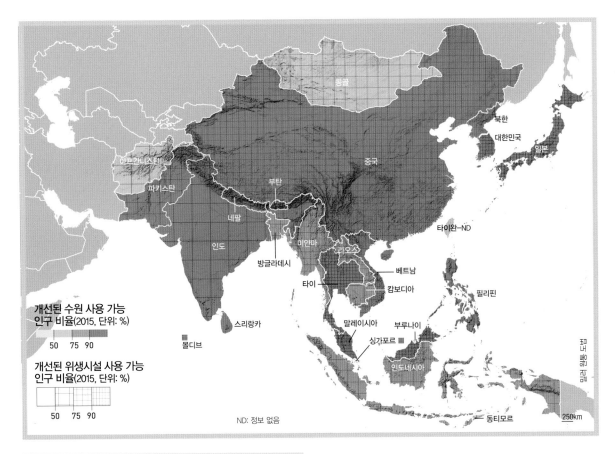

틴아메리카의 몇몇 나라들이다. 아시아의 지니계수는 전반적으로 30~40 수준이다. 말레이시아, 중국, 필리핀 같은 나라들은 40 이상인 반면 아프가니스탄은 30을 약간 밑도는 수준이다.

## 빈곤의 참상

아시아 여러 나라들에서 불평등은 증가하는 추세다. 극소수에 엄청난 부가 집중되는 현상 때문에 소득 격차는 더 벌어지고 있다. 중국은 최근 수십 년간 경제성장을 통해 수천만 명을 빈곤에서 탈출시킴으로써 슈퍼리치 계층을 탄생시켰다. 그러나 이러한 진전에도 중국은 하루 1.9달러(한화 약 2,200원) 미만으로 살아가는 극빈층이 1억 5,000만 명(중국 전체 인구의 11퍼센트)에 달한다.

다른 아시아 국가들도 비슷한 상황이다. 즉 부유층과 더불어 변두리 지역, 특히 농촌에는 극빈층이 늘 존재해왔다. 인도아대륙은 1980년대 초반 상황이 바뀌기는 했지만, 동남아시아를 포함한 동아시아보다 빈곤 수준이 더 높다. 2012년 동아시아의 극빈층은 전체 인구의 7퍼센트, 남아시아는 18퍼센트를 기록했고, 이는 전 세계적으로 빈곤율이 가장 높은 사하라이남 아프리카에 버금가는 수준이다. 이러한 빈곤 수준은 인도의 사회경제적 상황과 관련하여 꾸준히 지속되고 있다. 인도에는 전 세계에서 가장 많은 2억 6,200만 명이 경제 발전에서 소외된 채 살아가며, 이는 전체 인구의 21퍼센트에 달하는 규모다.

**개선된 수원 사용 가능**
**인구 비율**(2015, 단위: %)

50  75  90

**개선된 위생시설 사용 가능**
**인구 비율**(2015, 단위: %)

50  75  90

ND: 정보 없음

250km

### ▲ 부족한 위생 기반시설

2015년 전 세계 6억 6,300만 명의 인구가 여전히 개선된 수원을 사용하지 못했고, 개선된 위생시설(발판이나 천장 등 보호 장치가 있는 구덩이, 화장실)을 사용하지 못한 인구도 24억 명이나 된다. 이들 대부분은 아시아, 특히 남아시아에 거주하며, 아시아 인구의 47퍼센트만이 개선된 위생시설을 사용할 수 있다. 반면 아시아 나머지 지역 인구의 4분의 3은 낙후된 환경에서 살아간다. 예를 들어 인도에서는 인구의 40퍼센트만이 개선된 위생시설을 사용할 수 있는데, 이 말은 곧 7억 명 이상이 이러한 시설을 이용할 수 없다는 뜻이다. 이 때문에 물이 오염되어 설사, 콜레라, 이질 같은 위생상의 심각한 위기를 유발할 수 있다.

능할 수 있다. 지수 0을 부의 완전 평등으로 가정한다면, 지수 0에 가까울수록 그 나라는 부의 완전 평등에 가까워진다. 반대로 지수 100은 절대적 불평등을 나타내며, 소득이 한 개인에게 집중된다는 뜻이다. 한 나라의 지니계수가 상승할수록 그 나라의 불평등 정도는 심각한 수준으로 상승한다.

세계적으로 볼 때 지니계수가 가장 높게 나타나는, 따라서 불평등이 가장 심한 곳은 사하라이남 아프리카 및 라

지리로 보는 아시아

참조: 47쪽 인도, 모순들의 불안정한 균형, 59쪽 라오스, 중간 지대의 나라

# 빈민가,
# 빈곤의 다른 얼굴

▬ ▬ ▬ 도시화가 진행되면 양면성을 지닌 도시가 나타난다. 그곳은 부와 빈곤, 풍요와 가난이 한 영역 내에 나란히 공존함으로써 사회적 긴장이 고조된다. 사회적 소외는 부유한 나라의 대도시에도 똑같은 영향을 미친다. 반면 빈민가가 점점 확장되고 있는 아시아의 도시들에서 사회적 소외의 근간이 되는

빈곤은 완전히 다른 양상으로 확산된다. UN은 빈민가(영어로는 슬럼)를 "다음의 다섯 가지 특징 가운데 적어도 한 가지를 포함한 거주 구역으로 정의한다. 첫째, 거주자를 제대로 보호할 수 있는 내구성 있는 자제로 건축되지 않은 집, 둘째, 방 하나당 3명 이상의 점유 밀도, 셋째, 거주자가 깨끗하고 충분한 물을 합리적인 비용으로 공급받지 못하는 경우, 넷째, 부적절한 위생시설, 다섯째, 거주자가 토지 소유권을 보장받지 못하는 경우다."

2012년 개발도상국의 빈민가 거주 인구수는 8억 6,300만 명(1990년에 6억 5,000만 명)으로 집계되었다. 이 가운데 절반 이상이 아시아에 거주한다. 남아시아 도시 거주 인구의 거의 35퍼센트, 즉 1억 9,000만 명에 가까운 인구가 빈민가에 살고 있다(주로 인도). 동아시아는 도시 인구의 30퍼센트에 해당하는 1억 9,000만 명(주로 중국)이, 동남아시아는 도시 인구의 30퍼센트에 해당하는 9,000만 명에 약간 못 미치는 인구가 빈민가를 전전한다.

## 도시 속의 도시, 빈민가

빈민가는 빈곤과 저개발의 산물이다. 빈민가에 사는 사람들은 제대로 지어진 건물에 살 만한 물질적 여력이 없어서 허가받지 않은 거

주 구역으로 밀려난 사람들이다. 전통적으로 이런 지역들은 변두리에 자리했으나, 이제는 도시 중심 지역에서도 자연히 비공식적인 거주지로 변모한 곳들을 심심치 않게 볼 수 있다. 뭄바이의 다라비Dharavi 빈민가가 좋은 예다. 인도 마하라슈트라주의 주도 중심에 자리한 다라비에는 220헥타르 면적에 60만~100만 명이 거주한다. 이와 비슷한 파키스탄 카라치의 오란기 타운Orangi Town은 인구 100만 명 이상이 거주하는, 아시아에서 가장 큰 빈민가다. 방글라데시의 다카, 필리핀의 마닐라, 캄보디아의 프놈펜도 마찬가지다.

뭄바이의 다라비 빈민가는 압도적인 규모를 갖고 있으나, 인구 2,000만 명 이상의 거대도시 뭄바이에 비하면 그저 다른 빈민가들 가운데 하나일 뿐이다. 남아시아의 5개 대도시(델리, 뭄바이, 다카, 카라치, 캘커타)만 해도 약 1만 5,000개의 빈민가가 있다. 이처럼 위생 기반시설이 부족하고 환경오염이 증가하는 극히 빈곤한 환경에서는 보건 및 사회적 불안감이 가중된다. 이러한 불안감은 공권력이 거의 부재한 지역에서 생겨나는 도시의 폭력이나 불법 행위들에서 비롯된다.

이 같은 사회적 불안감이 거의 보편적인 현상이라고 해도, 이 영역들을 사회구성체가 부재한 무질서한 곳으로 폄하해서는 안 된다. 빈민가는 맹렬한 비공식 경제활동이 경험적인 방식으로 발전하는 곳으로, 이곳에 사는 사람들도 빈민가를 사람 사는 역동적인 공간으로 만들 수 있는 생계와 생존 전략을 창출해낸다. 예를 들어 다라비의 경제 · 사회 조직도 생산 공간, 운송 수단, 상점, 거주지 등으로 나뉘어 여러 기능을 하는 특징을 드러낸다. ▬ ▬ ▬

**뭄바이의 빈민가**

■ 빈민가

**주요 빈민가**
❶ 딘도시
❷ 반두프
❸ 쿠를라와 가트코파르
❹ 만쿠르드–고반디
❺ 다라비

도로 ―――
랜드마크 ■

다라비
북구

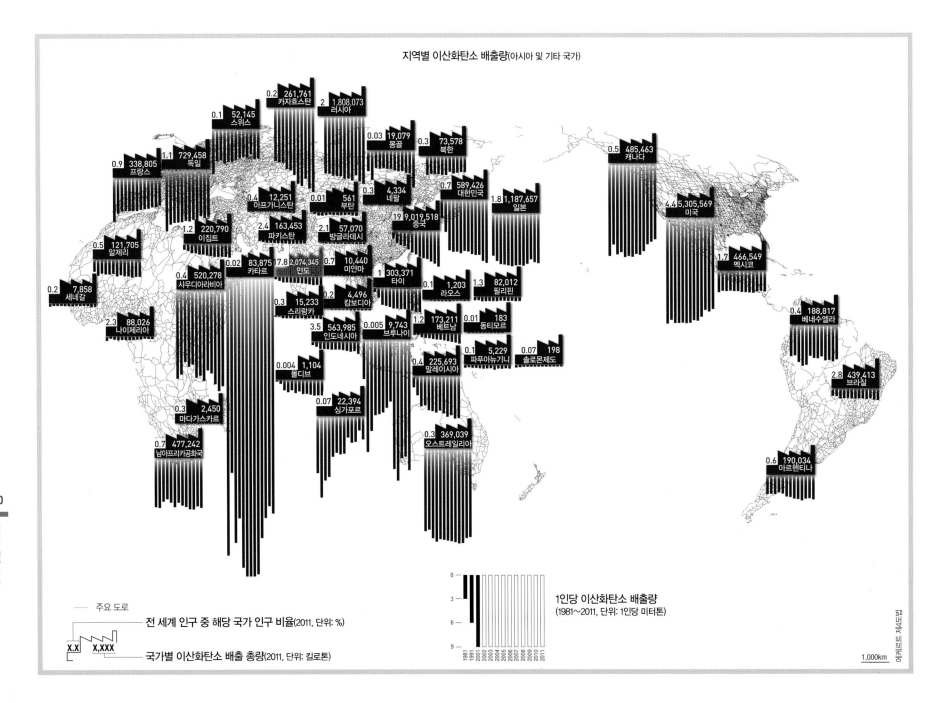

지역별 이산화탄소 배출량(아시아 및 기타 국가)

0.2 261,761 카자흐스탄
2 1,808,073 러시아
0.1 52,145 스위스
0.03 19,079 몽골
0.3 73,578 북한
0.9 338,805 프랑스
1.1 729,458 독일
0.7 589,426 대한민국
0.5 485,463 캐나다
0.4 12,251 아프가니스탄
0.01 561 부탄
4,334 네팔
1.8 1,187,657 일본
1.2 220,790 이집트
2.4 163,453 파키스탄
2.1 57,070 방글라데시
19 9,019,518 중국
4.4 5,305,569 미국
0.5 7,858 세네갈
0.5 121,705 알제리
0.4 520,278 사우디아라비아
0.02 83,875 카타르
17.8 2,074,345 인도
0.7 10,440 미얀마
1 303,371 타이
0.1 1,203 라오스
1.3 82,012 필리핀
1.7 466,549 멕시코
2.3 88,026 나이지리아
0.3 15,233 스리랑카
0.2 4,496 캄보디아
0.4 188,817 베네수엘라
3.5 563,985 인도네시아
0.005 9,743 브루나이
1.2 173,211 베트남
0.01 183 동티모르
0.004 1,104 몰디브
0.4 225,693 말레이시아
0.1 5,229 파푸아뉴기니
0.07 198 솔로몬제도
2.8 439,413 브라질
0.3 2,450 마다가스카르
0.07 22,394 싱가포르
0.3 369,039 오스트레일리아
0.7 477,242 남아프리카공화국
0.6 190,034 아르헨티나

30
지구를 담은 아시아

주요 도로
전 세계 인구 중 해당 국가 인구 비율(2011, 단위: %)
X.X  X,XXX
국가별 이산화탄소 배출 총량(2011, 단위: 킬로톤)

0
3
6
9
1981 1991 2001 2002 2003 2004 2005 2006 2007 2008 2009 2010 2011

1인당 이산화탄소 배출량
(1981~2011, 단위: 1인당 미터톤)

에네르고 자료실

1,000km

아시아 국가들의 온실가스 배출량은 경제 및 인구 성장에 따른 에너지 소비 때문에 증가했다. 아시아는 지속적인 개발이 요구되고, 기후변화에 대처해야 하며, 환경오염 대책을 세워야 하는 등 복잡한 상황에 처해 있다.

# 발전과 기후변화, 아시아의 딜레마

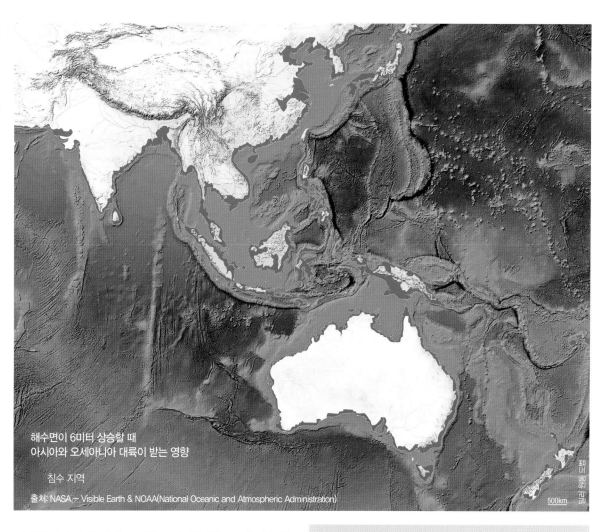

해수면이 6미터 상승할 때
아시아와 오세아니아 대륙이 받는 영향

침수 지역

출처: NASA – Visible Earth & NOAA(National Oceanic and Atmospheric Administration)

500km

아시아 국가들에서는 경제성장과 더불어 온실가스GHG 배출량 증가가 두드러지게 나타난다. 2000년대 초반부터 아시아 경제가 성장하면서 국가별로 온실가스, 특히 이산화탄소 배출량이 증가했다. 아시아에서 주로 소비되는 1차 에너지인 화석연료(석탄, 석유, 천연가스)는 이산화탄소 배출의 주요 원인 물질이다. 따라서 아시아에서 온실가스 배출을 좌우하는 결정적 요인들을 해결하기 위해서는, 경제적 다양성 외에 인구 증가 및 에너지 소비 증가도 덧붙여 살펴야 한다.

## 경제성장이냐 온실가스 감축이냐, 선택은 불가능할까?

아시아의 개발도상국들은 타협하기 힘든 여러 현실들에서 비롯된 딜레마에 봉착해 있다. 그 현실들이 가져올 파급 효과는 무자비할 것이다. 자신들이 배출한 온실가스 증가로 기후변화가 발생하면, 자국의 국민들도 고스란히 그

### ▲ 해수면 상승의 영향

이 지도는 기후변화의 영향으로 해수면이 6미터 상승했을 때 아시아에서 침수가 예상되는 지역을 표시한 것이다. 이 가설은 아마도 수백 년이 지나야만 실제로 검증될 수 있을 것이다. 그때에는 수억 명의 아시아인들이 연안 지역을 떠나 다른 곳으로 이주해야 할 것이다.

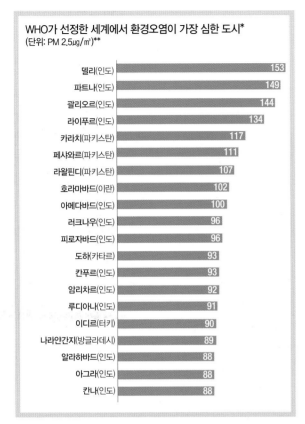

### WHO가 선정한 세계에서 환경오염이 가장 심한 도시*
(단위: PM 2.5μg/㎥)**

| 도시 | 수치 |
| --- | --- |
| 델리(인도) | 153 |
| 파트나(인도) | 149 |
| 괄리오르(인도) | 144 |
| 라이푸르(인도) | 134 |
| 카라치(파키스탄) | 117 |
| 페샤와르(파키스탄) | 111 |
| 라왈핀디(파키스탄) | 107 |
| 호라마바드(이란) | 102 |
| 아메다바드(인도) | 100 |
| 러크나우(인도) | 96 |
| 피로자바드(인도) | 96 |
| 도하(카타르) | 93 |
| 칸푸르(인도) | 93 |
| 암리차르(인도) | 92 |
| 루디아나(인도) | 91 |
| 이디르(터키) | 90 |
| 나라얀간지(방글라데시) | 89 |
| 알라하바드(인도) | 88 |
| 아그라(인도) | 88 |
| 칸나(인도) | 88 |

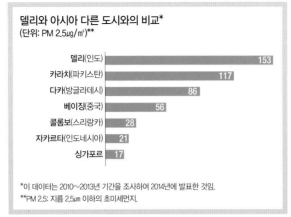

### 델리와 아시아 다른 도시와의 비교*
(단위: PM 2.5μg/㎥)**

| 도시 | 수치 |
| --- | --- |
| 델리(인도) | 153 |
| 카라치(파키스탄) | 117 |
| 다카(방글라데시) | 86 |
| 베이징(중국) | 56 |
| 콜롬보(스리랑카) | 28 |
| 자카르타(인도네시아) | 21 |
| 싱가포르 | 17 |

*이 데이터는 2010~2013년 기간을 조사하여 2014년에 발표한 것임.
**PM 2.5: 지름 2.5㎛ 이하의 초미세먼지.

희생양이 될 것이기 때문이다. 게다가 아시아 국가들은 강력한 경제성장 전략을 추구해야 할 상황에 놓여 있다. 그것은 국민의 삶의 질 향상뿐 아니라, 인구 증가에 대응하여 매년 노동시장에 진입하는 수백만 젊은이들을 고용하기 위한 필수 조건이다. 아시아 여러 나라들은 경제 발전과 국민적 요구를 보장하기 위해 자국의 땅속에 무수하게 매장되어 있는 천연자원을 활용하는 산업 모델을 선택했다. 따라서 1차 에너지인 화석연료 소비율이 증가할 수밖에 없다. 예를 들어 중국은 미국과 러시아에 이어 석

탄 매장량이 가장 많은 나라이며, 1차 에너지의 77퍼센트가 오로지 이 한 가지 자원에서 생산된다. 이 때문에 중국은 2007년 미국을 제치고 세계 최고의 이산화탄소 배출국이 되었다.

그러나 아시아 국가들의 처지에서 기후변화 현상을 검토할 때는 두 가지 사실을 염두에 두어야 한다. 첫째는 서구 선진국들이 나머지 다른 나라들과 맺은 '기후 부채climate debt' 개념에 근거한 것이다. 서구 선진국들은 19세기 중반, 산업화 시대 초기부터 온실가스 배출의 주범으로서 지구의 환경과 지구가 인간에게 베푸는 도움을 무시한 채 자국의 경제 발전만을 보장했다. 둘째는 이산화탄소 배출 수준을 1인당 배출량으로 환산하는 경우와 관련된다. 중국(2011년 900만 킬로톤)이나 인도(200만 킬로톤)의 이산화탄소 배출 총량을 놓고 보자면, 1인당 이산화탄소 배출량은 아시아 개발도상국이 선진국보다 더 낮은 경우가 많다. 2011년 미국의 1인당 이산화탄소 배출량은 17톤, 독일은 8.9톤, 카타르는 44톤이었는데 반해, 중국은 같은 해 6.7톤, 인도는 1.6톤, 캄보디아와 방글라데시는 0.3톤에

그쳤다. 아시아 국가 가운데 브루나이처럼 탄화수소 개발에 기반한 경제에 의존하는 경우는 1인당 이산화탄소 배출량도 높았다.

아시아 국가들이 발전하면서 발생한 이산화탄소 배출의 지형적 변화를 기정사실로 인정함으로써 이 두 가지 현실에 대처하고, 이상기후 때문에 전 세계가 겪고 있는 재앙에 대응해야 한다는 목소리가 높아졌다. 이에 2015년 12월 기후변화협약United Nations Framework Convention on Climate Change 당사국들은 파리에서 제21차 당사국총회COP 21를 개최했다. 여기서 모든 국가는 현재의 기후변화에 대해 각 국마다 서로 다른 책임 분담을 인정하고, 이산화탄소 배출량을 줄이기 위한 노력을 강제하는 조약을 체결했다. 1997년의 교토의정서는 선진국의 온실가스 감축을 규제하는 조약인데, 파리 기후변화협약은 선진국 및 개발도상국을 구분한 교토의정서의 논리를 부분적으로 깬 것이다. 브라질, 멕시코 등 다른 신흥시장은 제외하더라도 중국, 인도, 인도네시아의 온실가스 배출 정도의 변화를 감안하면 교토의정서의 구분이 국제사회의 새로운 경제, 기후 현실에는 부적합하다고 판단했기 때문이다. 따라서 이러한 구분 논리는 개정되어야 했다. 이 문제에 관한 중국과 미국의 입장 변화는 파리 기후변화협약에서 시작된 변화에 크게 기여했다(그러나 2017년 6월 미국의 트럼프 대통령은 파리 기후변화협약 탈퇴를 공식 선언함으로써, 기후변화에 맞서 싸우는 국제사회의 노력에 제동을 걸고 있다―옮긴이).

### 아시아의 환경오염, 숨 쉴 수 없는 도시가 될 것인가?

대기오염은 아시아 여러 나라에서 환경 및 공중보건과 관

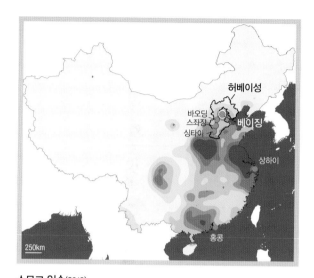

**스모그 일수(2013)**

1  25  50  75  100

초과해서는 안 된다. WHO는 2014년 말 보고서에서 세계에서 가장 오염된 도시들은 아시아에 있으며, 오염 도시 상위 20곳 가운데 13곳이 인도에 있다고 발표했다. 인도의 수도 델리는 대기 중에 포함된 PM 2.5 농도로 판단할 때 세계에서 가장 오염된 도시로 꼽혔다. 델리의 PM 2.5 농도는 평균 $153\mu g/m^3$으로, 이는 WHO가 정한 미세먼지 기준치의 15배를 초과하는 것이다. 델리에 이어 인도 북동부의 파트나, 델리 남부의 괄리오르, 인도 중부의 라이푸르가 다음 순위를 차지했고, 파키스탄의 카라치, 페샤와르, 라왈핀디가 뒤를 이었다. 베이징의 PM 2.5 농도는 56 $\mu g/m^3$로 인도, 파키스탄, 방글라데시의 도시들보다는 수치가 훨씬 낮다. 그러나 베이징은 세계에서 가장 오염되고 가장 숨 쉬기 힘든 도시 가운데 하나로, 베이징 시민들의 분노는 나날이 커지고 있다.

## 스모그의 도시 베이징

경제 발전에 따른 에너지 요구 증가로 중국의 석탄 생산량은 꾸준히 늘고 있다. 예를 들어 중국에서 매달 석탄을 때는 공장을 두 개씩 가동하면, 전 세계 연간 석탄 생산량의 50퍼센트를 때야 한다는 계산이 나온다. 그런데 석탄 연소는 이산화탄소 배출의 주범일 뿐 아니라 공기를 심각하게 오염시키고 기후변화의 주원인으로 작용한다. 석탄 연소 외에 자동차 수의 급증도 중국 도시들의 대기 중에 미세먼지를 증가시키는 커다란 요인이다. 2010년 이후 중국은 전 세계 승용차 시장에서 1위를 차지했다. 2015년 중국의 승용차 보유 대수는 7,500만 대에 달했고, 2020년이면 총 보유 대수가 증가하여 2억 대를 넘어설 것으로

전망한다. 베이징의 자동차 수는 매년 25만 대씩 늘어나며, 일산화질소의 58퍼센트, 미세먼지의 25퍼센트가 자동차 운행으로 발생한다.

스모그를 보면 알 수 있듯이 가장 눈에 띄는 오염은 대기 오염이다. 대기 중의 오염 안개가 날마다 강력한 오염 물질로 도시를 에워싼다. 왼쪽 지도는 중국에서 대기오염이 가장 심각한 지역들을 보여준다. 진한 색으로 표시된 부분은 2013년에 스모그 일수가 가장 많은 지역을 나타낸다. 그곳은 석탄으로 가동되는 공장과, 대도시가 자리한 거대한 도심지들이 밀집된 지역이다. 그중 중국의 수도인 베이징은 2013년 오염 경보 발령 일수가 60일이었다. 허베이성의 상공업 도시 바오딩시는 같은 해 경보 일수가 99일이었고, 스좌장시는 119일, 인구 700만의 싱타이시는 129일이었다. 무려 1년에 4개월이 넘는 기간이다. 일반적으로 중국 동부에 미세먼지가 집중되는 현상은 WHO 기준치의 8~10배를 초과하는 것으로 나타났고, 이 때문에 호흡기 질환 환자가 늘고 있다.

이러한 연쇄적이고 반복적인 오염은 마침내 사람들을 분노하게 만들었고, 그로 인한 불만은 지금까지 정부를 상대로 한 고소와 사회동원으로 표출되고 있다. 인도 및 중국의 성숙한 시민사회와, 도시에 거주하며 점점 더 안락한 삶을 열망하는 중산층 및 상류층은 정부를 비판하면서 이러한 상황을 개선하라고 요구했다. 인도 정부는 2015년 1월 1일 개인 승용차 100만 대의 운행을 금지하고, 교대 운행 제도를 시작했다. 또한 중국 당국은 환경오염을 일으킨 기업에 부과되는 벌금을 인상하는 한편, 2015년에는 각 성마다 탄소시장 설립의 기틀을 마련했다.

련된 가장 중요한 문제로 떠올랐다. 대기오염을 측정하는 여러 방법 가운데 세계보건기구[WHO]는 대기 중에 떠다니는 미세먼지의 부피를 기준 도구로 사용한다. WHO는 관례적으로 한 도시의 오염 정도를 파악하기 위해 PM 10과 PM 2.5라는 두 개의 입자를 측정 도구로 사용한다. PM 10은 지름이 10마이크로미터($\mu m$) 이하인 입자이고, PM 2.5는 지름이 2.5마이크로미터 이하인 초미세먼지로 머리카락 한 가닥의 100분의 1 굵기다. PM 2.5는 자동차 배기가스나 식물 및 석탄이 연소될 때 나오는 연기에서 배출된다. 이것은 인체의 장기에 매우 깊숙이 침투하여 만성 기관지염, 폐암, 심장마비의 위험을 증가시키므로 건강에 매우 해롭다. WHO가 정한 기준치에 따르면 대기 중의 PM 2.5 농도는 세제곱미터당 10마이크로그램($\mu g/m^3$)을

참조: 93쪽 물의 전쟁, 111쪽 에너지, 아시아의 결정적 요인

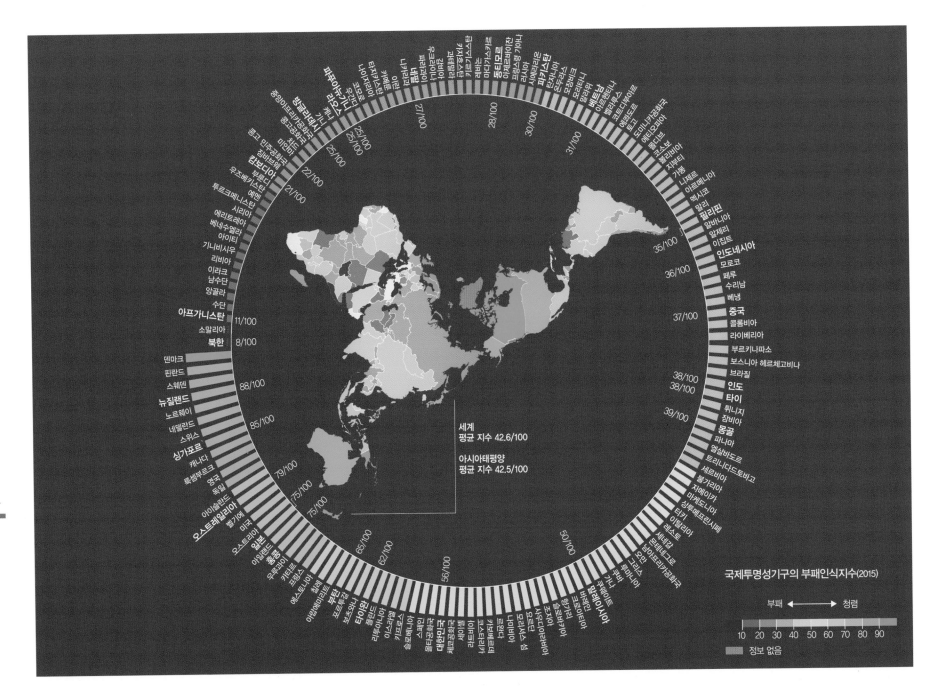

지리 속의 아시아

국제투명성기구의 부패인식지수(2015)

세계
평균 지수 42.6/100

아시아태평양
평균 지수 42.5/100

부패 ← → 청렴

10 20 30 40 50 60 70 80 90

정보 없음

세계의 다른 지역들처럼 아시아에도 부정부패는 늘 존재해왔다. 이제 아시아는 보다 확연하고 더는 참을 수 없는 부패에 특별한 주의를 기울여야 한다. 이에 대해 시민사회가 분노와 항의를 표출하자 아시아 각국 정부는 부패 관행을 종식시키고자 노력 중이다.

# 부패와의 장기전

부패 현상은 가시화하기가 쉽지 않다. 흔히 부패와 관련된 법적 판결 건수나 정치·경제적 부정 사건의 증가는 관련자들의 폭넓은 규모나, 일부 사회에서 부패 관행이 차지하는 위상과 의미 등 부패의 다양한 현상을 반영하지 못한다. 정치권에서 중앙 행정기관, 경찰 기관에서 지방 행정기관의 직원, 재계에서 스포츠계에 이르기까지 이러한 비합법적 행위들은 각 사회 분야에 만연해 있다.

부패 정도와 그 대응 방안을 모색하기 위해 독일의 비정부기구NGO인 국제투명성기구Transparency International는 다양한 기관들의 정보를 토대로 부패인식지수Corruption Perceptions Index, CPI(줄여서 부패지수)를 고안했다. 이 보고서는 한 국가의 기업 및 국내 전문가들이 갖고 있는 공공 부문의 부패 인식 수준을 고려하여 그 국가의 부패 정도를 측정한다.

국제투명성기구는 부패를 일반적으로 "개인의 이익을 목적으로 한 공직자의 배임 행위"로 정의하며, 손실 액수의 총계, 부패 행위가 발생한 부문, 관련자에 따라 여러 범주로 나눈다. 부패지수는 0~100으로 분류한다. 부패한 나라일수록 지수가 0에 가깝고 덜 부패한 나라일수록 지수가 100에 가깝다. 즉 지수가 낮을수록 부패한 나라로 인식된다.

## 예외적인 나라 싱가포르

국제투명성기구가 2015년에 집계한 순위에 따르면 덴마크는 91점, 핀란드는 90점으로, 이들이 가장 덜 부패한 국가로 나타났다. 이러한 순위는 부분적으로 이 나라 지도자들의 공적 행위가 국내법의 엄격한 틀 안에서 이루어진다는 것을 뜻한다. 하위권에 자리한 지수가 낮은 국가들, 즉 부패 정도가 매우 심각한 나라로는 소말리아, 북한(8점), 아프가니스탄(11점)이 있다. 또한 전쟁을 겪었거나 독재 정치체제의 성격을 띤 나라들도 여기에 포함된다.

아시아에서 가장 청렴한 국가로 평가된 싱가포르는 부패지수 85점으로 8위를 차지했다. 싱가포르는 흔히 부패와의 전쟁에서 결실을 거둔 모범 사례로 소개된다. 사실 인도와 중국 사이에 자리한 이 도시국가city-state는 1950년대까지 강력 범죄가 난무하던 아시아의 마약 거래소였다. 이런 상황에는 종종 공직자 부패 같은 행위들이 뒤따른다. 그런데 1959년 리콴유가 총리에 취임하면서 싱가포르의 '타락과 부패'를 규탄하고 부패와의 전쟁을 우선순위로 꼽았다. 그는 관련 법안을 강화하고 부패행위조사국 CPIB에 막강한 권력을 부여했다. 또한 공직자들이 부패에 현혹되지 않도록 급여를 세계 최고 수준으로 인상하는 한편, 부정부패를 저지른 자들을 엄벌하는 억압 정책을 폈다. 1990년 리콴유는 총리직에서 퇴임하면서 싱가포르가 아시아에서 가장 청렴한 나라로 발돋움했음을 입증했다. 그러나 싱가포르, 일본, 부탄, 타이완, 대한민국, 말레이시아(부패지수 50점)를 제외한 아시아 대다수 나라들은 40점 미만의 부패지수를 나타냈다. 이것은 부패 정도가 굉장히 심하다는 뜻이다. 아시아의 주요 '신흥시장'으로 일컬어지는 두 나라 인도와 중국의 사례를 보면 나라 곳곳에서 벌어지는 부패 관행과 문제점 및 부패 척결 방안들을 조명할 수 있다.

## 부패가 일상이 된 나라 인도

국제투명성기구의 분류에 따르면 인도는 부패지수 38점으로 76위에 올랐다. 인도의 대다수 국민은 매일매일 부패를 경험한다. 이 말은 수많은 인도 국민이 공공 서비스를 이용하기 위해 부당한 추가 요금을 지불해야 한다는 뜻이다. 국민들의 일상에 영향을 미치는 (지방 행정, 우편, 교통 등) 기본적인 공공 서비스를 이용하려면 가뜩이나 낮은 소득에서 적으나마 비용을 들여야만 한다. 이러한 공공 서비스 수준의 일반화된 부패 관행 외에도, 인도의 정치계급과 기업의 이해 당사자들 간의 유착 관계를 낱낱이 밝히는 대대적인 보도를 통해 곳곳에 만연한 부정부패 사건을 찾아볼 수 있다.

과거에 인도는 경제 분야 관리를 국가가 독점했다. 그런데 20여 년 전부터 외국 및 국내 투자가 과도하게 유입되

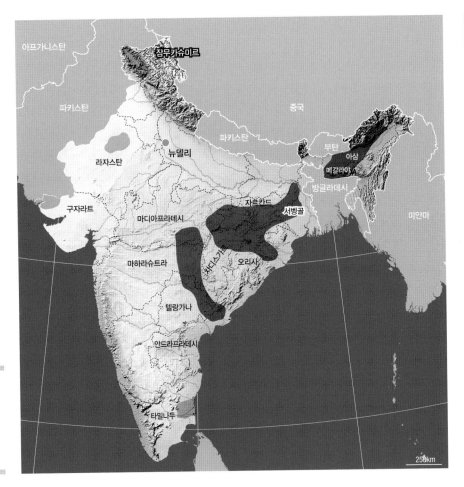

아프가니스탄

파키스탄

잠무카슈미르

중국

파키스탄

뉴델리

라자스탄

부탄

아삼

메갈라야

구자라트

마디아프라데시

자르카드

방글라데시

미얀마

서벵골

마하라슈트라

차디스가르

오리사

텔랑가나

안드라프라데시

타밀나두

갈탄

석탄

┄┄┄ 인도의 주 경계
(석탄 및 갈탄 매장 지역만
표시함)

250km

석탄은 인도의 주요 에너지원이다. 영국의 민간 석유기업 브리티시 페트롤리엄British Petroleum의 연간 통계 자료에 따르면 인도의 석탄 매장량은 610억 톤으로, 미국, 러시아, 중국, 오스트레일리아에 이어 세계 5위다. 광산은 주로 인도 동부인 차디스가르주, 자르칸드주, 오리사주, 서벵골주에 있으나, 마하라슈트라주, 마디아프라데시주, 텔랑가나주 및 북동부의 아삼주에도 분포한다.

맞았으며, 부패를 고발하는 시민사회가 확고한 결단을 내리는 계기가 되었다. 2006~2009년에 60여 개 공기업과 75개 민간 기업에 입찰가가 없거나 저평가된 가격으로 142개 탄광 사업권을 배분한 것이다. 이 기업들에는 철강업체 타타TATA, 화학업체 릴라이언스 인더스트리즈Reliance Industries, 복합기업 GVK, 제철업체 진달 스틸Jindal Steel, 철강업체 아르셀로미탈Arcelor Mittal이 포함되며, 아디티야비를라 그룹Aditya Birla group의 자회사인 알루미늄 압연업체 힌달코Hindalco와 시멘트업체 그라심Grasim도 있다. 2011년 3월, 2010~2011년의 석탄 생산을 앞둔 86개 사업체 가운데 28개(이 중 15개는 민간 업체)만이 가동을 시작했다. 따라서 정부는 석탄으로 생산해야 하는 전력의 국내 수요를 충족시키지 못했고, 이로 인해 정전 사태가 빈번히 발생했다.

이 사건은 2012년 여름 공공 회계감사 기관인 감사원의 발표에 이어 드러났다. 감사원은 탄광 사업권 배분에 문제가 있으며, 이로 인한 국가 수입 손실액이 약 290억 달러에 달한다는 보고서를 제출했다. 2013년 5월, 철도부 장관 파완 반살Pawan Bansal과 법무부 장관 아슈와니 쿠마르Ashwani Kumar는 이 사건에 연루되어 사임했다.

고 경제 자유화가 이루어지자 인도 전체로 부패가 퍼져나갔다. 2004~2014년에 만모한 싱Manmohan Singh 총리 행정부에서 수많은 정경유착 사건들이 터져나왔고, 이 때문에 인도 국민들의 분노가 가중되었다. 이는 수많은 사회동원이 일어나는 계기가 되었다. 또 다른 예로 2010년 인도에서 열린 영연방 경기대회Commonwealth Games를 준비하기 위해 기반시설을 구축할 당시 뇌물 수수 및 부패 의혹이

불거졌다. 같은 해 '2G(2세대 이동통신)' 사업과 관련하여 정부와 이동통신 부문 관련자 간 정경유착 사건이 벌어지기도 했다. 2008년에는 통신부가 민간 사업자에게 저가로 통신 허가를 내준 사실이 드러났으며, 이 때문에 발생한 국가적 손실은 약 321억 달러에 달했다.

인도 언론이 '석탄 게이트Coalgate'라는 명칭으로 보도한 부정부패 사건도 있다. 이 사건으로 인도 정부는 위기를

## 반부패를 위한 투쟁

부정부패는 수많은 결과를 낳는다. 국민들은 공공 서비스를 이용하기 어렵고, 사회에 공갈 협박이 횡행하며 빈곤이 지속된다. 또한 국가의 부적절한 투자, 공급 낭비, 공직자의 부정 축재, 권력 남용이 발생하기도 한다. 이러한 여러 상황들 때문에 국민들은 문제를 제기하고 정부에 책임을 물을 정도로 공공 행정, 국가 고위 공직자 및 정계와 재계 지도층에 강한 반감을 갖게 되었다.

2010년은 경제적으로 넉넉한 중산층의 분노가 인도 전역에 만연한 부패에 맞서 사회적 결집으로 변모한 전환점이었다. 이러한 분노의 상징은 2011년 당시 74세였던 정치운동가 키산 바부라오 '안나' 하자레<sup>Kisan Baburao 'Anna' Hazare</sup>의 단식 운동이었다. 그는 국가의 최고위급 관료까지 조사할 수 있는 독립적인 반부패 척결 기구 창설을 주장했다. 2012년 그의 지지자들은 반부패를 주장하는 정당인 '서민당<sup>AAP</sup>'을 창설했으며, 정당의 상징을 빗자루로 설정했다. 2013년 12월 서민당은 창당 1년 만에 뉴델리주 지방의회 선거에서 의석수의 40퍼센트를 차지했다. 반면 힌두 민족주의를 표방하는 인도인민당<sup>BJP</sup>은 46퍼센트를, 인도국민회의당<sup>INC</sup>은 11퍼센트를 차지했다. 같은 시기, 10년 동안 인도 의회를 이끌면서 반복된 부패 사건으로 치명타를 입은 인도국민회의당은 국민적 요구에 부응하여 마침내 역사적인 법안 하나를 채택한다. 바로 잔 록팔 빌<sup>Jan Lokpal Bill</sup>이라 불린 법안으로, 총리를 포함한 선출직 공무원 및 모든 공무원의 불법 행위를 조사할 권한을 지닌 반부패 기구의 창설이 인가되었다. 이 기구에는 인도전 국민이 참여할 수 있다.

인도에서 좀 더 동쪽에 있는 나라 중국도 부정부패에서

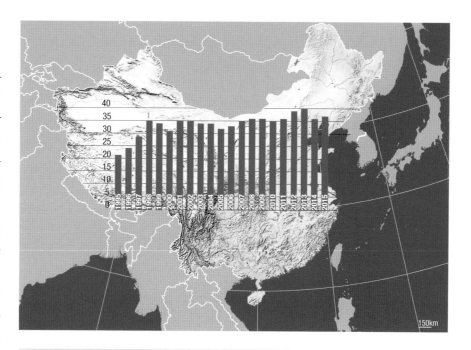

### ▲ 중국의 부패 인식 변화

2015년 국제투명성기구가 167개국을 대상으로 조사한 바에 따르면, 중국은 공공 부문의 부패인식지수가 37점으로 83위를 차지했다. 2013년 여름부터 개혁 정책을 시행했으나 부패는 아직 크게 개선되지 않은 실정이다. 이 기구는 사법체계 및 공공 회계의 투명성 결여, 부패에 대한 전반적이고 국제적인 차원의 고찰 부족, 기업 부문의 효과적 규제 부재를 원인으로 꼽았다.

벗어나지 못하고 있다. 그러나 중국 사회는 특히 소셜네트워크를 통해 사회동원이 태동하기 쉬워진 상황에 놓여 있다. 2013년 3월 중국공산당이 국가주석으로 선출한 시진핑<sup>習近平</sup>은 부패와의 전쟁을 우선순위의 하나로 꼽았다. 2013년 8월에 시진핑이 발표한 2013~2018 반부패 정책은 특히 국유기업을 개혁하고 외국 다국적 기업들의 부패를 줄이기 위한 것이다. 부패와의 전쟁에서 가장 눈에 띄는 부분은 공공 부문(정당, 고위 관료, 대학, 군, 기업) 및 민간 부문에 속한 관료들의 체포와 처벌이다. 부패 척결 기관인 중앙기율검사위원회<sup>Central Commission for Discipline Inspection, CCDI</sup>는 2014년 7만 1,000명 이상을 체포했다. 그 가운데 영향력을 행사하여 자금을 축적한 고위 공직자, 지방 행정 공무원, 재계 대표들이 포함되었다. 이러한 반부패 조치들은 반드시 필요하고 긍정적으로 받아들여지고 있다. 그러나 정치적 반대세력의 존재 가능성을 제거함으로써 현재 권력을 쥔 당국의 권한을 강화하려는 것은 아닌가 하는 여러 가지 물음이 제기되는 것도 사실이다.

참조: 23쪽 경제성장, 51쪽 싱가포르, 세계화의 중심부에서

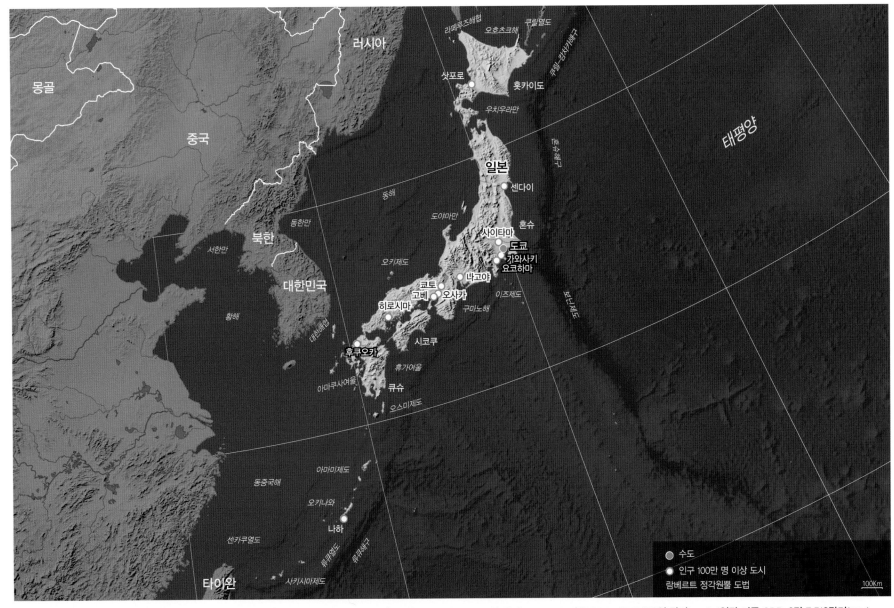

몽골

러시아

라페루즈해협

오호츠크해

쿠릴열도

쿠릴·캄차카해구

삿포로

홋카이도

우치우라만

중국

훈슈해구

동해

일본

센다이

도야마만

혼슈

북한

동한만

사이타마

도쿄

서한만

대한민국

오키제도

쿄토

나고야

가와사키
요코하마

고베

오사카

이즈제도

황해

히로시마

구마노해

이즈제도

태평양

보닌제도

대한해협

시코쿠

후쿠오카

후가여울

아마쿠사여울

큐슈

오스미제도

아마미제도

동중국해

오키나와

나하

센카쿠열도

류큐열도

류큐해구

타이완

사키시마제도

● 수도
● 인구 100만 명 이상 도시
람베르트 정각원뿔 도법

100Km

면적: 377,915㎢, 인구: 126,573,000명(2015), 25세 미만 인구: 22.4%(2015), 통화: 엔(JPY), 명목 기준 GDP: 4조 6,020억 달러(2014), PPP 기준 GDP: 4조 7,670억 달러(2014), 1인당 기준 GDP: 3만 7,518달러(2014), 교육비 예산: GDP의 3.8%(2013), 국방비 예산: GDP의 1%(2014), 1인당 이산화탄소 배출량: 9.3톤(2011)

높은 부채 비율, 경기 부진, 인구 감소, 2008년 금융 위기, 2011년 3월의 쓰나미가 가져온 산업 재해. 이것이 지금 일본 앞에 놓인 상황이다. 이러한 다양한 위기 상황에서 일본은 국가적으로나 사회적으로 일본의 미래를 창출하기 위해 애쓰고 있다.

# 일본, 흔들리는 강국

일본은 20세기 전반에는 팽창주의 목표를 지닌 호전적 지역 강국이었으나, 제2차 세계대전 이후 태도를 완전히 바꾼다. 일본은 1945년 8월 15일 히로히토 일왕이 항복을 선언했고, 그 뒤 1945년 9월 2일 공식적으로 항복 문서에 서명했다. 이와 동시에 극동 지역에서 제2차 세계대전이 완전 종결되었으며, 1937년 일본 황제가 무력으로 중국을 침략하면서 시작된 중일전쟁도 막을 내렸다. 일본이 항복한 날은 1952년까지 지속될 미군의 일본 점령의 시작을 알리는 날이자, 태양이 먼저 뜨는 나라 일본의 새로운 시대를 여는 출발점이기도 했다. 전쟁의 폐허에서 벗어난 일본은 전력 보유 의사를 전면 포기하고, 이러한 급격한 방향 전환을 1946년 11월 3일 헌법 제9조로서 강력하게 명시했다. 즉 "일본 국민은 국제 분쟁의 해결 수단으로서, 국권 발동으로서의 전쟁과 무력에 의한 위협 및 무력행사를 영구히 포기한다." 일본은 미국의 군사적 보호를 받으며 교육, 연구 개발, 기술 혁신에 기대를 거는 한편, 토요타나 소니 같은 대기업에 의존하면서 경제 재건에 집중할 수 있었다. 일본은 눈부신 경제 발전을 이룩했고, 1960년대에는 세계 2위의 경제 대국이 되어 2010년 중국에 그 자리를 빼앗기기까지 그 위상을 유지해왔다.

이것이 쇠퇴의 신호는 아니지만 일본은 최근 몇 년간 지역적 혹은 세계적 환경 속에서 내부적으로 여러 가지 어려움을 겪어야 했다. 그것은 일본이 나라를 다시 일으켜 세우고, 경제적, 민주적, 평화적 모델을 한 단계 발전시켰던 그런 환경과는 전혀 다르다.

## 인구 문제

2010년대에 일본 인구는 2009년 1억 2,700만 명에서 2015년 1억 2,650만 명으로 하향 곡선을 그리기 시작한다. 여성 1인당 평균 1.4명이라는 낮은 출산율은 인구대체 수준의 한계점에 못 미치는 실정이다. 따라서 이러한 낮은 출생률을 보충해줄 유의미한 유입 인구가 없다면 일본 인구는 앞으로 꾸준히 감소할 것이고 고령화될 것이다. UN의 전망에 따르면 2060년까지 일본 인구의 5분의 1이 감소하여 인구수는 1억 100만 명에 그칠 것이다. 게다가 낮은 출생률과 기대수명 증가로 고령화는 지속될 것이다. 오늘날 일본의 65세 이상 인구 비율은 약 25퍼센트이며, 2060년에는 40퍼센트에 육박할 것이다.

인구 감소가 일본 사회와 경제에 미치는 영향은 오늘날 일본에 크나큰 위협이 되고 있다. 실제 인구 노령화로 생

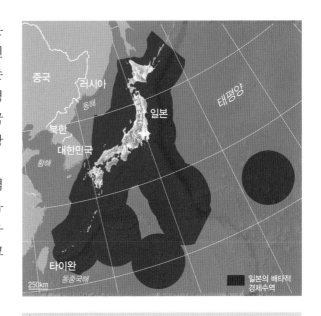

▲ 일본의 영해 및 영토

태평양 인근, 아시아 대륙 북동쪽에 자리한 일본은 수많은 섬으로 이루어진 나라다. 홋카이도, 혼슈, 시코쿠, 큐슈가 가장 큰 섬으로, 다른 섬보다 면적도 넓고 인구도 많은 이 네 개의 섬에 일본의 주요 경제활동과 인구가 집중되어 있다. 그러나 일본의 영토는 육지 면적이 다가 아니다. 일본이 주장하는 해역을 감안할 때 6,852개의 군도로 형성되는 배타적 경제수역EEZ을 포함하면 그 면적은 열두 배로 늘어나 450만 제곱킬로미터에 이른다. 이 광활한 배타적 경제수역은 일본의 중요한 자산으로, 바다는 역사, 문화, 경제 부문에서 중요한 역할을 한다. 일본의 영토는 물 위로 솟아 있는 육지보다 바다를 기준으로 그 외적 경계를 구분한다. 이 때문에 일본은 주변국들과의 관계에서 적지 않은 마찰을 빚고 있다.

산 인구가 감소할 것이고, 그것은 기술 혁신 덕분에 부분적으로나마 보장되었던 경제적 활기의 저하로 이어질 것이다. 사회적으로는 가족 간 상호 의존성이 시험대에 오

**핵의 위협** ▶

2011년 3월 발생한 후쿠시마 원전 사고에서 알 수 있듯이, 고도로 발전된 기술을 보유한 나라에서도 원자력 기술의 위험도는 점점 높아지고 있다. 핵의 전력 생산 기술은 잘 알려져 있으나, 방사능이 누출될 경우에는 원전 현장과 지역 주민들의 안전을 담보할 수 없다. 원전이 종종 인구밀도가 높은 지역에 건설되고 있는 만큼 그 위험은 더욱 커지고 있다.

채 문제에 대처할 수 있는 상당한 재정 자원을 비축해두고 있다. 일본의 경우 부채가 적은 다른 국가들과 비교할 때 부채 조달 비용이 상대적으로 낮게 나타난다. 그러나 이미 성장 동력이 약화되고 마이너스 성장세를 보이는 경제가 앞으로도 지속된다면 일본의 가계들은 외국인 투자자들에게 유리한 국채를 양도해야 할 상황에 처할 수도 있다. 이러한 불안정한 경제적 분위기 속에서 후쿠시마 원전 사고가 터졌고, 일본 정부는 에너지와 관련한 전략적 선택을 해야 하는 입장이 되었다. 그뿐 아니라 국가의 미래를 구속하고, 국가의 공공 재정 상태에 적지 않은 영향을 미치는 수많은 결단을 내려야만 한다.

## 후쿠시마 원전 사고 이후 에너지 문제

를 것이다. 부족한 경제활동인구가 늘어난 퇴직자들을 부양해야 하기 때문이다. 경제적으로 취약하고 과도한 부채에 내몰린 상황에서, 과연 일본은 인구와 경제 문제를 타개하기 위한 해결책으로 대규모 이민 수용이라는 모험을 강행할 것인가?

## 부채 위기

일본은 1990년대를 기점으로 거의 20년간, 당시 국내에 형성된 투기 금융 버블의 붕괴와 관련한 잠재적 경제 위기 상태를 겪었다. 이러한 금융 위기는 전후 '일본의 경제 기적'에 종지부를 찍었고, 이로써 소위 '잃어버린 10년'이라 일컬어지는 시기가 시작되었다. 이 시기 동안 일본은

경기침체와 디플레이션을 겪었고, 2003년 이후에야 불안정한 경제상황에서 벗어날 수 있었다. 1990년대에는 물론 2008년 금융 위기 이후에도 일본 정부는 경제 위기를 불러온 금융 위기를 해결하기 위해, 경제 체제에 공적 자금을 투입함으로써 계속해서 다양한 경기 부양책을 시도했다. 2011년 3월 후쿠시마 원전 사고를 수습하기 위한 자금조달을 비롯한 국민경제 지원은 공공 부채의 증가로 나타났다. 1990년 투기 거품이 붕괴하자 부채비율은 GDP의 약 60퍼센트로 증가했고, 2000년대 초에는 150퍼센트, 2014년에는 233퍼센트까지 치솟았다.

현재 일본은 자국민, 특히 개인 및 일본 중앙은행을 포함한 국내 금융기관이 부채의 90퍼센트 이상을 보유하고 있기 때문에 그나마 버틸 수 있다. 그뿐 아니라 개인 및 기업의 저축, 준비 자금, 외국인 투자 및 외국인 자산 덕분에 부

일본에는 자체적으로 생산 가능한 자원이 없기 때문에 필요한 화석 연료(탄화수소)의 92.5퍼센트를 외국에서 수입한다. 2011년 3월 후쿠시마 원전 사고 이후 일본의 에너지 정책은 위기에 봉착했다. 사고 이전인 2010년 일본은 미국과 프랑스에 이어 원자력으로 전력을 생산하는 세계 제3위의 국가였다. 당시 원자력은 나라 전체 소비 전력의 30퍼센트를 생산했고, 당국은 2030년까지 생산량을 50퍼센트까지 늘린다는 계획이었다. 그러나 2011년 3월 11일 몰아닥친 쓰나미로 후쿠시마 원전 사고가 발생하자, 정부는 에너지 정책을 재검토하고 일본 내 54기의 원자로 가동을 즉시 중단했다. 이후 일본 정부는 자국의 원자력 의존도를 줄이고 신재생에너지 개발에 착수했다.

2012년 12월 집권한 아베 신조 총리 행정부는 미래 원자력 에너지 계획을 새로 발표했다. 일본의 원자력 규제 위

### 후쿠시마 원전 사고 ▶

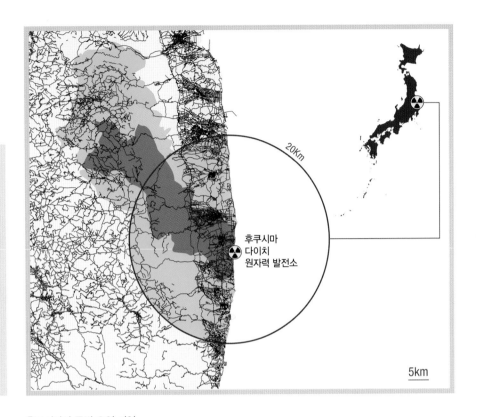

지도에 빨간색으로 표시된 지역은 대기 중 방사능 수치가 연 50 밀리시버트<sup>mSv</sup>에 달하는, 오염이 가장 심각한 곳이다. 이 지역들은 방사성 동위원소인 세슘 1370이 수십 년이 걸려 자연 붕괴될 때까지 거주가 금지되었다. 노란색으로 표시된 지역은 피폭선량이 연 20~50밀리시버트로, 여전히 방사능 수치가 꽤 높다. 이곳은 부분적으로 폐쇄되어 있으며, 10년 내로 재개방될 예정이다. 녹색으로 표시된 지역은 피폭선량이 연 1~20밀리시버트이다. 발전소에서 반경 20킬로미터 떨어진 지역을 경계로 강제 피난 구역이 설정되었다. 후쿠시마현에 속한 마을들은 전부 비어 있는 상태이고, 2014년 봄까지도 16만 명의 주민이 아직 집으로 돌아오지 못한 상황이다. 오염 제거 작업을 하고는 있으나 아직 이 지역으로 되돌아오는 사람은 없다.

**후쿠시마와 주변 오염 지역**

- 오염이 가장 심한 지역
  연 50mSv 이상 노출
- 방사능 수치가 비교적 높은 지역
  연 20~50mSv 노출
- 연 1~20mSv 노출
- ◯ 강제 피난 구역

원회가 결정한 안전 기준에 부합하는 원자로의 재가동을 천명한 것으로, 여기에는 잠재적으로 43기의 원자로가 포함된다. 게다가 앞으로 새 원자로를 추가로 건설할 예정이다. 당초 에너지 믹스<sup>Energy mix</sup>(한 지역 혹은 한 국가에서 사용 가능한 에너지의 범위. 화석연료 및 재생에너지 전부를 포함한다―옮긴이)에서 원자력이 차지하는 비율을 20퍼센트 안팎으로 줄이는 것을 목표로 잡은 원자력 에너지 포기 계획은 중기적으로 중단되었다.

두 번째로 이 계획은 재생에너지 개발을 염두에 두고 있다. 일본 정부는 후쿠시마현을 녹색에너지의 구심점으로 삼기로 했다. 사고 현장에서 60킬로미터 떨어진 고리야마<sup>郡山</sup>시

에 위치한 후쿠시마 재생에너지 연구소는 2014년 봄 출범하여, 녹색기술 개발에 전념하고 있다. 이 연구소는 2040년까지 후쿠시마현에 필요한 모든 에너지를 재생에너지로 충당하겠다는 목표를 세웠다. 이러한 대체에너지

를 홍보하기 위한 정부의 의지는 상징적으로 원전 사고 현장에서 20킬로미터 떨어진 곳에 건설한 해상 풍력 발전소로 나타났다. 2013년 11월 2메가와트급 풍력 터빈이 가동을 시작했고, 7메가와트급 터빈 두 개를 건설 중이다. 이것은 세계에서 가장 큰 해상 풍력 발전 단지가 될 것이다.

일본은 원전 사고 때문에 어렵사리 새로운 에너지원을 찾아나가는 중이다. 공공 및 민간의 재정 수단, 기술 혁신, 산업적 역량을 동원함으로써 일본은 에너지와 관련된 관행들을 바꾸고, 일본의 경제 모델을 21세기의 현실뿐 아니라 국가의 지리적 제약에 맞추고자 노력하고 있다.

참조: 70쪽 일본의 재무장은 중국을 겨냥한 것인가?, 111쪽 에너지, 아시아의 결정적 요인

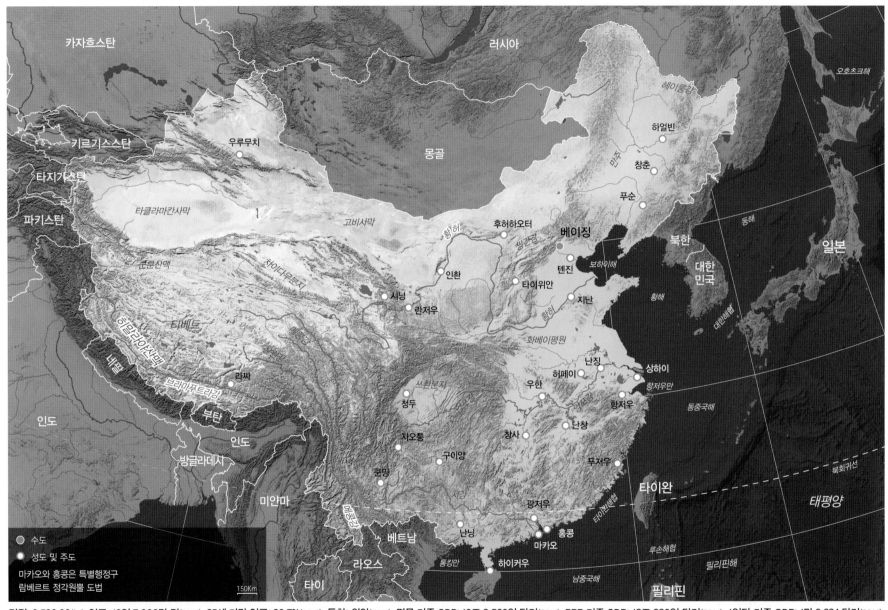

아시아

카자흐스탄

러시아

오호츠크해

몽골

헤이룽장

하얼빈

키르기스스탄

우루무치

창춘

일본

타지키스탄

푸순

동해

파키스탄

타클라마칸사막

고비사막

후허하오터

베이징

북한

황허

싱안링

텐진

보하이해

대한민국

쿤룬산맥

차이다무분지

인촨

타이위안

황해

시닝

지난

란저우

대한해협

티베트

황허

히말라야산맥

네팔

라싸

화베이평원

브라마푸트라강

부탄

청두

쓰촨분지

난징

허페이

상하이

항저우만

인도

인도

자오퉁

우한

난창

항저우

동중국해

방글라데시

쿤밍

구이양

창사

푸저우

북회귀선

미얀마

메콩강

시장

광저우

타이완

타이완해협

태평양

베트남

난닝

홍콩

라오스

마카오

루손해협

필리핀해

통킹만

하이커우

남중국해

타이

필리핀

● 수도
● 성도 및 주도

마카오와 홍콩은 특별행정구
람베르트 정각원뿔 도법

150Km

면적: 9,596,961㎢, 인구: 13억 7,000만 명(2015), 25세 미만 인구: 30.7%(2015), 통화: 위안(CNY), 명목 기준 GDP: 10조 3,560억 달러(2014), PPP 기준 GDP: 18조 880억 달러(2014), 1인당 기준 GDP: 1만 3,224 달러(2014),
교육비 예산: 정보 없음(2013), 국방비 예산: GDP의 2.1%(2014), 1인당 이산화탄소 배출량: 6.7톤(2011)

1990년대 말부터 중국은 경제력 향상에 힘입어 국제적 영향력을 끊임없이 키워나가고 있다. 이제 중국 경제가 약세나 불안정의 조짐을 보이면 전 세계 경제도 불안해진다.

# 중국, 자국의 경제 모델에 의문을 제기하다

마오쩌둥은 1949년 장제스가 이끄는 국민당의 민족주의 세력을 타도하고 승리함으로써 중국에 공산정권을 수립했다. 긴 내전을 치른 중국은 경제적 저개발 상태의 농업 중심 사회였고, 독재정치체제가 수립되면서 소비에트식 계획경제 체제가 자리 잡았다. 정권이 교체되고 개인 행동의 통제와 관련하여 몇 가지 변화가 있었으나, 중국공산당CCP이 지배하는 정치체제는 예나 지금이나 여전히 폐쇄적이다. 중국 내부적으로나 국제적으로 민주주의 체제를 요구하는 목소리가 존재해왔지만, 중국에 근본적인 변화를 가져오지는 못했다. 1989년 6월 4일 톈안먼 광장의 학생 시위 진압이나 시진핑 주석 체제 하에서 지속적으로 행해지는 국민의 자유 침해가 이를 잘 보여준다. 그러나 정치체제의 변화와는 별개로 중국의 경제 모델은 중대한 변화를 겪었다.

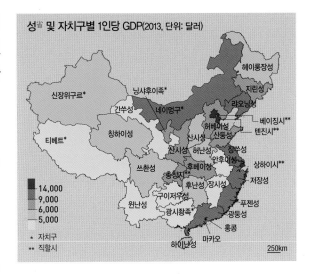

성省 및 자치구별 1인당 GDP(2013, 단위: 달러)

14,000
9,000
6,000
5,000

★ 자치구
★★ 직할시

250km

### ▲ 부의 불평등한 분배

중국은 행정구역 상 22개의 성, 5개의 자치구, 4개의 직할시로 나뉘며, 여기에 홍콩과 마카오 특별행정구Special Administrative Region가 포함된다. 때로 인구, 부, 영토를 기준으로 불평등한 분배를 설명할 때는 '세 개의 중국'이라는 표현을 쓰기도 한다. 이러한 표현은 중국 연안과 중부 및 서부를 뜻하는 세 지역에 존재하는 격차를 나타낸다. 중부와 서부는 연안 지역과 비교할 때 인구도 적고 경제적으로도 개발이 덜 된 상태다. 지도에서 빨간색으로 표시된 부분은 1인당 GDP가 가장 높은 지역이다. 중국 당국은 이러한 부의 불평등을 해소하기 위해 2000년대 초반부터 서부지역 개발에 공공 자금을 투자하는 '서진 전략'을 도입했다.

## 시장경제에 문을 열다

중국은 1970년대 말이 되어서야 중요한 경제 개혁을 시행한다. 개혁이 가져온 변화들은 1979년부터 덩샤오핑의 주도하에 구체적으로 그 모습을 드러낸다. 소위 '4대 근대

화'로 알려진 이 경제 개혁 전략에는 공업, 농업, 과학과 기술, 국방의 근대화가 포함된다. 일반적으로 국제적인 경제 교류나 경제 협력을 향해 중국의 문을 개방하려는 의지가 이러한 변화들을 이끌어냈다. 1980년대와 1990년대에 실시된 중국의 경제 자유화는 계획경제를 종식시켰고, 중국의 지도자들은 자신들의 독트린을 명확히 밝혀야만 했다. 이 새로운 모델은 공식적으로 '사회주의 시장경제'로 정의할 수 있으나, 어떤 사람들은 '국가자본주의'를 떠올리기도 한다. 이것은 경제 기반과 관행을 변화시켰고, 이를 토대로 중화인민공화국이 세워졌다. 그러나 중국의 정치체제는 공산주의의 기준들을 공식적으로는 포기하지 않았다. 이러한 경제 자유화 전략은 우선 연안지대를 따라 경제특구를 설치하고, 해외 투자 및 자본을 끌어들이기 위한 조치들을 시행하는 것으로 표면화되었다. 또한 시장 개방을 통해 자유무역을 실시함으로써 세계무역 통로로 중국을 편입시키는 데 주력했다. 이로써 중국의 GDP는 급성장했다. 지난 40여 년간 중국은 연평균 약 8퍼센트의 경제 성장률을 기록했다. 2001년 12월 중국이 WTO에 가입하면서 세계경제는 즉각적으로 그 영향력을 실감했다. 중국은 2009년 독일을 제치고 세계 1위의 수출국이 되었으며, 2010년에는 일본에 이어 세계 2위의 경제 대국으로 우뚝 섰다. 이러한 경제력으로 말미암아 중국은 국제정치에서 주도적인 영향력을 행사하게 되었으며, 세계경제의 상호 의존성을 확인시켜주었다.

## 중국 경제 모델의 함축적 의미

이러한 경제 개발은 중국 내에서나 국제적으로 적지 않은

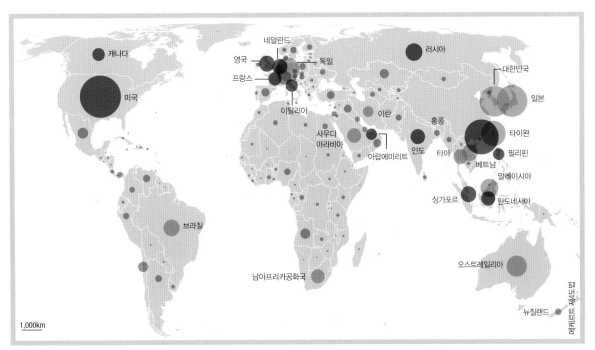

네덜란드
영국
독일
프랑스
캐나다
미국
러시아
대한민국
일본
이탈리아
이란
홍콩
타이완
사우디
아라비아
아랍에미리트
인도
타이
필리핀
베트남
말레이시아
싱가포르
인도네시아
브라질
남아프리카공화국
오스트레일리아
뉴질랜드

1,000km

에케르트 세계도법

◀ 세계무역을 장악하다

2009년 중국은 세계 1위의 수출국이 되었다. 수출 품목에는 특히 섬유, 완구, 노트북, 음성·영상 제작물이 포함된다. 중국은 오랫동안 '세계의 공방'으로 주목을 받아왔고, 상업력을 바탕으로 경제력을 구축했다. 경제력이야말로 세계적인 규모를 지닌 중국의 정치적·외교적 역할을 확인시키기 위한 첫 단계이기 때문이다. 중국은 세계 1위의 경제 대국이 되어 미국의 지위를 탈환하려는 목표를 갖고 있다. 중국은 앞으로 10년 안에 19세기 무렵까지 점유했던 지위를 되찾음으로써 이 목표를 달성할 것이다.

중국의 무역 상대국(2014, 단위: 10억 달러)

국가별 수입 및 수출 총액

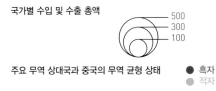

500
300
100

주요 무역 상대국과 중국의 무역 균형 상태　● 흑자　● 적자

변화를 가져왔는데, 최근 중국 당국은 이러한 변화를 이끌어낸 전략에 스스로 문제를 제기했다.

중국의 성장 모델은 아시아, 유럽, 북아메리카를 겨냥한 상품 수출이 대부분을 차지하는 외부 수요에 광범위하게 의존했다. 그러나 2008년 세계경제 위기로 미국, 유럽, 아시아의 경제성장이 둔화되자 중국의 GDP 성장률도 현저히 하락했다. 이로써 선진국의 경제적 안전성에 좌지우지되는 중국의 의존도가 여실히 드러났다. 반면 2015년 중국의 경기 침체로 촉발된 국제사회의 우려와, 2015년 여름 중국에 몰아닥친 주식시장 및 통화 위기는 세계경제 성장의 실질적인 동력으로서 중국에 대한 세계경제의 의존도를 확인시켜주었다. 또한 중국 당국이 자국의 경제성장

모델을 좀 더 지지할 만하게 만들 능력이 있는가 하는 의문들을 강화하는 계기가 되었다.

중국은 경제 발전을 계기로 에너지 수요가 급증했다. 중국은 세계 최대의 석탄 소비국이며, 이 때문에 이산화탄소 배출량도 현저히 증가했다. 그래서 당국은 재생에너지(특히 태양광 에너지) 부문에 대규모 투자를 진행함으로써 에너지 및 환경 모델을 개선하고자 노력 중이다. 2015년에는 1,100억 원을 투자하여 이 분야의 최대 투자자로 자리매김했다.

중국 경제성장 모델은 부유한 연안 지역과 공공기관이 방치한 나머지 지역 간 불균형, 중산층의 형성에서 기인한 국내의 사회 계층 간 불균형의 증가로도 설명할 수 있다.

이러한 수많은 요인들이 중국 내에 긴장감을 조성했고, 중국 사회는 임금, 사회적 권리, 환경오염 및 파괴에 맞선 투쟁을 요구하기에 이르렀다. 이렇듯 사회적 압력이 거세지자 중국 당국은 경제 모델을 재조정했다. 그 원칙 가운데 하나가 경제 발전과 개인적 부의 증대를 약속함으로써 사회적·정치적 평화를 얻어내는 것이다. 이 모델은 중산층을 탄생시킬 수 있었기 때문에 삶의 질 측면에서 사회적 요구뿐 아니라 기대감을 형성했다. 경제성장이 충분히 뒷받침되지 못한 상태에서 중국의 모델이 이러한 기대를 충족시키지 못한다면, 사회적 긴장뿐 아니라 결국에는 정치적 요구가 심화될 수밖에 없다. 그리고 중국 체제의 초석인 내적 안정성도 문제시될 것이다.

참조: 73쪽 중국과 미국, 아시아태평양 지역의 경쟁. 77쪽 중국, 갈등의 핵심. 103쪽 21세기의 실크로드

# 중국, 서부의 신장위구르자치구를 점령하다

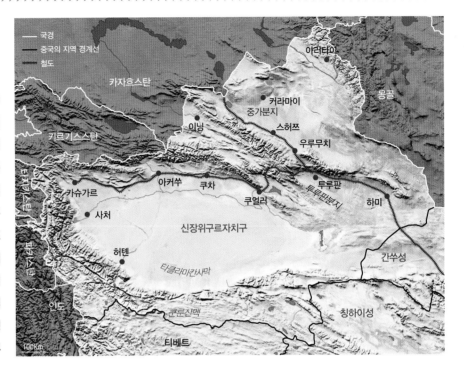

──── 중국 서부에 위치한 신장위구르자치구는 면적이 170만 제곱킬로미터에 이르는 광활한 지역으로, 독일 면적의 다섯 배에 달하며(대한민국 면적의 17배), 인구는 2,200만 명이다. 이 지역에는 다양한 민족이 살고 있다. 위구르족(다수 민족), 한족(중국 전체 다수 민족), 카자흐족, 키르기스족, 후이족, 몽골족이 있고, 파키스탄 국경지대의 파미르고원에는 타지크족이 거주한다. 이들 대부분은 이슬람교를 믿고, 터키어를 쓰는 민족도 있어 이 지역은 중앙아시아와 문화적으로 연결된다. 중국은 예부터 신장위구르자치구에 영향력을 행사해왔지만 사실 중국이 이 지역을 통합한 것은 최근의 일이다(1949). 이 지역을 손에 넣기 위해 중국 당국은 '신장 생산 건설 병단'이라 불리는 군사 정부 조직을 꾸렸다. 1954년에 중앙정부가 정식으로 명칭을 부여한 신장 생산 건설 병단은 경제 발전과 정치적 안정을 확보하기 위해 토지를 개발하고 관리하는 임무를 수행했다.

이 지역의 철도 건설 단계를 살펴보면 중앙 당국이 신장위구르자치구의 영토 및 인적 개발 정책을 어떻게 실행했는지 알 수 있다. 1950년대에는 하미시만 중국 본토의 철도망과 연결되어 있었다. 이후 1962년에 우루무치에 철도가 건설되었고, 이어서 1990년대 초가 되어서야 카자흐스탄 국경까지 철도망이 확장되었다. 교통수단이 발달하자 이 지역 개발이 가능해졌고, 중국의 다른 지역들과도 통합될 수 있었다. 신장위구르자치구 북부의 경우 개발 과정을 거치면서 중국 최대의 면화 생산지가 되었다. 중가분지, 투루판분지, 타림분지에서 석유 매장지가 발견되자 이 지역에 대한 관심도 높아졌다. 중국 천연가스의 28퍼센트, 석탄의 40퍼센트도 이곳에 매장되어 있다. 신장위구르자치구 북부는 도시화되고 부유하며 중국화된 지역이고, 남부는 빈곤하고 농촌 지역이 많으며 위구르족의 성격이 강하다. 이 두 지역 간 불균형을 해소하기 위해 중앙 당국은 투자 방향을 남부 쪽으로 재조정하고, 쿠얼러, 쿠차, 아커쑤, 카슈가르, 허텐 등 실크로드에 속한 옛 상업도시 쪽으로 제2의 개발 통로를 열었다. 이 지역 개발에서 철도가 다시 한 번 큰 역할을 한다. 타림분지 북부에는 1999년에 투루판에서 카슈가르를 잇는 철도가 개통되었고, 2011년에는 카슈가르-허텐을 연결하는 노선이 개설되었다. 마지막으로 우루무치와 간쑤성의 성도 란저우를 연결하는 고속철이 완공되어, 중국 동부의 평원들과 신장위구르자치구의 다른 분지들이 서로 연결되었다.

위구르족은 중앙정부의 투자와 한족의 대규모 정착을 신장위구르자치구에 속한 자원에 대한 조직적 약탈 행위이자, 위구르족의 정체성을 약화시켜 중국의 식민지로 만들려는 행위로 본다. 이러한 인식의 변화는 분쟁의 시발점이 되어, 2009년 7월에는 우루무치에서 한족에 대항한 민족 간 폭동이 일어나 200여 명의 사상자가 발생했다. 위구르족의 사회경제적 요구와 더불어 최근에는 동투르키스탄이슬람운동East Turkestan Islamic Movement 같은 단체들이 분리 독립을 공개적으로 요구하기도 했다. ───

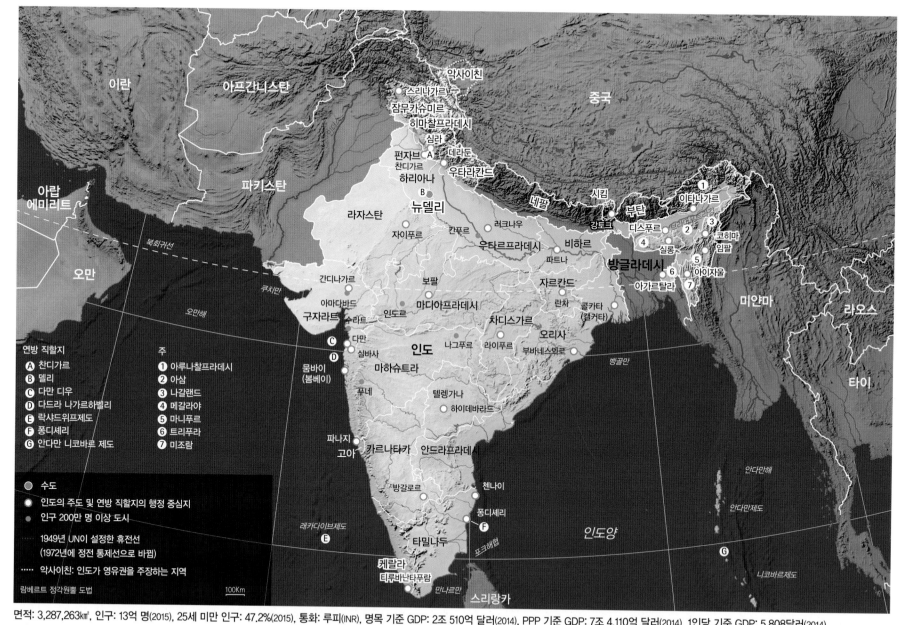

이란
아프가니스탄
악사이친
중국
스리나가르
잠무카슈미르
히마찰프라데시
심라
데라둔
펀자브
A
찬디가르
우타라칸드
하리아나
시킴
B
이타나가르
아랍
에미리트
라자스탄
뉴델리
네팔
부탄
강토크
디스푸르
1
러크나우
코히마
2
3
자이푸르
칸푸르
임팔
오만
우타르프라데시
비하르
4
실롱
파키스탄
북회귀선
방글라데시
5
파트나
아가르탈라
6
아이자울
쿠치만
간디나가르
보팔
자르칸드
콜카타
7
미얀마
오만해
(캘커타)
라오스
아마다바드
란치
인도르
구자르트
수라트
마디아프라데시
차티스가르
다만
나그푸르
라이푸르
오리사
벵골만
실바사
인도
부바네스와르
뭄바이
(봄베이)
마하슈트라
타이
푸네
텔렝가나
하이데바라드

연방 직할지 | 주
A 찬디가르 | ① 아루나찰프라데시
B 델리 | ② 아삼
C 다만 디우 | ③ 나갈랜드
D 다드라 나가르하벨리 | ④ 메갈라야
E 락샤드위프제도 | ⑤ 마니푸르
F 퐁디셰리 | ⑥ 트리푸라
G 안다만 니코바르 제도 | ⑦ 미조람

파나지
고아
카르나타카
안드라프라데시
안다만해
방갈로르
첸나이
안다만제도
● 수도
퐁디셰리
○ 인도의 주도 및 연방 직할지의 행정 중심지
F
· 인구 200만 명 이상 도시
래카다이브제도
타밀나두
인도양
······ 1949년 UN이 설정한 휴전선
(1972년에 정전 통제선으로 바뀜)
E
포크해협
······ 악사이친: 인도가 영유권을 주장하는 지역
케랄라
니코바르제도
람베르트 정각원뿔 도법
100Km
티루바난타푸람
만나르만
G
스리랑카

면적: 3,287,263㎢, 인구: 13억 명(2015), 25세 미만 인구: 47.2%(2015), 통화: 루피(INR), 명목 기준 GDP: 2조 510억 달러(2014), PPP 기준 GDP: 7조 4,110억 달러(2014), 1인당 기준 GDP: 5,808달러(2014),
교육비 예산: GDP의 3.9%(2012), 국방비 예산: GDP의 2.2%(2014), 1인당 이산화탄소 배출량: 1.7톤(2011)

인도는 '세계 최대의 민주주의 국가'로서 종교, 민족, 언어, 사회 등 다양한 영역에 속한 사람들이 함께 살아갈 수 있는 길을 모색하는 본보기를 구체적으로 보여준다. 수천 년의 역사를 가진 문명이자 새로운 경제력으로 떠오르는 인도는 다양성 속에서 통일성의 원칙을 실현시키고자 애쓰고 있다.

# 인도, 모순들의 불안정한 균형

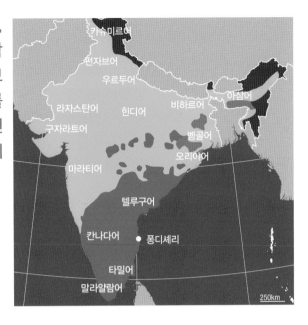

**어족**
- 인도-유럽 어족
- 드라비다 어족
- 오스트로-아시아 어족
- 중국-티베트 어족

타밀어 　인도의 주 및 연방 직할지에서 쓰이는, 헌법이 인정한 공식 언어

인도는 29개 주로 구성된 연방국가다. 2014년 6월, 남동부의 텔랑가나주가 안드라프라데시주에서 분리됨으로써 공식적으로 인도의 29번째 주가 되었다. 1947년 영국으로부터 독립한 뒤, 인도는 연방 체계를 관리하는 민주적 제도와 규칙을 통해 국가적 통합을 강화하고, 불균등하고 다원적인 사회들의 응집력을 유지하려는 노력을 기울였다. 역사적으로 인도국민회의당INC은 인도 독립을 이끈 정당으로, 초대 총리 자와할랄 네루의 지도 아래 인도의 세속적 사회 모델을 장기간 구현해왔다.

**분열의 요인 : 카스트 제도, 종교, 언어, 사회적 불평등**

12억 인구가 살고 있는 인도는 다양한 종교, 차별적인 사

## ▲ 언어학적 다양성과 힌디어의 우세

1961년의 집계에 따르면 인도에는 1,600여 개 이상의 언어와 방언이 있다. 이 언어들은 여러 개의 어족으로 나뉘는데, 그중 북부의 인도-유럽 어족과 남부의 드라비다 어족이 주요 두 어족이다. 오늘날 인도 연방의 공용어는 힌디어와 영어인데, 이외에도 헌법은 각 주와 연방 직할시의 고유 언어인 21개 언어도 공용어로 인정한다. 주와 연방 직할시는 자기 지역의 공용어를 스스로 결정한다. 예를 들어 퐁디셰리의 공용어로는 타밀어, 영어, 텔루구어가 있고, 연방 차원에서 인정하지는 않지만 상징적으로 프랑스어도 쓰인다. 언어는 민족의 정체성을 드러내며 정치적 도구로도 사용된다. 힌디어는 중앙정부와 북부의 힌디어 공동체의 독려 덕분에 인도 내에서 주도권을 쥐고 있다. 인도 남부의 드라비다어를 쓰는 민족은 이에 대항하는 방어물로서 영어를 사용한다.

회적 지위, 각양각색의 언어, 불평등한 사회경제적 조건들을 가진 사람들이 모자이크처럼 뒤얽힌 나라다. 카스트 제

도는 현재 법으로 금지되었으나 사실상 여전히 시행되고 있어서, 인도 사회를 불평등하고 계층화되고 신분이 세습되는 네 개의 범주로 나눈다. 승려 계급인 브라만은 이 계층 구조의 최상층에 있고, 그 아래가 군인 계급인 크샤트리아다. 다음으로 상인 계급인 바이샤가 있고 이 사회적 사다리의 맨 아래에 천민 계급인 수드라가 있다. 이 안에는 다시 수많은 하위 카스트가 있다. 그리고 이 사회적 계급에서조차 제외된 최하층 계급인 불가촉천민 달리트는 비천한 직업에 종사한다.

인도의 종교 구성은 힌두교가 80퍼센트, 이슬람교는 1억 6,000만 명으로 13퍼센트를 차지한다. 그리고 기독교가 2~3퍼센트이고 그 밖에 시크교, 불교, 자이나교, 파시교가 있다. 1950년 1월 26일에 공포된 인도 헌법은 세속주의 정신에 입각하여 모든 종교를 동등한 위치에 놓음으로

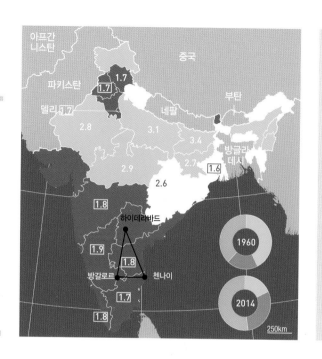

1인당 GDP(2009, 단위: 달러)

■ 인도에서 가장 부유한 주(1인당 GDP 800달러 이상, 인간개발 정도 높음)
  인도에서 가장 빈곤한 주(1인당 GDP 600달러 이하, 인간개발 정도 낮음)

일부 주의 출산율
(2013, 여성 1인당 출생아 수)

3.4 출생아 수가 가장 많은 곳(최소 2.6명 출산)
1.6 출생아 수가 가장 적은 곳(최대 1.9명 출산)

인도의 경제 구조 변화(1960~2014, GDP 비율)

  농업
  산업
  서비스업

△ 인도의 실리콘밸리

## ◀ 농업 경제에서 서비스 경제로

세계 2위의 경작지 면적을 보유한 인도는 세계 최대의 향신료 산지다. 그다음으로 가장 많이 생산하는 쌀은 북동부와 해안지역에서 재배하며, 여기서는 콩과 작물, 차, 과일, 채소, 사탕수수 등도 지배한다. 세 번째로 남서부 지역에서는 수수와 밀을, 서부에서는 면화를 생산한다. 세계 최대의 목축업 국가인 인도는 최대의 우유 생산국이기도 하다. 이 수치들은 1960년대에 시작된 녹색혁명의 직접적인 결과물이며, 덕분에 인도는 식량 안정을 보장받았다. GDP에서 농업의 비율은 1960년 이후 꾸준히 감소하여 오늘날에는 18퍼센트까지 낮아졌다. 반면 52퍼센트를 차지하는 서비스업은 인도 산업의 중요 부문으로, 노동력의 거의 절반을 고용하고 있다. 산업 부문은 GDP의 30퍼센트에 그치는데, 다른 나라들과 달리 인도가 경제의 산업적 기반을 등한시한 채 서비스 경제를 중심으로 발전했음을 알 수 있다. 얼마 전부터는 산업 분야 강화에 박차를 가하고 있다. 이로써 젊은 인구와 연결된 노동력 급증에 대처할 수 있을 것이다.

써 개인의 종교적 선택 존중을 보장한다. 그러나 이 원칙도 종교 간 갈등을 막지는 못했다. 이러한 갈등은 개인 간 주기적인 폭력과 공격의 형태로 나타나고, 특히 힌두교 및 이슬람교 같은 종교단체 구성원끼리 대립하는 모습도 보인다. 또 다른 예로 1992년 12월 우타르프라데시의 아요디야Ayodhya에서 힌두 근본주의 세력이 이슬람 사원을 파괴하면서 2,000여 명의 목숨을 앗아간 일이 있었다. 1993년과 2000년에는 뭄바이에서 이슬람 조직의 공격이 있었고, 반대로 2002년 2월 구자라트주에서는 힌두교도들이 이슬람교도들을 무참하게 살해했다. 당시 원인을 알 수 없는 열차 화재로 힌두교도 59명이 사망하자, 힌두교도들은 이를 파키스탄 이슬람교도들의 소행이라 보고 2,000여 명의 이슬람교도들을 살해했다. 인도의 현 총리인 나렌드라

모디Narendra Modi는 당시 구자라트주 주지사였는데, 이러한 학살을 방관했다는 의혹을 받았다.

2014년 5월 힌두 민족주의 정당(인도인민당) 후보가 총리에 선출되자, 소수 기독교도는 힌두 극단주의자들의 지속적인 공격을 받았다. 또한 인도인민당의 나렌드라 모디 현 총리가 2002년 구자라트주의 반이슬람 대학살에서 보인 태도가 논란이 되어, 한동안 미국 입국이 거부되기도 했다. 이러한 모디 총리의 집권은 힌두 이념(힌두트바hindutva)을 지닌 세력의 귀환을 의미한다. 이 이념은 힌두교를 인도 국교로 간주하여, 인도 내에 존재하는 다른 종교 공동체들을 무시한 채 이들을 힌두교로 흡수하려 한다. 힌두교는 '민족의용단'이라는 의미의 준군사조직인 '라슈트리야 스와얌세와크 상그RSS'를 갖추고 있다. 인도인민당

은 이 조직의 구성원이자 정치 자문을 맡고 있으며, 나렌드라 모디 총리는 힌두 민족주의를 구현하는 인물로, 독립 이후 인도에 적용된 세속적 모델과 대치되는 가치를 재확인하고자 한다.

## 견고한 경제성장인가?

독립 이후 인도 경제는 역사적으로 국가가 경제활동을 통제하고 수많은 규제와 관세 장벽으로 보호하는 계획경제에서, 1991년부터 시장경제로 이행했다는 특징이 있다. 당시 과도한 부채에 허덕이던 인도 정부는 경제 자유화 절차에 들어가기 전에 IMF에 지원을 요청하기로 결정했다.

2000년대 초부터 인도 경제는 빠르게 성장한다. 2004년부터 인도 정부는 국내 기업들의 설립을 장려하고, 외국의 기업과 투자자를 유치하기 위해 경제특구 설치를 촉진했다. 2000~2009년에 인도는 연평균 7퍼센트에 가까운 성장률을 기록했으나, 이후에는 2014년 총선 때 확인된 것처럼 경기 침체를 겪는다. 그럼에도 2000~2015년에 인도의 GDP는 4배 성장했다.

인도의 경제적 도약은 대학 차원의 자발적이고 엘리트주의적인 정책도 큰 역할을 했다. 오늘날 20~24세 인도인의 15퍼센트가 인도공과대학Indian Institute of Technology 같은 고등 전문기관에서 공부한다. 따라서 인도에는 고급 인력이 풍부하고, 유럽이나 미국에 비해 연구 개발 비용이 낮다. 덕분에 민간 핵개발이나 생명공학, 일반 의약품 생산(인도는 세계 최대 의약품 수출국), 특히 정보통신 기술IT 부문 등 고부가가치 분야의 '틈새시장'을 개발할 수 있었다. IT 사업은 하이데라바드, 방갈로르, 첸나이에 위치한 인도 실리콘밸리에 집중되어 있다. 이 사업은 인도 3차 산업의 핵심 분야이며, GDP의 52퍼센트를 차지한다. 미국, 유럽, 호주에서 이주해온 많은 엔지니어들 덕분에 IT 분야에서 인도가 보유한 특수 전문지식은 더욱 강화되고 있다.

인도는 (PPP 기준 GDP로는) 세계 3위의 경제 대국이 되었고(명목 기준 GDP로는 세계 10위), 국제무대에서는 선도적인 경제 주체로 자리매김했다. 그럼에도 인도는 여전히 지역 및 계층별로 심각한 불평등이 교차한다. 1인당 GDP(인도의 개인별 부의 크기)를 지리적으로 분석해보면 인도의 부가 남부에 집중되어 있음을 한눈에 알 수 있다. 타밀나두주, 안드라프라데시주, 카르나타카주, 마하라슈트라주는 산업과 기술의 중심지이고, 고아주나 퐁디셰리주 같은 과거 식민 상관商館들은 역사적으로 대외무역에 개방되어 있었다. 케랄

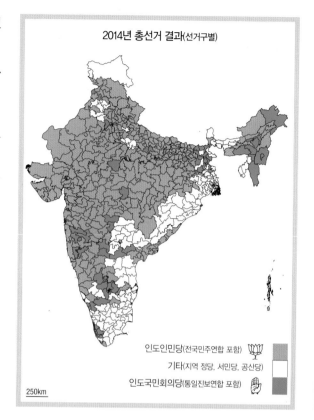

2014년 총선거 결과(선거구별)

인도인민당(전국민주연합 포함) ▲

기타(지역 정당, 서민당, 공산당)

인도국민회의당(통일진보연합 포함) ✋

250km

◀ 제16대 로크 사바 선거, 민족주의자들의 재집권

2014년 4월 7일부터 5월 12일까지 8억 3,400만 인도 유권자들은 제16대 로크 사바Lok Sabha(인도 의회의 하원)를 선출했다. 투표 참가율은 66퍼센트에 달했고, 인도인민당은 543개 의석 중 283석이라는 압도적인 의석수를 확보했다. 더불어 인도인민당 중심의 전국민주연합National Democratic Alliance, NDA은 336석을 획득했다. 인도인민당 지도자인 나렌드라 모디는 2014년 5월 26일 인도 총리에 취임했다. 이 총선은 2004년 집권한 인도국민회의당의 역사적 패배로 기록되었다. 과거 206석을 획득했던 인도국민회의당은 2014년에 단 44석을 확보했을 뿐이다(인도국민회의당이 속한 통일진보연합United Progressive Alliance, UPA은 59석). 인도는 현재 소선거구제 방식을 채택하고 있기 때문에 실제 득표수에 비해 의석수의 승리가 지나치게 과장되는 경향이 있다. 즉 인도인민당은 득표수의 32퍼센트를 획득했는데, 이를 의석수로 환산하면 52퍼센트에 해당한다. 이 소선거구제 방식이 소규모 정당에는 불리하지만, 인도의 정치적 환경은 강력한 지역 정당으로 구성된다는 특징이 있다. 서벵골주나 타밀나두주의 지역 정당들은 과거 국가 차원의 정치 동맹을 지원할 수도 있었다. 이 지역 정당들과 '좌파' 연합 내의 동맹들은 144석을 획득했다. 끝으로 2010년 이후 인도의 정치 무대에는 서민당AAP(보통 사람들의 정당)이 처음 등장한다. 반부패신당인 서민당은 의석수 4석을 차지했다.

라주나 구자라트주처럼 해안 지역에 위치한 주들은 자체로 항구를 갖추고 있거나 해외에 디아스포라(본토를 떠나 타지에서 자신들의 규범과 관습을 유지하며 살아가는 민족 집단 또는 그 거주지-옮긴이)를 둔 곳이다. 하리아나주, 펀자브주, 히마찰프라데시주도 수도인 뉴델리와 인접해 있어서 고도의 경제 및 인적 발전을 경험했다.

반면 경제적으로 가장 빈곤하고 인간개발 측면(여성의 사회적 여건, 건강, 영양)에서 가장 취약한 주들은 주로 인도 북부에 밀집되어 있다. 서쪽에서 동쪽으로 하나의 띠를 형성하는 이 지역들에는 특히 라자스탄주, 우타르프라데시주(인

구가 2억 명으로 가장 많음), 마디아프라데시주, 비하르주, 자르칸드주가 포함된다. 이 농촌 지역들에는 인도에서 가장 빈곤한 인구의 절반이 집중되어 있다.

인도가 경제적으로 발전하면서 수백만 인도인들이 빈곤과 영양실조 상태에서 벗어나고 중산층이 성장했다. 그러나 불평등 또한 심화되었다. 이러한 높은 사회적 격차는 앞으로 국가적 화합에 걸림돌이 될 주요 난제 가운데 하나다.

참조: 35쪽 부패와의 장기전, 89쪽 카슈미르, 산마루의 전쟁

말레이시아

말레이시아

조호르해협

조호르해협

우빈섬

싱가포르

테콩섬

싱가포르

주롱섬

싱가포르해협

아시아 동남 아시아

수동섬

세마카우섬

인도네시아

● 수도

람베르트 정각원뿔 도법                    2 Km

면적: 716㎢, 인구: 560만 명(2015), 25세 미만 인구: 28.7%(2015), 통화: 싱가포르 달러SGD, 명목 기준 GDP: 3,070억 달러(2014), PPP 기준 GDP: 4,540억 달러(2014), 1인당 기준 GDP: 8만 3,065달러(2014), 교육비 예산: GDP의 2.9%(2013), 국방비 예산: GDP의 3.2%(2014), 1인당 이산화탄소 배출량: 4.3톤(2011)

싱가포르는 면적이 좁고 인구도 적으며 활용 가능한 천연자원도 부족하지만, 전 세계에서 가장 부유한 나라 가운데 하나다. 싱가포르는 유리한 입지 조건 덕분에 세계적 수준의 상업을 버팀목 삼아 경제 발전을 일구어냈다.

# 싱가포르, 세계화의 중심부에서

**영토 확장의 다양한 양상**

2013
2004
2000
1990
1980
1957

2.5km

### ▲ 영토 확장

싱가포르는 한 국가(세계에서 가장 작은 나라에 속한다)이며 도시국가city-state이자 도시이기도 하다. 싱가포르는 오랜 세월에 걸쳐 영토를 확장하여, 1957년에 581제곱킬로미터에서 현재는 716제곱킬로미터에 이른다. 현재 싱가포르 면적의 대략 20퍼센트는 간척 기술로 바다를 매립한 것이다. 경제 기반시설(항만, 공항)의 현대화 외에도 가파른 인구밀도 상승 때문에 현실적으로 영토 확장이 필요하다. 오늘날 싱가포르 인구는 자국민과 외국인을 포함하여 560만 명이며, 인구밀도는 7,800명이다.

말레이반도 남쪽 끝에 위치한 싱가포르는 하나의 큰 섬과 60여 개의 작은 섬으로 이루어진 나라다. 북쪽으로는 조호르해협을 사이에 두고 말레이시아와 겨우 1킬로미터 떨어져 있고, 남쪽으로 싱가포르해협 건너에는 인도네시아가 자리하며, 서쪽의 말라카해협은 인도양으로 나아가는 관문이 된다. 아시아 여러 나라들의 교차로인 섬의 지리적 특성상 싱가포르는 역사적으로 교류와 상업의 장소로 빠르게 변모했다. 예부터 싱가포르에는 각지의 여러 민족이 모여들었기 때문에 민족 구성이 다양해졌다. 오늘날 국민의 76퍼센트가 중국인이고, 15퍼센트는 말레이시아인, 7퍼센트는 인도인이다. 싱가포르에서는 현재 영어, 중국어, 말레이어, 타밀어 네 개의 공용어를 사용한다. 이 때문에 다문화 사회의 성격이 두드러진다.

### 개방적인 섬

싱가포르의 개방성은 섬 곳곳의 항구에서 벌어지는 활동들의 산물이다. 13세기 무렵 현재의 싱가포르 섬에 테마섹Temasek이라는 항구가 건설된다. 이 항구는 14세기에 아

시아와 유럽 간 향신료 및 목재 무역의 해상 통로로서 전성기를 구가했다. 그러나 15세기에 테마섹 항구는 쇠퇴하고, 그 자리를 말라카 항구가 대신한다. 테마섹 항구는 19세기에 영국인들이 들어오고 나서야 위상을 되찾는다. 이곳에 정착하고자 했던 영국인들은 당시 동남아시아에 새로운 상업 및 군사 정박지를 모색하고 있었다.

1824년 영국의 여행가이자 사업가이며 식민지 담당자였던 토머스 스탬퍼드 래플스를 통해 싱가포르는 영국의 식민지가 된다. 영국인들은 부두 및 항만 시설 등 여러 개발 계획에 착수하여, 싱가포르를 자유무역항(관세가 적용되지 않는 항구)으로 만든다. 1869년 수에즈운하 개통은 싱가포르에 상당한 영향을 미친다. 수에즈운하 때문에 아프리카 남단으로 통하는 해상 항로는 점차 뒷전으로 밀려난 반면, 말라카해협은 순다해협을 대신해 유럽, 중동, 아시아를 오

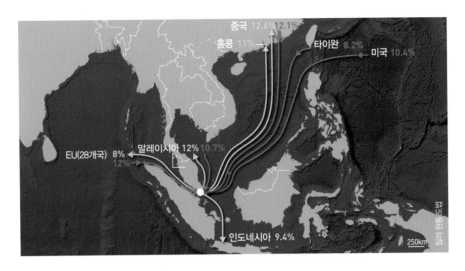

중국 12.6% 12.1%
홍콩 11%
타이완 8.2%
미국 10.4%
말레이시아 12% 10.7%
EU(28개국) 8%
12%
인도네시아 9.4%
250km

자료: 워싱턴 무역센터

**싱가포르의 주요 무역 상대국**

➡ 주요 수입국(2014년 싱가포르의 총수출 대비 %)

➡ 주요 수출국(2014년 싱가포르의 총수입 대비 %)

### ◀ 아시아의 무역 요충지

싱가포르는 세계 시장에 경제 개방을 한 덕분에 발전할 수 있었다. 1973년 8월 20일 싱가포르는 '관세와 무역에 관한 일반 협정GATT'에 가입한다. 그리고 1995년 1월 1일 GATT가 WTO로 대체되면서 자연스럽게 WTO 회원국이 되었다. 또한 동남아시아국가연합ASEAN 창설 당시 회원국이자, 환태평양경제동반자협정TPP의 체결에도 참여했다. 이로써 싱가포르는 중국, 미국, 페르시아만 연안 8개국(이란, 이라크, 쿠웨이트, 사우디아라비아, 바레인, 카타르, 아랍에미리트, 오만), EU 등 30여 개국을 상대로 자유무역 협정을 맺었다. 2014년 싱가포르의 상품 수출액은 4,090억 미국달러였고, 수입액은 3,660억 미국달러에 달했다. 그리고 공산품의 70퍼센트를 수출하고 61퍼센트를 수입했으며, 연료 및 지하자원 관련 제품의 32퍼센트를 수입했다. 세계무역 네트워크에 진입하면서 싱가포르는 경제 강국이 되었으나, 한편으로 약점도 드러났다. 싱가포르의 경제가 무역 상대국의 경제적 안정이나 세계경제 정세와 긴밀하게 연결되기 때문이다.

갈 때 반드시 통과해야 하는 해상 항로가 된다. 이러한 변화 덕분에 싱가포르의 지리적 위상은 점점 높아지고 항구의 상업적 중요성은 강화된다. 외국인 노동 인구의 유입도 20세기까지 꾸준히 계속된다. 싱가포르 인구는 1821년에 5,000명, 1931년에 56만 명으로 늘었으며, 이 중 중국인이 75퍼센트를 차지했다. 이들은 싱가포르의 경제 호황에 이끌리거나, 19세기에 남중국을 유린한 두 차례의 아편전쟁을 피해 이곳에 온 사람들이다.

싱가포르는 제2차 세계대전 동안 일본이 점령했다가, 1945년 일본이 패망하자 다시 영국이 지배한다. 당시 아시아를 휩쓴 탈식민지화의 거대한 물결에 편승한 싱가포르는 곧 주권을 완전 회복한다. 1963년에는 영국에서 독립하여 말레이시아, 사라와 사바로 구성된 말레이시아연방에 가입한다. 그러나 싱가포르와 말레이시아 지도자들은 여러 정치적 견해차로 대립했다. 싱가포르는 다문화 국가를 표방하면서 모든 국민에게 동등한 권리를 인정한 반면, 말레이시아는 말레이족을 우선시했다. 이러한 대립 요소들 때문에 말레이시아는 1965년 8월 9일, 싱가포르를 말레이시아연방에서 축출한다. 이로써 싱가포르는 진정한 독립국가가 되었으나, 천연자원이 부족하고 땅덩어리가 협소하여 국민 생활수준이 비교적 낮은 상황에 머문다. 1930년대 이후의 경제 위기, 제2차 세계대전, 중국의 국공내전 등 지역적·정치적 위기들도 다방면에서 싱가포르에 영향을 미쳤다.

## 싱가포르 성공 가도

싱가포르는 50년 만에 경제적으로 큰 변화를 겪게 되었다. 1965년 말레이시아연방에서 독립할 당시 1인당 GDP는 평균 500달러를 웃도는 수준이었으나, 2014년에는 약 5만 6,000달러가 되었다. 싱가포르가 아시아에서 가장 부유한 나라가 될 수 있었던 데는 몇 가지 요인이 있다. 첫째, 지리적으로 해상 무역로에 위치한다. 둘째, 싱가포르의 미래를 세계경제에 완전 개방했고, 교육과 서비스 경제에 과감한 투자를 단행했다.

싱가포르는 지리적으로 말라카해협에 위치하기 때문에 경제적 이득이 크다. 매일 200척이 넘는 선박들이 드나드

**전략적 요충지이자 최적의 입지 조건** ▶

해협은 중요한 해상 교통로이다 보니 해적들의 출현이 잦다. 여기에다 타이와 인도네시아의 이슬람 게릴라들까지 가세하여 이 지역의 안전을 위협하고 있다. 안보 측면에서 싱가포르는 자국의 전략적 영역을 보호하기 위해 국방비 예산으로 GDP의 3.2퍼센트에 상당하는 100억 달러를 지출한다. 이는 인접 국가들에 비하면 높은 수준이다. 게다가 싱가포르에는 미태평양사령부United States Pacific Command, US-PACOM뿐 아니라 미군 기지도 주둔해 있다.

**전략적 통행로**
→ 해상로
☠ 해적 출몰 지역

100km

---

는 말라카해협은 세계 최대의 석유 생산지인 중동과 세계 최대의 석유 소비지인 아시아를 연결한다. 2013년 1,500만 배럴의 석유가 매일 말라카해협을 통해 운반되었다. 수송 부피로 계산했을 때 매일 1,700만 배럴이 오고가는 호르무즈해협 다음으로 두 번째로 많은 양이다. 싱가포르항은 적재 컨테이너 수와 운송량에서도 세계 2위를 차지했다. 경제 활동 측면에서 싱가포르는 농업 의존도가 낮고, 국토 면적이 협소하기 때문에 전반적으로 산업이 발전하기 어려운 구조다. 따라서 싱가포르 정부가 서비스 분야 육성을 결정한 결과, 서비스업은 오늘날 싱가포르 GDP의 75퍼센트를 차지할 정도로 발달했다. 특히 금융업은 싱가포르가 '아시아의 스위스'라고 불릴 만큼 성장했다. 2000~2010년 금융 관련 개인 자산은 11배 증가했고, 싱가포르에 지점을 둔 외국계 민간 은행도 두 배로 증가했다. 최근 조세회피지에 대한 압박이 심해지면서 은행들은 세금 관련 업무를 전환해야 하는 상황이다. 이를 틈타 정

치적으로 안정되고 금융권의 기밀 유지에 관한 법규 처리가 매우 유리한 싱가포르는 금융 관련자들에게 선천적으로 안전한 목적지가 되었다. 싱가포르는 교육과 직업 훈련에도 많은 노력을 쏟아부어 서비스 경제 분야에서 전문성을 획득했다. 수년 동안 정부는 연간 국가 예산의 20퍼센트를 교육비에 할당했다.

## 권위적 정권의 그늘에 가린 시장경제

싱가포르 독립 당시 시작된 이러한 경제적 선택과 전략적 결정들은 권위주의적 국가 체제하에서 지속적으로 강화된다. 싱가포르에도 선거제도가 있고 여러 정당이 존재하나, 한 정당이 60년간 장기 집권을 하고 있다. 인민행동당PAP은 1954년 싱가포르의 아버지 리콴유가 창당했다. 그는 1959년 싱가포르 영연방 자치령의 초대 총리에 올

라 35년간 재직한 뒤 1990년에 퇴임했다. 퇴임 이후에도 2015년 사망하기까지 지속적인 영향력을 행사했다. 독립 이후에는 정치적 반대 세력들이 나타나지 못하도록 수많은 조치들을 취하는 한편, 모든 사회적 논쟁들을 법적으로 제재했다. 예를 들면 국가보안법은 재판 없이도 구류가 가능하고 사형을 항시 허용한다. 또한 파업 및 시위 권한이 제한되고, 언론은 보복이 두려워 자기검열을 한다. 오늘날 싱가포르는 선진국에 버금가는 경제 발전과 국민의 생활 수준 향상을 이룩했으나, 이를 구실로 항의 시위를 전면 진압하고 권위적 체제를 유지한다.

이런 사정은 향후 경제 상황의 급변 또는 여러 사회적 요인들로 인해 뒤바뀔 수 있다. 앞으로는 최첨단 산업, 항만 산업, 금융업 등에서 중국, 말레이시아, 혹은 장차 인도네시아, 베트남 같은 다른 경제 주체들과의 경쟁이 치열해질 전망이기 때문이다.

참조: 107쪽 거대한 허브, 119쪽 동남아시아, 멀고 먼 통합의 길

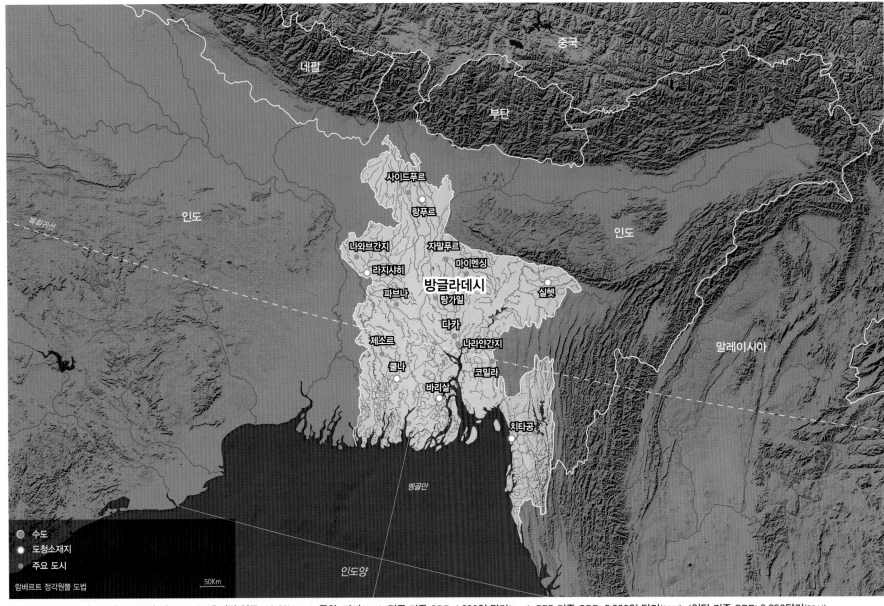

지도로 읽는 아시아

네팔

중국

부탄

인도

인도

말레이시아

사이드푸르

랑푸르

나와브간지

자말푸르

마이멘싱

라지사히

방글라데시

실헷

파브나

탕가일

제소르

다카

나라얀간지

쿨나

코밀라

바리살

치타공

벵골만

인도양

독회귀선

● 수도
◉ 도청소재지
◉ 주요 도시

람베르트 정각원뿔 도법

50Km

면적: 147,570㎢, 인구: 1억 6,000만 명(2015), 25세 미만 인구: 48.9%(2015), 통화: 타카(BDT), 명목 기준 GDP: 1,830억 달러(2014), PPP 기준 GDP: 5,360억 달러(2014), 1인당 기준 GDP: 3,390달러(2014), 교육비 예산: 정보 없음(2013), 국방비 예산: GDP의 1.2%(2014), 1인당 이산화탄소 배출량: 0.4톤(2011)

벵골만 한가운데, 인접 국가들 사이에 낀 방글라데시는 빈곤의 이미지로 익숙하다. 경제 개발 단계에 있는 방글라데시는 다국적 기업들이나 아시아 강국들의 전략적 관심을 한 몸에 받고 있다.

# 방글라데시, 발전에 가려진 모습

수도 다카에서 2013년 4월 24일 방직 공장 및 의류 제조업체가 들어선 8층짜리 '라나 플라자'가 붕괴했다. 이 사건으로 서구 언론들은 방글라데시에 관심을 갖게 되었고, 인도와 미얀마 사이에 낀 이 작은 나라의 존재를 세계지도에서 다시금 확인할 수 있었다. 2012년 11월 24일에도 다카 교외에 위치한 타즈린 패션 건물 화재로 110명이 사망한 전례가 있었다. 이 사건에 이어 라나 플라자 붕괴로 1,134명이 사망하자, 유럽 및 미국에 수출할 의류를 제조하는 방글라데시 섬유 공장 노동자들의 처지에 전 세계가 주목하게 되었다. 안전이 보장되지 않고 위생적으로 열악한 처지에서 일하는 이 노동자들의 90퍼센트는 전부 동일한 임금을 받는다. 2013년 11월 섬유 공장 400만 노동자들의 법적 급여액이 월 68달러로 인상되었으나, 사고 당시 피해 공장 노동자들은 아무런 사회적 보호도 없이 매달 38달러의 임금을 받을 뿐이었다.

**1939**

영국령 인도

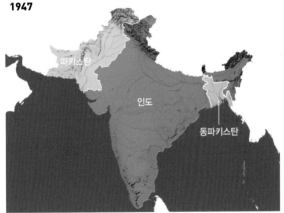

**1947**

파키스탄

인도

동파키스탄

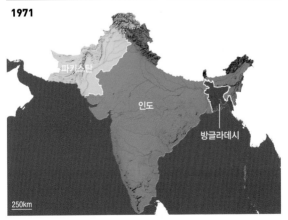

**1971**

파키스탄

인도

방글라데시

250km

방글라데시 국경은 영연방 자치령 인도의 유산이다. 1947년에 영연방 자치령 인도는 힌두교 중심의 인도와 이슬람교 중심의 파키스탄으로 분할된다. 당시 파키스탄은 인도 국경을 사이에 두고 1,600킬로미터 떨어진 동파키스탄과 서파키스탄으로 나뉘었다. 1971년 3월 25일에 독립전쟁을 시작한 동파키스탄은 같은 해 12월 서파키스탄에서 분리되어 방글라데시공화국이 되었다. 독립 이후 방글라데시는 두 번의 쿠데타로 독재 정치 시기를 겪는다. 1975년에 셰이크 무지부르 라만이 쿠데타 이후 암살당했고, 이후 권력을 잡은 지아우르 라만도 1981년 쿠데타로 실권한 뒤 암살당한다(두 사람 다 독립 투쟁에 나섰던 인물들이다). 그 뒤 1991년 방글라데시는 민주주의를 확립하고 의원내각제를 채택한다. 이때부터 방글라데시 정계는 차례로 국무총리를 지낸 두 여성을 둘러싼 경쟁구도로 집중된다. 바로 지아우르 라만 장군의 부인인 칼레다 지아와 셰이크 무지부르 라만의 장녀 셰이크 하시나다.

이 사고로 발전 위주의 방글라데시식 경제 모델이 재조명되었고, 이 모델의 근간을 이루는 국가적·사회적 현실과 세계적 경제 요인들이 그 모습을 드러냈다.

## 섬유 산업에 사활을 걸다

방글라데시 경제는 10년 동안 연평균 6퍼센트 이상의 성장률을 기록했다. 방글라데시는 1억 6,100만에 육박하는 인구를 저임금 노동력으로 활용할 수 있다. 이들은 다른 아시아 국가들과의 경쟁을 부추기고, 인건비가 싼 지역을 찾아다니는 수많은 기업들을 끌어들인다. 인구의 거의 절반이 농업에 종사하는 나라에서 GDP의 27퍼센트를 차지하는 산업은 국가의 경제성장을 이끄는 원동력이다. 방글라데시 경제는 섬유 산업을 중심으로 돌아간다. 해외

## 지리적 장단점 ▶

방글라데시 영토의 대부분은 갠지스강과 브라마푸트라강의 두 강줄기가 합쳐져 생긴 거대한 삼각주로 형성되었다. 이 강에서 퇴적된 충적토 덕분에 이 삼각주는 세계에서 가장 비옥한 지역에 속한다. 열대기후와 계절풍을 동반한 비 덕택에 이 지역 농토는 주요 작물인 쌀, 차, 황마 재배에 유리하다.

방글라데시는 천연가스 매장량이 충분해서 필요한 에너지의 18퍼센트만을 수입한다. 그러나 이 분야에 투자가 저조하기 때문에 기반시설이 부족하다. 또한 지리적인 장애 요인 때문에 한 가지 중대한 문제가 발생할 수 있다. 바로 해수면 상승 시 침수 가능성이 있기 때문에 이에 대비해야 한다.

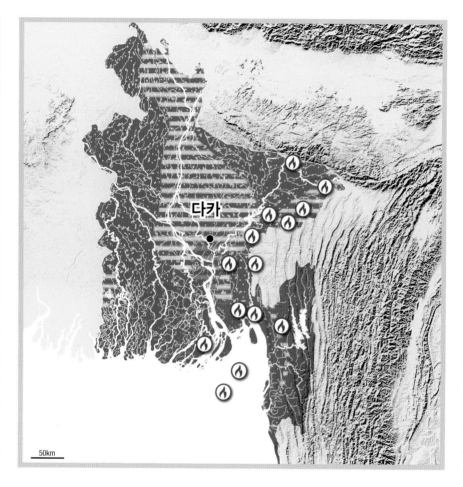

다카

50km

### 위협받고 있는 자원

- 쌀 재배 지역 : 점 하나당 5,000헥타르에 해당
- 황마 및 차 재배 지역
- 천연가스 매장지
- 해수면이 1미터 상승할 경우 침수 예상 구역

투자자들은 서구 국가들이 도입한 섬유 제품의 수출 할당량을 아시아 여러 국가들로 우회하고자 했다. 이들 덕분에 1980년대에 시작된 섬유 산업은 점차 방글라데시의 주요 산업으로 자리 잡았다. 섬유 산업은 수출 소득의 80퍼센트를 차지하고, 2014년에는 그 금액이 300억 달러까지 상승했다. 방글라데시는 생산 품목의 92퍼센트를 주로 EU(전체의 53퍼센트), 미국(21퍼센트), 캐나다(4퍼센트)로 수출한다. 2011년에 섬유 산업은 30퍼센트 성장했다. 방글라데시는 중국에 이어 세계 의류 수출에서 2위를 차지했고,

방글라데시에 뒤이어 인도가 3위를 차지했다. 방글라데시 섬유 산업은 인건비 측면에서 경쟁력이 있다. 인건비는 높은 수익성과 낮은 생산 비용을 추구하는 다국적 기업들의 전략적 측면에서 조정 가능한 변수다. 다카의 섬유업 노동자의 월 임금은 인도네시아(자카르타 약 166달러), 인도(뭄바이 약 322달러), 중국(베이징 약 429달러)에 비하면 인상폭이 상당히 낮다. 이 때문에 유럽의 많은 기업들이 중국 연안을 떠나 다카로 옮겨가거나, 일부 중국 기업들까지 제조시설을 다카로 이전하고 있다. 방글라데시의 섬유 산업은 국가 발전의 기틀을 마련하고 수백 만 방글라데시인들의 수입원이 되며, UN은 여성 해방에서 섬유 산업이 한 역할을 높이 평가한다(노동 환경은 여전히 열악한 형편). 그러나 섬유 산업은 세계경제의 논리와 타협할 수밖에 없다. 방글라데시도 국제적인 상업 제조 네트워크에 편입되었기 때문에 국제시장의 논리를 따라야 한다. 특히 이런 이유로 지역 하청업자들이 노동 및 안전과 관련한 일반적인 처우 개선은 뒷전으로 미룬 채 낮은 임금을 유지하도록 압박함으로써 국내 노동자들끼리 경쟁하는 상황이 벌어졌다. 경제 투자자들은 방글라데시의 거시경제학적 성향들을 긍정적으로 평가했고, UN이 발의한 밀레니엄 개발목표[MDGs]를 실시하여 성공을 거두었다. 그럼에도 여전히 방글라데시에는 빈곤과 열악한 사회적 여건(식수 및 위생시설의 부족, 빈민가의 증가)이 뚜렷하게 나타난다. UN은 방글라데시를 국민 소득이 낮고 인간개발이 저조하며(영양실조, 높은 영아 사망률, 낮은 문해력) 여러 면에서 구조적으로 취약한 최저개발국[LDCs]으로 분류한다. 방글라데시 당국, 특히 2009년 이후 집권한 셰이크 하시나 총리의 목표는 방글라데시 독립 50주년을 기념하는 해인 2021년까지 최저개발국가에서 중간소득 국가로 넘어가는 것이다.

## 접경지대로 이동하는 인구

방글라데시의 면적은 프랑스의 4분의 1정도이고, 벵골족이 99퍼센트를 차지하며 대다수가 이슬람교를 신봉한다(90퍼센트). 인구밀도는 1제곱킬로미터당 1,118명으로, 인구밀도가 높은 축에 속한다. 방글라데시는 전체 면적의 34퍼센트만이 도시화되어 있는데, 다카(1,700만 명), 치타공(400만 명), 쿨나(150만 명) 같은 삼각주 인접 도시들은 앞으로 인구가 급격히 늘어날 전망이다. 그런데 기후변화의 영향으로 계절풍이 부는 동안 강수량이 증가하고 히말라야 빙하의 용융 속도가 빨라지면 그 결과 해수면이 상승할 것이다. 여러 추정들에 따르면 2025~2050년에 방글라데시 인구의 14퍼센트인 1억 8,000만 명이 국내 다른 지역으로 거처를 옮기거나 인접한 인도 및 미얀마로 이주해야 할 수도 있다.

방글라데시 영토는 인도 영토로 둘러싸여 있어서 두 나라 간 긴장 관계는 오랫동안 지속되었다. 그러나 인도 북동부 서벵골주의 국경 분쟁과 방글라데시 국경 랑푸르주의 행정 분리 문제 해결에서 볼 수 있듯이 최근 이러한 긴장 상황은 개선되고 있다. 2011년 9월 인도와 방글라데시 양국 총리는 국경 획정 및 영토 교환에 관한 의정서에 서명했으며, 교환 대상이 된 영토의 주민들이 국적을 선택할 수 있도록 했다. 이 지역 주민 5만 5,000명은 이제 원래 살던 월경지越境地, enclave에서 살거나 자신이 선택한 나라로 이주할 수 있다. 그렇다고 접경지대 주민 이동 문제가 전부 해결된 것은 아니다. 일자리나 경작할 땅을 찾아 인도로 넘어간 1,000~2,000명의 방글라데시 불법 이주자들이 인도 접경지대에 살고 있기 때문이다. 1993~2013년에 방글라데시 이주자의 유입을 막기 위해 인도 중앙정부

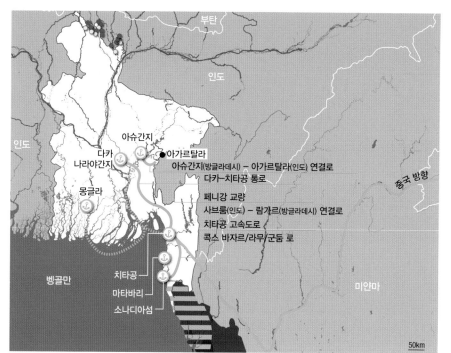

### 접경지대로 이동하는 인구

— 인도와 방글라데시 분리 장벽

**월경지 교환**

⊙ 방글라데시 영토 내 인도 월경지

● 인도 영토 내 방글라데시 월경지

■ 아라칸주(미얀마)

▨ 로힝야족 주 거주지

**교통 기반시설 확충 계획**

⚓ 무역항

⋯⋯ 해상 및 하천 통로

— 육상 통로

### 아시아 국가들의 재정 지원으로 계획 중인 교통 기반시설

⚓ 무역항

━ 미얀마를 경유하여 중국으로 가는 길(버마로드)

*(지도 내 표기: 부탄 / 인도 / 아슈간지 / 다카 / 나라야간지 / 아가르탈라 / 아슈간지(방글라데시) – 아가르탈라(인도) 연결로 / 다카–치타공 통로 / 페니강 교량 / 사브룸(인도) – 람가르(방글라데시) 연결로 / 치타공 고속도로 / 콕스 바자르/라무/군둠 로 / 몽글라 / 벵골만 / 치타공 / 마타바리 / 소나디아섬 / 중국 방향 / 미얀마 / 50km)*

### ▲ 지역적 각축장의 요지

방글라데시에 항만 및 기반시설을 건설하고 사용하는 문제로 인도와 중국은(또 다른 축에서는 일본이) 경쟁을 벌이고 있다. 이러한 관점에서 국가 전체적으로나 지역적으로 가장 중요한 항구인 치타공 쪽에서 여러 가지 재개발 사업이 물꼬를 텄다. 인도는 49킬로미터에 이르는 아가르탈라(인도)—아슈간지(방글라데시) 간 연결로 건설에 출자함으로써, 방글라데시의 수로망을 이용하여 치타공에 상품 운송을 더 편리하게 하려는 목적을 갖고 있다.

중국은 방글라데시의 주요 투자자로, 특히 에너지 및 산업 분야에 많은 투자를 하고 있다. 중국은 소나디아섬 심수항 건설에 눈독을 들였는데, 그 목적은 미국이 통제하는 말라카해협 해상로를 우회하는 대체 수송로를 확보하고, 중동산 원유 수송을 위해 미얀마를 경유하여 인도양에 쉽게 접근하기 위해서다.

는 3,286킬로미터의 분리 장벽을 공동 국경선에 건설하는 작업에 착수했다.

방글라데시 남부에서도 미얀마 소수민족인 로힝야족Rohingya이 방글라데시로 넘어오면서 미얀마와 마찰이 빚어졌다. 이슬람교도인 로힝야족이 미얀마 정부의 박해를 피해 방글라데시로 피신하면서 약 25만 명의 로힝야족 주민들이 미얀마와 방글라데시 접경지대에 거주하게 된 것이다. 2012년 여름 동안 이슬람교도인 로힝야족에게 불교 민족주의 민병대가 폭력을 가하자 방글라데시는 국경을 폐쇄하기도 했다.

참조: 66쪽 내부의 폭력, 외부의 침묵, 93쪽 물의 전쟁

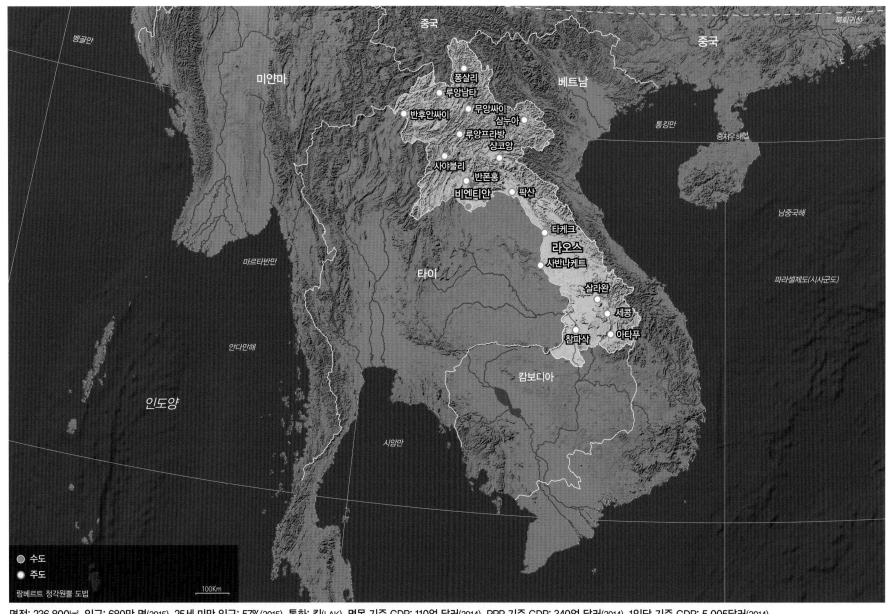

면적: 236,800㎢, 인구: 680만 명(2015), 25세 미만 인구: 57%(2015), 통화: 킵(LAK), 명목 기준 GDP: 110억 달러(2014), PPP 기준 GDP: 340억 달러(2014), 1인당 기준 GDP: 5,005달러(2014),
교육비 예산: 정보 없음(2013), 국방비 예산: GDP의 0.2%(2014), 1인당 이산화탄소 배출량: 0.2톤(2011)

라오스는 공식적으로 여전히 공산정권이 집권하고 있으나 폐쇄적 정치체제와 개방적 시장경제가 혼합된 나라들과 같은 행보를 보인다. 동남아시아에서 가장 가난하고 그리 잘 알려지지 않은 라오스는 역설적으로 주변 강대국들의 발전에 힘입어 발전을 이룩했다.

# 라오스,
# 중간 지대의 나라

라오스는 인도차이나반도 중앙에 위치한 내륙국이다. 동쪽으로 타이, 서쪽으로 베트남과 길게 국경을 맞대고 있다. 북쪽으로 미얀마, 중국과 이웃하고, 남쪽으로 캄보디아가 감싸고 있다. 메콩강은 라오스와 타이 및 미얀마와의 국경 대부분을 지나며 흐른다. 바다가 없는 라오스 영토는 북쪽에서 남쪽으로 1,000킬로미터 이상 길게 뻗어 있으며, 국토 대부분이 산악 지대다. 타이와의 접경지대인 중부에는 라오스의 정치적 · 경제적 중심인 수도 비엔티안이 있다. 이곳에서 라오스 경제 발전의 산물인 중산층과 신흥 부유층, 쇼핑센터와 고급 호텔 건설, 교통 체증 같은 현상들을 볼 수 있다. 약 10여 년 전부터 나타난 이런 현상은 보수적인 사회 조직이나 전통적 도시의 특징을 간직한 환경과는 다소 어울리지 않는다. 인구 680만 명의 작은 나라 라오스는 다민족 국가다. 인구의 67퍼센트가 불교를, 30퍼센트가 토착 종교를 신봉하며, 기독교도와 이슬람교도들도 소수 존재한다. 라오스 인

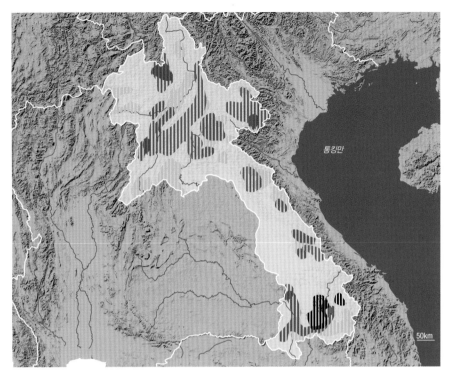

통킹만

**라오스의 광물자원 매장지**

|||||| 금
|||||| 구리
|||||| 아연
|||||| 보크사이트

50km

### ▲ 다양한 천연자원

라오스 영토의 약 40퍼센트는 삼림으로 둘러싸여 있다. 삼림의 나무들 가운데는 특히 티크teak와 자단rosewood이 많은데, 이 품종의 목재는 국제 시장에서 가치가 높다. 목재는 라오스의 주요 생산 품목으로 목재 수송은 잦은 교통 체증의 원인이 되기도 한다. 금, 구리, 아연, 보크사이트 등의 광물자원도 상당량 매장되어 있다. 2011년 외국 투자자들의 80퍼센트는 수력전기와 광산 쪽으로 많은 관심을 기울였다. 라오스 정부는 투자자들을 끌어들이기 위해 광산 개발권 양도를 과감하게 추진했다. 라오스에는 규모가 큰 구리광산 및 금광이 두 개 있는데, 그중 하나가 라오스 남부의 세폰에 있다. 이 광산은 라오스 정부와 중국오광그룹China Minmetals Group의 자회사가 각각 10퍼센트와 90퍼센트의 지분을 보유한 한 회사에 의해 개발되었다. 마지막으로 라오스는 경작지가 거의 없음에도 노동인구의 80퍼센트가 농사를 짓는다.

구의 가장 큰 특징은 25세 미만 인구가 전체 인구의 58퍼센트로, 인구 연령대가 낮다는 점이다. 그러나 사회적으로 인구의 30퍼센트가 하루 1.90달러 미만으로 살아가기 때문에 빈곤 수준이 높다. 어떤 면에서는 라오스를 잠재력이 풍부한 나라로 판단할 수 있으나 대부분의 투자자들은 라오스를 여전히 후진국 중의 개발도상국으로 본다.

### 공산체제에서 WTO 가입까지

과거 라오스는 프랑스의 보호령이었다. 일본군에 점령당

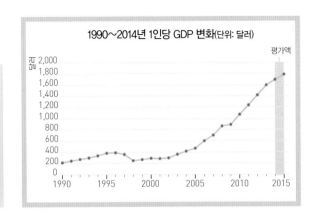

## 국민 1인당 소득 변화 ▶

라오스는 1980년대 중반 시장경제에 문을 열었다. 그러나 정작 경제성장은 2000년대 초반이 되어야 눈에 띄게 나타난다. 2000~2015년에 국민 1인당 평균 소득은 여섯 배 증가했다. 그러나 일부 국민이 급속히 부유해진 반면 다수는 여전히 빈곤 상태에 머물고 있다. 구조적 불평등이 라오스에서도 동일하게 반복되고 있는 것이다.

**1990~2014년 1인당 GDP 변화**(단위: 달러)

한 1945년을 제외하면, 라오스는 1893년부터 1949년까지 계속해서 프랑스의 보호령이었다. 이 무렵 프랑스는 프랑스와 그 식민지 국가들을 프랑스연합으로 통합하여 자치권을 강화한다. 1953년 인도차이나전쟁이 끝나자 라오스는 라오스-프랑스 조약으로 완전 독립을 달성한다. 이때부터 국제정치의 냉전 구도는 라오스 역사에 깊은 상흔을 남긴다. 라오스는 우익 왕립라오정부 지지자들과 좌익 공산주의 민족단체 파테트 라오 간 내전을 겪는다. 내전은 잠시 소강상태에 접어들었으나 국내 정세는 불안정했고, 베트남 공산주의 독립운동 단체인 베트민과 미군 간의 갈등에 좌지우지되기도 했다. 1973년 1월 27일 베트남과 미국이 파리에서 베트남전쟁 종전 협정을 체결한 직후 라오스도 내전 휴전 협정을 맺는다. 1974년에는 공산주의자들을 포함한 통일정부가 들어서나, 1975년 베트남전쟁이 끝나자 베트민의 원조를 받던 파테트 라오 공산주의 운동이 왕립라오정부를 전복시키고 12월 2일 라오스 인민민주공화국을 선언한다. 이후 라오스는 라오인민혁명당LPRP이 이끄는 일당체제로 운영되고 있으며, 대통령은 이

당에서 배출된다.

라오스는 단기간 농업 공영화와 계획경제 모델을 적용했으나, 1986년부터 시장경제에 문을 연다. 이때부터 일부 국영기업을 해체하고 민간기업 참여를 확대했으며, 해외 투자 유치 대책들을 마련했다. 베트남과 중국을 본뜬 이러한 경제 발전 전략은 엄격한 사회 통제(표현의 자유 제재, 반대 세력 허용 불가)의 유지와 더불어 진행된다.

2000년대 들어 국영기업 개편과 공공재정 관리 강화가 동시에 진행되었다. 2011년에 공식 출범한 비엔티안 증권거래소를 통해 해외 투자자들은 세계 금융자본 모델을 라오스 발전 모델의 버팀목으로 삼은 정부의 선택을 확인했다. 또한 2013년 2월 2일 WTO에 가입함으로써 라오스는 국제적 자유무역 통로로 제도적 진입을 실현했다.

경제적 차원에서 라오스의 경제 자유화는 경제성장의 가속화, 즉 국가의 급속한 부의 증대로 나타난다. 극빈 개발도상국들에서 이는 흔한 현상이다. 최근 라오스는 평균 경제성장률 약 8퍼센트를 달성했다. 이러한 추세는 라오스의 부의 수준이 워낙 낮기 때문이기도 하지만, 중국, 베트

남, 타이의 경제적 요구 및 에너지 수요를 라오스가 보유한 천연자원으로 충당할 수 있기 때문에 앞으로도 계속될 전망이다. 약 15년 전부터는 경제 교류를 맺은 나라들에 영토, 자원, 혹은 라오스의 자원으로 생산된 제품들에 양도권 부여 절차가 시행되었다.

## 영토 양도

라오스는 1997년에 ASEAN에 가입했으며, 무역 상대국의 60퍼센트 이상이 ASEAN 회원국들이다. 중국, 타이, 베트남은 라오스의 주요 무역 상대국이다. 라오스 정부는 자국 영토 내 자원 사용권을 이들 국가에 주저 없이 양도했다. 그 이유는 라오스가 경제 개발을 우선시하기 때문이기도 하지만, 주변 국가들의 압력도 크게 작용했다. 토지 양도의 한 예로 대규모 고무농장에 대한 중국 기업들의 투자를 들 수 있다. 고무농장이 위치한 라오스 북부는 중국 투자 덕분에 고무 산업이 발달했으나, 오늘날에는 중국이 이곳 경제를 장악하고 말았다. 중국 접경지대의 보텐 경제특구에서는 2003년부터 30년 동안 중국인 투자자들에게 양도권을 부여한 결과 중국 인구가 흘러들어왔고 경제 발전은 중국인들에게 잠식되었다. 사실상 이들은 이곳을 중국 영토로 만들고자 한다.

이외에도 라오스 정부가 주도적으로 영토를 양도함으로써 그 지역의 권한을 부분 상실한 경우가 있다. 특히 라오스가 보유한 중요한 수자원인 메콩강 하류의 미개발 지역이 그렇다. 라오스 수력발전소의 전력 생산량은 오늘날 2,500메가와트에 달하며, 향후 5만 메가와트까지 생산 가능할 것으로 예상한다. 이 지역의 전력 소비량은 2025년

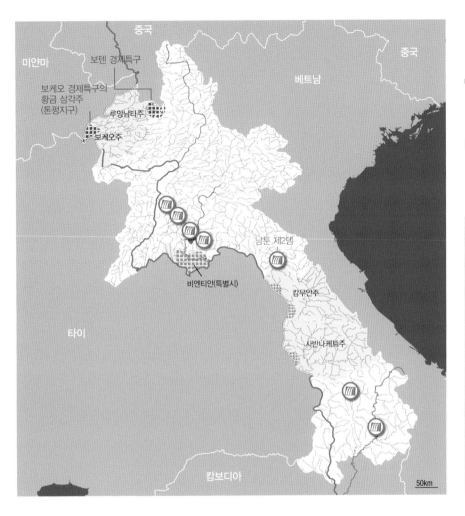

지도의 라벨:
- 중국
- 미얀마
- 베트남
- 중국
- 보텐 경제특구
- 보케오 경제특구의 황금 삼각주 (톤펑지구)
- 루앙남타주
- 보케오주
- 남툰 제2댐
- 비엔티안(특별시)
- 캄무안주
- 타이
- 사반나케트주
- 캄보디아
- 50km

**라오스의 영토 양도**

- ▦ 경제특구가 설치된 주
- ▦ 경제특구
- ▦ 월경지 및 중국인이 많은 지역(투자 및 인구 유입)
- ◉ 수력발전 댐 및 기반 시설

### ◀ 중국의 월경지

2000년대 초 라오스 정부는 경제 전략의 일환으로 경제특별구역(이하 경제특구)을 설치했다. 라오스에는 두 개의 경제특구가 있는데, 하나는 라오스 중부의 사반나케트주에 있고 다른 하나는 황금 삼각주 지역에 있다. 라오스 북부의 황금 삼각주는 미얀마, 타이, 중국 국경과 가까운 거리에 있다. 그중에서도 중국은 라오스에 대규모로 투자한 나라다. 경제특구는 수도인 비엔티안 부근에 집중되어 있다. 북부 경제 구역의 비교적 중요한 영토들은 중국 경제 관계자들에게 유리한 조건으로 양도되었다. 따라서 중국의 노동력을 끌어들이고 일부 구역들을 라오스 내 중국 월경지로 만들 수 있게 되었다. 보케오주의 톤펑지구는 중국풍 도시의 분위기를 풍긴다. 위안화나 중국어를 제도적으로 사용한다는 점 외에도, 자국에서 금지된 카지노를 이용하기 위해 라오스에 온 수천 명의 중국인 관광객들을 통해 중국의 존재를 느낄 수 있다.

까지 매년 7퍼센트씩 증가할 것이다. 라오스 당국은 이러한 수력발전 가능성을 이용하여 라오스를 동남아시아의 '배터리'로 만들겠다는 목표를 세웠다. 전력 생산은 하나의 경제 개발 도구로서 이제부터 라오스에서 생산되는 전력의 4분의 3이 수출될 것이다. 가령 메콩강 지류의 남툰강 수력발전 댐이 생산하는 전력의 95퍼센트는 산업 수요가 라오스보다 훨씬 높은 타이에 수출한다. 댐 확장은 메콩강 하류 국가들(타이, 캄보디아, 베트남)과 마찰을 빚지 않고는 실행하기 힘들다. 이 나라들은 환경과 자국의 물 공급량을 염려하기 때문이다.

라오스는 동아시아의 강대국들 사이에 자리한 덕분에 그들의 경제적 잠재력을 바탕으로 경제 발전을 이룩했다. 그런데 라오스는 다른 나라들과의 불평등한 권력 관계에 맞서 과연 독립성을 지킬 수 있을까? 또한 국민들에게서 국가의 자원을 빼앗을 수 있을까?

참조: 93쪽 물의 전쟁, 133쪽 베트남, 전쟁과 통일 사이에서

# 긴장 속의 아시아

2부

아시아태평양 지역은 다양한 요인들 탓에 21세기의 화약고로 변모하고 있다. 군사비를 증액하는 지역들이 늘어나고, 중국의 영향력이 강화되고 있으며, 미국은 '아시아 중심으로의 회귀Pivot to Asia(아시아태평양 지역으로 권력의 중심축을 이동하는 것–옮긴이)' 정책을 내세운다. 또한 영토 반환 요구와 국경 분쟁, 국가 간 해상 경쟁과 뒤바뀌는 안보 동맹 등이 현재 아시아의 상황을 고스란히 드러낸다. 최근 수십 년간 국가 간 갈등이 실제 노골적으로 드러나지는 않았다. 그럼에도 이 지역의 갈등 요인들은 계속해서 심화되고 있으며, 대륙 전체가 언제 터질지 모를 긴장과 폭력을 안고 있다. 중국, 일본, 미국은 팽팽한 긴장 속에 놓여 있고, 남중국해에서는 영해권 논란이 벌어지며, 남아시아는 인도–파키스탄 관계로 불안한 상황이다. 또한 북한의 돌발 행동은 동아시아 안보를 위협하고, 천연자원 독점권을 둘러싼 마찰이 빚어지기도 한다. 분리주의자들과 테러리스트들은 세계를 위협하고, 정부는 국민을 강경 진압하며, 강제 이주의 상황이 발생하기도 한다. 아시아를 호시탐탐 노리고 있는 갈등 상황을 국가 간 경제 및 외교적 상호의존으로 극복해내지 못한다면, 지역 분쟁은 이 대륙에서 언제든지 일어날 수 있다.

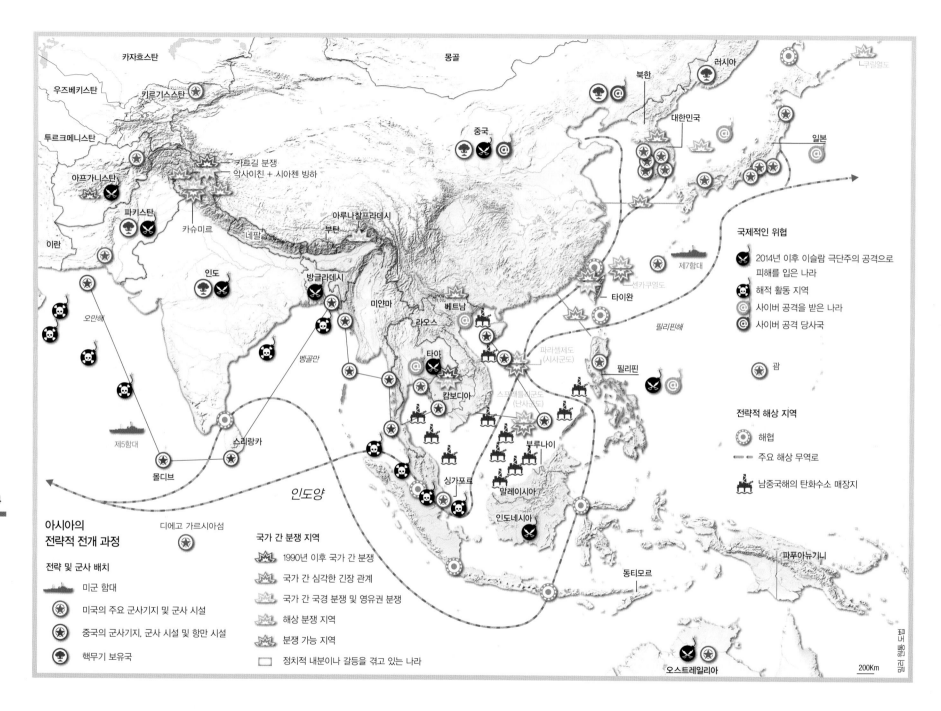

카자흐스탄
우즈베키스탄
키르기스스탄
투르크메니스탄
몽골
러시아
북한
느쿠릴열도
중국
대한민국
일본
아프가니스탄
카르길 분쟁
악사이친 + 시아첸 빙하
파키스탄
카슈미르
네팔
아루나찰프라데시
부탄
이란
인도
방글라데시
미얀마
베트남
제7함대
센카쿠열도
타이완
오만해
벵골만
라오스
타이
파라셀제도
(시사군도)
필리핀해
필리핀
스리랑카
캄보디아
제5함대
몰디브
인도양
스프래틀리군도
(난사군도)
브루나이
싱가포르
말레이시아
인도네시아
디에고 가르시아섬
동티모르
파푸아뉴기니
오스트레일리아

아시아의 지정학

**국제적인 위협**

🗡 2014년 이후 이슬람 극단주의 공격으로
피해를 입은 나라

💣 해적 활동 지역

@ 사이버 공격을 받은 나라

@ 사이버 공격 당사국

⊙ 괌

**전략적 해상 지역**

◎ 해협

- - - 주요 해상 무역로

🛢 남중국해의 탄화수소 매장지

**아시아의
전략적 전개 과정**

**전략 및 군사 배치**

🚢 미군 함대

⭐ 미국의 주요 군사기지 및 군사 시설

⭐ 중국의 군사기지, 군사 시설 및 항만 시설

☢ 핵무기 보유국

**국가 간 분쟁 지역**

💥 1990년 이후 국가 간 분쟁

💥 국가 간 심각한 긴장 관계

💥 국가 간 국경 분쟁 및 영유권 분쟁

💥 해상 분쟁 지역

💥 분쟁 가능 지역

☐ 정치적 내분이나 갈등을 겪고 있는 나라

200Km

아시아태평양 지역에는 여러 가지 지정학적 위험과 군사적 불안의 요인들이 집중되어 있다. 이 전략적 요충지는 21세기 대전*戰의 현장이 될 것인가?

# 전략적 소용돌이

## 새로운 전략적 정세

아시아는 20여 년 전부터 거대한 전략적 변화의 국면에 접어들었다. 아시아에 새로운 강대국들이 그 모습을 드러냈고, 그들은 이제까지 갈등 상황을 보류하거나 억눌러온 국가들 간에 긴장을 악화시킬 위험을 무릅쓰고 스스럼없이 자신들의 야망을 표출하면서 분쟁 지역에서 주권을 되찾으려 한다. 2011년 미국은 '아시아 중심으로의 회귀' 정책이라는 개념을 처음 내놓으면서 각국의 이익을 위해 아시아태평양 지역의 전략적 중요성을 재확인했다. 그리고 마침내 세계의 전략적 각축장에서 아시아의 중심적 위치를 공고히 했다.

1990년대 이후 많은 아시아 국가들은 경제성장 덕분에 세계경제에서 차지하는 위상이 강화되었다. 그들은 재정적 자원을 늘리는 동시에 아시아에 대한 권력욕도 키워나갔다. 인도에서 중국까지, 인도네시아에서 베트남에 이르기까지 이 국가들은 군사력을 현대화하고 외교적 영향력을 키워나갔다. 또한 전략적 이해관계가 있는 지역에서 영유권을 확고하게 지키려 하고, 경계가 불확실한 지역들에서는 국가 간 경쟁을 심화시킨다.

이런 면에서 중국은 아시아의 가장 중요한 전략적 주체로 등장했다. 아시아 최대 경제 강국인 중국은 최근 몇 년간 경제적, 정치적, 지역적 야심을 드러내면서 인접 국가들을 불안하게 만들고 있다. 경제성장으로 에너지 수요가 증가하자 중국은 천연자원 매장지에 접근할 수 있는 경로와 수송로 등 해로 확보와 동시에, 다른 국가들과의 동맹을 공고히 해야 하는 상황에 처했다.

이제까지 강대국 중국은 일본, 베트남, 필리핀, 인도 등 인접 국가들에 불안감을 조성하고 분쟁을 일으켰다. 그럼으로써 여러 영해에 대한 주권을 요구하고, 해당 지역에 군대 배치나 주둔으로 자신의 요구사항을 표현해왔다. 에너지 수요는 모든 아시아 국가들에서 증가하는 상황이다. 그러므로 천연자원 및 일부 전략적 요충지의 통제권을 둘러싼 경쟁은 앞으로 가장 첨예한 갈등 및 긴장의 원인이 될 것이다.

중국과 더불어 미국은 아시아태평양 지역의 또 다른 강력한 전략적 주체다. 미국은 일본, 대한민국, 필리핀 등 다수의 동맹국을 갖고 있을 뿐 아니라 인도양 및 태평양에 미군을 분산 배치하고 있다. 미국은 아시아태평양 지역에서 중국이 주도적 위치를 점하여 미국의 경제적, 상업적, 전략적 이해관계를 위협하도록 허용하지 않을 것이다. 중국이 패권을 쥐면서 다른 많은 나라들이 불안감을 느끼자, 미국은 이를 이용하여 이 지역에서 새로운 동맹을 맺으려고 한다.

## 국가 간 대립 관계

아시아 일부 지역들은 냉전에서 비롯된 지정학적 상황 때문에 불안정한 요소를 갖고 있다. 한국은 현재 남한과 북한으로 나뉜 세계에서 유일한 분단국가이고, 인도와 파키스탄은 카슈미르 지역의 불확실한 경계와 영토 분쟁 탓에 여전히 긴장 관계를 유지하고 있다. 이제는 과거가 되어버린 시대의 이러한 흔적들은 각 나라들의 주장, 불안, 전략에서 역사와 지리가 가진 결정적인 힘을 계속해서 되새기게 해준다. 북한의 핵확산과 인도 및 파키스탄의 핵무기 보유를 바탕으로 긴장감이 조성되는 만큼, 이와 관련한 불안감들은 점점 증폭되고 있는 상황이다.

그러나 오늘날 가장 빈번하게 긴장을 유발하는 원인은 2000년대를 기점으로 아시아에 형성된 경제적 권력 관계의 변화뿐 아니라, 경계가 불분명한 지역의 통제권을 장악하려는 각 나라들의 야욕에서 비롯된다. 그러한 경쟁은 해당 지역의 주체로서 자신의 지위를 확인하고자 하는 각 나라들의 권력 의지를 드러낸다. 그뿐 아니라 원료가 되는 자원에 접근할 수 있는 해로를 확보함으로써 각국의 경제적, 전략적 이익을 방어할 필요성도 드러낸다. 이런 긴장 상태는 대부분 동아시아에 집중되어 있다. 중국에서 일본까지, 필리핀이나 말레이시아를 넘어 베트남에서 타이완까지 여러 나라들이 영해를 둘러싼 복잡한 분쟁에 연루되어 있다. 이 때문에 이곳은 아시아에서 가장 불안한 지역이 되었다.

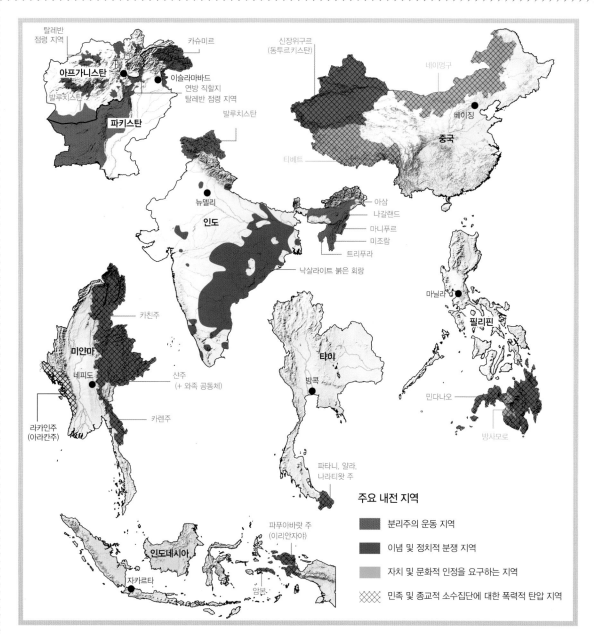

## 내부의 폭력,
## 외부의 침묵

━ ━ ━ 국가 간 군사적 긴장은 앞으로 아시아의 전략적 의제를 독점하게 될 것이다. 그렇다면 국내의 여러 잠재적 갈등 상황들은 물론 각국 정부가 무력으로 진압하는 소수민족이나 분리주의 조직도 반드시 염두에 두어야 한다. 이들 가운데 일부 집단들의 요구는 종종 범죄 행위나 급진적 종교 활동으로 변질되기 때문이다. 어떤 나라들은 대중의 무관심 속에서 권력남용을 자행하며, 군대와 경찰력을 동원하여 소수민족이나 소수 종교집단을 폭력으로 억압한다. 또 어떤 나라들은 이념적, 정치적 요구를 내세우거나, 분리주의나 자치를 주장하거나, 자신들의 문화를 인정해달라고 요구하며 50년 넘게 내전을 이어가고 있다.

아시아 전역에서 이러한 폭력 행위들은 국가가 내정 간섭을 하지 않거나 혹은 국가의 비호 아래 외부의 시선을 피해 벌어진다. 이어서 소개할 예시들은 각 상황마다 역사적, 지리적, 정치적 특수성을 갖고 있다. 그렇다고 해도 아시아 국가들의 변방에서 지속되는 이러한 갈등들은 대체로 명분도 끝도 없고, 잘 알려져 있지 않거나 사람들에게 잊혀간다.

### 민다나오섬의 분리주의와 게릴라(필리핀)

필리핀제도 남쪽에 위치한 민다나오섬은 필리핀에서 두 번째로 큰 섬이다. 필리핀은 가톨릭교도가 다수인 반면, 민다나오섬은 이슬람교도가 다수를 구성하며 필리핀 전체로 볼 때 이슬람교는 7퍼센트를 차지하는 소수 종교다. 1960년대 이후 분리주의 조직은 몇 차례 무력으로 중앙정부에 대항했다. 이 조직들은 하나의 동질적인 단체를 구성하지는 않는다. 예를 들어 모로민족

### 주요 내전 지역

- 분리주의 운동 지역
- 이념 및 정치적 분쟁 지역
- 자치 및 문화적 인정을 요구하는 지역
- 민족 및 종교적 소수집단에 대한 폭력적 탄압 지역

해방전선Moro National Liberation Front 같은 조직은 자치권을 좀 더 많이 요구한다. 보다 강경한 종교적 요구를 드러내는 단체들은 독립적인 이슬람 국가 건설을 주장한다. 이슬람 무장세력 가운데 아부 사야프Abou Sayyaf 같은 단체는 이 지역에서 과격하기로 악명 높다. 45년간 분리주의자들의 공격 및 군대의 진압 등 민다나오섬에서 행해진 폭력 사태 때문에 15만 명이 넘는 사람들이 희생되었고, 200만 명이 다른 곳으로 이주해야 했다. 2014년 3월 27일 필리핀 정부와 주요 이슬람 반군 세력이 방사모로Bansamoro 자치 정부 수립에 합의하는 평화협정을 맺었으나, 일련의 폭력 사태를 일단락 짓지는 못했다.

## 미얀마의 소수민족 카렌족, 찬족, 카친족

미얀마 인구의 68퍼센트는 불교를 믿는 버마족이며, 국민의 30퍼센트는 소위 '소수민족'이라 불리는 인구로 구성된다. 이들은 미얀마 변방의 산악지대에 흩어져 산다. 이들 소수민족 가운데 일부는 1948년 미얀마가 영국으로부터 독립할 당시부터 미얀마 중앙정부에 대항하여 반란을 일으켰다. 미얀마 남동부에 위치한 카렌주 주민들은 공산주의 세력과 더불어 카렌주의 독립을 거세게 요구했다. 1960년대 이후 불교가 국교로 공인되고 연방정부가 거부되면서 각 민족 집단들의 자치 및 분리주의 요구는 더욱 증가했다. 이처럼 카렌족 외에 미얀마 동부의 산주에도 비슷한 유형의 반란 세력이 있으며, 이 지역 주민인 와족과 산족은 미얀마 정부군에 맞서고 있다. 또한 미얀마 북부의 카친주는 기독교도가 대부분인 지역이다. 분리와 독립의 요구들은 종종 천연자원뿐 아니라 불법 생산된 제품들의 밀거래를 위한 투쟁과 결부되어왔다. 이러한 민족주의 무장 세력들과 관련 민족들은 1960년대 이후로 미얀마 군사정권의 대대적인 군사 억압 정책의 대

상이 되었다. 이 때문에 수만 명이 사망했고 수십만 명이 고향을 떠나 타이 영토에 강제 정착해야만 했다. 2015년 10월 15일에 있었던 8개의 분리주의 게릴라들과 정부 간의 역사적 휴전 협정은 많은 기대를 모았다.

## 미얀마의 박해를 받는 로힝야족

방글라데시 접경지대에 위치한 미얀마의 라카인주('아라칸주'라고도 함)는 주민 대다수가 불교를 믿는 지역이다. 이곳에는 약 80만 명의 소수파 이슬람교도인 로힝야족이 살고 있다. 미얀마에서 '이물질' 같은 존재로 여겨지는 로힝야족은 1982년 미얀마 국적을 박탈당하여, 자기 나라에 살면서도 국적이 없는 상태다. 이들 대다수가 강제노동에 시달리거나 대량학살의 희생양이 되고 있으며, UN은 로힝야족 공동체를 '전 세계에서 가장 박해받는 민족'으로 정의했다. 불교 민병대에 의해 미얀마에서 쫓겨난 25만 명의 로힝야족 난민들은 미얀마의 접경지대인 방글라데시 영토로 들어갔다.

## 타이 분리주의 세력과 억압 정책

타이 남부, 말레이시아 접경지역인 파타니, 얄라, 나라티왓주는 1960년대 이후 말레이족 이슬람 소수파가 분리를 요구하는 움직임을 키워왔다. 이 지역 인구의 80퍼센트는 말레이족이나, 불교도가 90퍼센트, 이슬람교도가 5퍼센트인 타이 전체로 보면 이슬람교도인 이들은 소수민족에 속한다. 1909년 뒤늦게 시암왕국(현재의 타이)에 편입된 이 소수민족은 타이 정부가 시행한 강제 통합 정책에 대항하여 정치조직을 꾸렸다. 1960년대 이래 발생한 폭력사태로 수천 명이 목숨을 잃었고, 폭력의 논리가 영속적으로 유지됨으로써 민간인들은 '억압 – 폭동 – 탄압'으로 이어

지는 악순환 속에서 매일을 살아가야 한다. 분리주의 조직은 태동 이래 다양하게 변모했다. 어떤 분파는 범죄조직으로 방향을 틀었고, 또 어떤 분파는 동남아시아의 이슬람 조직과 손잡고 종교적 급진주의의 성격을 띠게 되었다.

## 인도의 낙살라이트 반란

'낙살라이트'라는 명칭은 이 조직이 태동한 인도의 서벵골주 낙살바리Naxalbari에서 유래했다. 낙살라이트는 1960년대 후반 자루 마줌다루Charu Mazumdar가 창시한 조직으로, 그는 벵골 북부의 토지귀족 출신이자 과거 인도 공산당원이었다. 마오쩌둥주의 운동은 비하르 지역(네팔 국경 부근)에서 인도 남부의 타밀나두주, 케랄라주까지 뻗어 있는 하나의 긴 띠를 형성한다. 이것이 9만 제곱킬로미터에 걸친 소위 '붉은 회랑'이다. 2014년 인도 정부는 인도 영토의 35퍼센트가 낙살라이트의 수중에 있다고 추산했다. 자루 마줌다루는 착취당하고 땅을 빼앗긴 부족들과 손을 잡고 외딴 시골에서 혁명을 일으킬 준비를 했다. 2009년 인도 내무부는 소위 '적색공포'를 뿌리 뽑기 위해 대규모 반군을 조직했고, 낙살라이트 게릴라를 소탕하기 위한 그린 헌트Green Hunt 작전을 벌였다. 이 작전에는 10만 명의 준군사조직을 포함한 지방경찰이 동원되었고, 이때 기업들에 땅을 양도하지 않았다는 이유로 서로 다른 부족에 속한 수천 명의 농민들이 자신들의 땅에서 쫓겨났다. 이 사건으로 농민들의 분노가 쌓이자 결국 마오쩌둥주의 반란이 일어난다. ▬ ▬ ▬

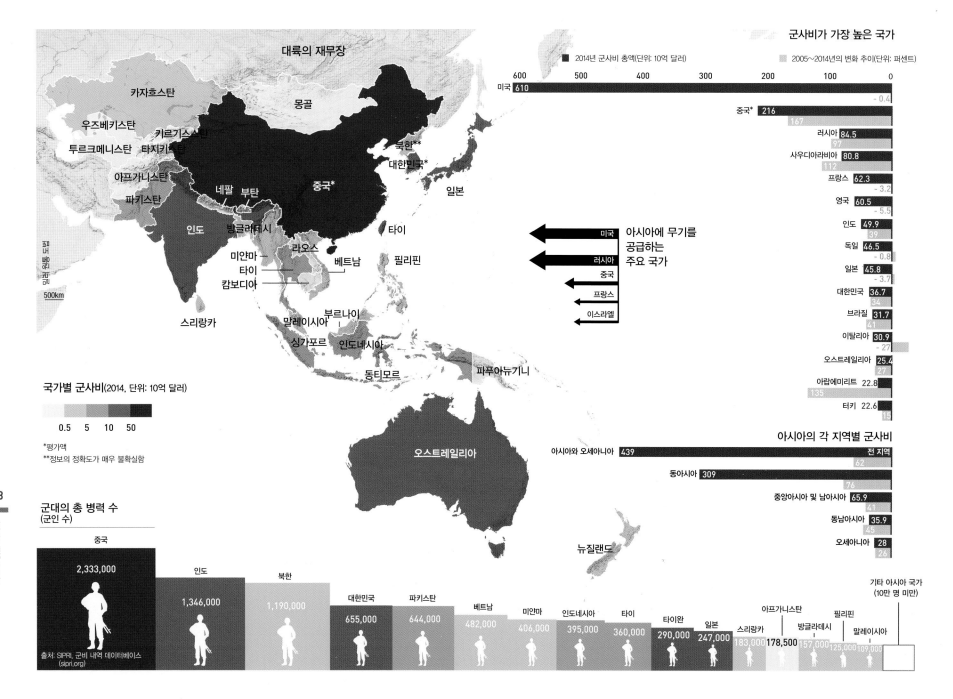

## 대륙의 재무장

카자흐스탄
우즈베키스탄
투르크메니스탄    키르기스스탄
                타지키스탄
아프가니스탄
파키스탄
            네팔  부탄
            인도
                방글라데시
            미얀마
            타이
            캄보디아
        스리랑카
몽골
북한**
대한민국*
중국*
일본
타이
라오스
베트남
필리핀
부르나이
말레이시아
싱가포르    인도네시아
동티모르    파푸아뉴기니

오스트레일리아

뉴질랜드

500km

**국가별 군사비** (2014, 단위: 10억 달러)

0.5   5   10   50

*평가액
**정보의 정확도가 매우 불확실함

미국
러시아
중국
프랑스
이스라엘

아시아에 무기를
공급하는
주요 국가

### 군사비가 가장 높은 국가

■ 2014년 군사비 총액(단위: 10억 달러)  ▨ 2005~2014의 변화 추이(단위: 퍼센트)

| 600 | 500 | 400 | 300 | 200 | 100 | 0 |
|---|---|---|---|---|---|---|

미국 610 / - 0.4
중국* 216 / 167
러시아 84.5 / 97
사우디아라비아 80.8 / 112
프랑스 62.3 / - 3.2
영국 60.5 / - 5.5
인도 49.9 / 39
독일 46.5 / - 0.8
일본 45.8 / - 3.7
대한민국 36.7 / 34
브라질 31.7 / 41
이탈리아 30.9 / - 27
오스트레일리아 25.4 / 27
아랍에미리트 22.8 / 135
터키 22.6 / 15

### 아시아의 각 지역별 군사비

아시아와 오세아니아 439 / 전 지역 62
동아시아 309 / 76
중앙아시아 및 남아시아 65.9 / 41
동남아시아 35.9 / 45
오세아니아 28 / 26

## 군대의 총 병력 수
(군인 수)

중국 2,333,000
인도 1,346,000
북한 1,190,000
대한민국 655,000
파키스탄 644,000
베트남 482,000
미얀마 406,000
인도네시아 395,000
타이 360,000
타이완 290,000
일본 247,000
스리랑카 183,000
아프가니스탄 178,500
필리핀 157,000
방글라데시 125,000
말레이시아 109,000

기타 아시아 국가
(10만 명 미만)

출처: SIPRI, 군비 내역 데이터베이스
(sipri.org)

아시아 국가들은 재정적 자원의 증가에 힘입어 자국의 군사력을 증강하고 현대화하고 있다. 아시아 대륙의 군사화는 곧 이 지역의 국가 간 긴장이 고조되고 있음을 시사한다.

# 전방위적 군사화

'Si vis pacem, para bellum.' '평화를 원한다면 전쟁을 준비하라'라는 라틴어 격언이다. 약 15년 전부터 아시아 대륙은 광범위하게 군사화되고 있고, 각국의 군사화 의도가 모호하다는 점에서 이 격언은 역설적 경고로 들린다. 아시아 국가 간 발생하는 모든 전쟁은 관련 당국에 재앙 수준의 결과를 초래할 뿐더러 경제 발전에도 악영향을 미칠 수 있다. 따라서 아시아에서 군사지역의 팽창은 반드시 전쟁을 하겠다는 뜻은 아니더라도, 각국이 어떤 교전 상황이든 대응할 태세가 되어 있음을 시사한다.

## 안보 딜레마

최근 몇 년간 아시아 대륙은 아프리카 대륙 다음으로 세계에서 군사비가 가장 높은 지역으로 기록되었다. 스톡홀름국제평화문제연구소SIPRI는 국제 평화와 갈등 문제, 특히 군비관리와 군비축소 관련 문제를 연구하는 기관이다.

이 기관에 따르면 2005~2014년에 아시아 및 오세아니아 대륙 전체 군사비는 61퍼센트 증가했다. 북아프리카의 군사비는 144퍼센트, 사하라이남 아프리카는 66퍼센트 증가했다. 또한 유럽의 군사비는 6.6퍼센트(특히 동유럽 국가들) 상승했고, 미국의 군사비가 몇 년간 급상승한 뒤로 북아메리카는 전반적으로 상승률이 부진한 상황이다(같은 기간 0.3퍼센트 하락).

최근 10년 동안 동아시아(중국, 일본, 대한민국, 타이완)는 아시아-오세아니아 지역을 통틀어 가장 큰 규모로 군사화되었다. 관련 정보가 불확실하고 종종 과소평가되는 측면이 있기는 하지만, 2005~2014년에 중국의 군사비 지출 규모는 167퍼센트 증가했다. 군사비 규모 상위권 국가들 가운데서도 단연 최고 수준이다. 2014년에 중국은 군사비 예산을 2,160억 달러(SIPRI 추산)로 증액하여 군사비 지출 관련 세계 2위를 차지했다. 중국의 군사비 규모는 미국에는 한참 못 미치지만 인도, 일본, 대한민국, 타이완, 베트남에 비하면 굉장히 높은 수준이다. 아시아가 국제관계에서 이미 경험한 바 있는 딜레마를 또다시 반복한다면, 아시아 국가들이 국가안보를 위해 군사력을 증강하는 방법이 과연 아시아 대륙을 보다 안전하게 만들었는지 아니면 위험하게 만들었는지는 미래에 역사가 평가할 것이다.

## 해전

군의 근대화를 위해 각국이 앞다투어 경쟁할 때 기존의 육군 장비(장갑차, 포병대 등)나 공군 장비(항공 수송, 전투기, 방공防空 등)의 확보도 중요하지만, 그 이상으로 눈에 띄는 것은 특히 해상 영역에서의 군사력 보강이다. 수많은 해상 영유권 분쟁 및 해로 통제 가능성의 측면에서 볼 때, 바다는 아시아 국가들 사이에 분쟁이 일어나는 장소이자 분쟁이 해결되는 장소가 될 것이다. 상황이 이러한 이상, 결과적으로 아시아 국가 대부분은 해군력(군함 및 잠수함 확보)을 현대화하게 되었다.

이 분야에서 중국은 20년 넘게 지속적으로 군사적 노력을 해오고 있다. 중국은 항공모함 1척(두 번째 항공모함은 현재 건조 중), 구축함 17척, 프리깃 50여 척, 잠수함 70여 척 이상을 보유한 세계 최강의 해군력을 과시한다. 일본은 구축함 34척, 순양함 2척, 항공기 2기, 잠수함 20여 척, 현재 운행 중인 기함 10여 척 등이 있으며, 중국을 겨냥하여 가장 많은 무기를 갖춘 나라로 판단된다. 반면 남중국해에서 동남아시아 여러 국가들 사이에 벌어지는 권력 관계는 현재 분명 중국에 유리한 상황이다. 스프래틀리군도(혹은 파라셀제도) 통제권 경쟁에 참여한 국가들은 필리핀(프리깃 1척, 정찰기 14대), 말레이시아(프리깃 10척, 잠수함 2척), 베트남(프리깃 2척, 중형 군함 2척, 잠수함 2척)이다. 그러나 이 나라들은 이 지역을 호시탐탐 노리는 중국에 대응할 만한 수단이 없다. 이렇듯 군사력의 불균형 때문에 중국을 제외한 나라들은 군의 현대화를 더욱 서두를 수밖에 없고, 베트남은 러시아에서 잠수함을 주문하여 도입하기도 했다. 이제 아시아는 그 어느 때보다 전 세계 무기상들의 특별 판매처로 보인다. 미국, 러시아, 프랑스, 중국 혹은 일본을 아우르는 이 무기상들은 대륙의 전방위적 군사화를 조장한다.

아시아 국가들은 군사비 지출을 늘리면서 자국을 방어할 군사 장비들을 공급함으로써 군사적 독립성을 보장받을 수 있다고 생각한다. 이외에도 이 지역의 새로운 전략적 정세는 베트남 동맹 및 미국 동맹을 재정의하는 단계도 거치고 있다.

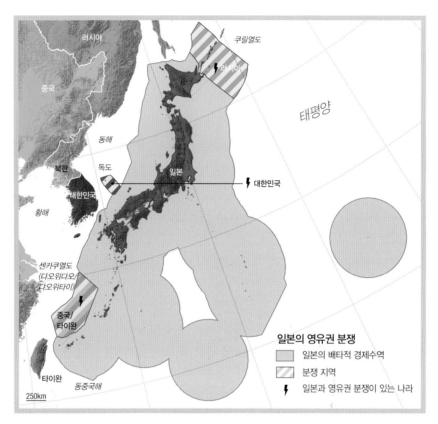

러시아

쿠릴열도

중국

러시아

태평양

동해

북한

독도

일본

⚡ 대한민국

대한민국

황해

센카쿠열도
(다오위다오/
다오위타이)

중국/
타이완

타이완

동중국해

250km

**일본의 영유권 분쟁**

일본의 배타적 경제수역

분쟁 지역

⚡ 일본과 영유권 분쟁이 있는 나라

# 일본의 재무장은 중국을 겨냥한 것인가?

ㅡ ㅡ ㅡ 일본이 자국의 영토라고 주장하는 영해를 합치면, 일본의 면적은 현재의 열두 배로 증가하여 450만 제곱킬로미터에 이른다. 일본열도 주변의 6,852개 섬이 형성하는 거대한 배타적 경제수역은 일본의 주요 자산일 뿐 아니라, 외적 경계를 설정하는 기준이 된다. 그런데 주변의 세 나라는 일본의 배타적 경제수역을 두고 끊임없이 이의를 제기한다. 북쪽으로는 쿠릴열도를 둘러싸고 러시아와 분쟁이 있다. 쿠릴열도는 1945년에 러시아에 귀속되었으나, 일본은 일부를 자국의 영토라고 주장하며 반환을 요구하고 있다. 서쪽으로는, 대한민국은 독도로,

일본은 다케시마로 부르며 서로 자국의 영토라고 주장하는 지역이 있다. 마지막으로 일본 북쪽의 센카쿠열도(중국은 다오위다오, 타이완은 다오위타이라고 부르며 현재 일본이 실효지배하고 있음)는 중국 및 타이완과의 분쟁 대상이다. 이러한 영유권 분쟁에 대응하고, 중국의 위협과 미국에 대한 안보 의존을 해결하기 위해 일본은 2010년 이후 전략적 기조 수정에 착수했다. 또한 2012년 12월에 취임한 신임 총리 아베 신조의 영향력 아래, 일본은 방위 정책 및 안보 조치를 재설정했다. 2010년 12월에 공식화된 일본의 방위 기조는 과거 냉전 시대

에 총리를 지낸 요시다 시게루의 기조를 종식시켰다. 요시다는 이 기간 동안 일본에 미군이 주둔하는 기반을 마련하여 일본을 미군의 보호 아래 두었다.

일본은 2001년 9월 11일 테러 사건 이후 소위 '비전투원'의 임무를 수행함으로써 아프가니스탄과 이라크 전쟁에 참전하여 미국을 지원했다. 그러나 일본의 현행 과제는 자국의 안보 수단을 세 가지 유형의 지역적 위협에 맞추어 적절하게 사용하는 것이다.

첫 번째는 중국, 대한민국, 러시아와의 해상 영유권을 둘러싼 분쟁이고, 두 번째는 북한의 돌발 행위와 핵 문제이며, 마지막으로 불투명한 중국의 군사 정책이 일본을 위협하는 세 가지 불안 요소다. 일본은 지속적으로 GDP의 1퍼센트를 군사비로 유지하고 있다. 이 정도 규모의 예산이라면 1946년 헌법 제9조에서 전쟁 포기의 원칙을 명시한 나라로서는 비교적 높은 수준에 해당한다. 2014년 일본은 군사비로 450억 달러를 책정함으로써, 군사비 지출에서 사실상 세계 제9위를 차지했다. 2015년 9월, 일본 내각은 일본이 군대를 조직할 수 있는 조건을 수정한 두 개의 안전보장 관련 법안을 채택했다. 아베 신조 일본 총리가 추진한 이 법안은 자위대 사용을 자국의 방어, 즉 영토 방어로 제한한다는 기존의 입장을 바꾸어, UN이나 동맹국의 임무를 지원하는 등 자위대의 해외 군사 개입을 허용한다. 일본 국민들은 평화적 기조를 포기하고 헌법에 반하는 이러한 변화가 중국과 대한민국의 불안감을 불러일으킬 것이라고 판단했다. 반면 전략적으로 지역 동맹을 강화해야 하는 미국은 일본의 집단적 자위권 행사를 긍정적으로 평가했다. ㅡ ㅡ ㅡ

지정학적 이미지

# 지역 동맹의 재해석

— — — 세계경제 및 정치적 권력 관계의 변화에 발맞추어 아시아에는 전략적 균형이 재편성되는 움직임이 일고 있다. 이러한 외교와 군사의 각축장에서 중심적 위치는 미국과 중국이 차지하고 있다. 오늘날에도 수많은 군사동맹이나 양국 간 전략적 협력의 흔적들이 지속적으로 나타나는데, 이는 냉전의 산물이다. 냉전 시기에 정치-군사적으로 서로 대립했던 두 진영(공산진영과 서구 진영)의 주요 과제는 상대방의 세력을 제압하기 위해 자기 진영의 동맹을 늘리고 확장하는 것이었다. 이 대결에서 미국은 광범위한 전략적 제휴의 조직망을 구축했다. 1954년에 결성되어 1977년에 해산된 동남아시아조약기구SEATO 외에도 미국은 여러 동맹에 조인했다. 이 동맹들 가운데 일부는 존속하여 미국은 여전히 일본, 대한민국, 오스트레일리아, 뉴질랜드, 필리핀, 타이와 공식적인 군사동맹 관계를 유지하고 있으며, 싱가포르와는 우호적 관계를 맺고 있다. 최근 몇 년 동안 미국은 인도, 인도네시아, 말레이시아 및 베트남, 미얀마와 가까워지려는 노력을 기울였다. 반면 파키스탄과는 오랫동안 전략적 협력을 유지해왔으나, 파키스탄의 정치 혼란이 지속되면서 경제 상황이 악화되자 양국 간 관계는 다소 모호해지면서 계속해서 혼조 양상을 보이고 있다. 중국과 가까웠던 파키스탄은 최근 러시아와 긴밀한 관계를 맺고 있다.

중국은 아시아의 전략적 실세로, 다른 나라들의 동향을 결정한다. 일본, 인도 및 동남아시아의 여러 나라들은 중국의 위협을 두려워하기도 하지만, 미얀마나 방글라데시처럼 중국의 재정적 원조와 외교적, 군사적 지원을 이용하려는 나라들도 있다.

러시아
카자흐스탄
우즈베키스탄
키르기스스탄
타지키스탄
투르크메니스탄
아프가니스탄
이란
파키스탄
몽골
일본
북한
대한민국
중국
인도
타이완
미얀마
미국
하와이
베트남
타이
필리핀
말레이시아
싱가포르
인도네시아
영국
오스트레일리아
프랑스
(뉴칼레도니아)
뉴질랜드

파키스탄 동맹국들의 변화:
러시아 – 중국 – 미국

**냉전의 지역 동맹국**
- 동남아시아조약
- 태평양안전보장조약

**상하이협력기구SCO**
- 회원국
- 옵저버 국가
- 중국의 전략적 협력국

**미국의 공식적 동맹 및 전략적 협력국**
- 동맹 및 협력국
- 최근에 관계가 강화된 국가
- 협력이 어려운 국가
- 인도/오스트레일리아/미국/일본 축

**주용 동맹 및 전략적 제휴 관계**

1,000km

중국 자신은 기회가 있을 때마다 군사력을 강화하고 전략적 협력 관계를 발전시키는 데 박차를 가함으로써 위협의 칼날을 벼리고 있다. 중국은 아시아의 권력 관계에서 자신의 지위를 굳건히 지키려는 뚜렷한 의지를 갖고 있다. 이외에도 중국은 에너지 공급 경로를 확보해야 하는 만큼, 동쪽으로는 일본, 대한민국, 미국이 맺고 있는 동맹과 서쪽으로는 급부상하는 인도의 세력에서 감지되는 외부의 위협에 대처해야 한다. 중국이 러시아와 긴밀하게 지내고 파키스탄과 관계를 맺으며, 북한과 지속적으로 관계를 유지하고, 인도양에서 지원 대상을 모색하는 이유는 상당 부분 이러한 상황으로 설명할 수 있다.

베트남과 인도네시아를 비롯한 동남아시아의 많은 나라들은 중국과의 관계에서 중도적인 입장을 취하려고 한다. 즉 중국에 지나치게 의존하지 않으면서 경제적 협력 관계를 발전시켜야 할 필요성을 강조하고, 동시에 이웃인 중국과 멀어지지 않으면서 미국과 긴밀한 관계를 유지하는 것이다. 오스트레일리아도 같은 문제를 놓고 고민 중이다. 최근 몇 년 동안 오스트레일리아의 국가 안보 기관들은 미국과의 역사적 동맹을 문제 삼지 않고 중국과 협력하는 방안을 한층 더 깊이 고찰하고 있다.

— — —

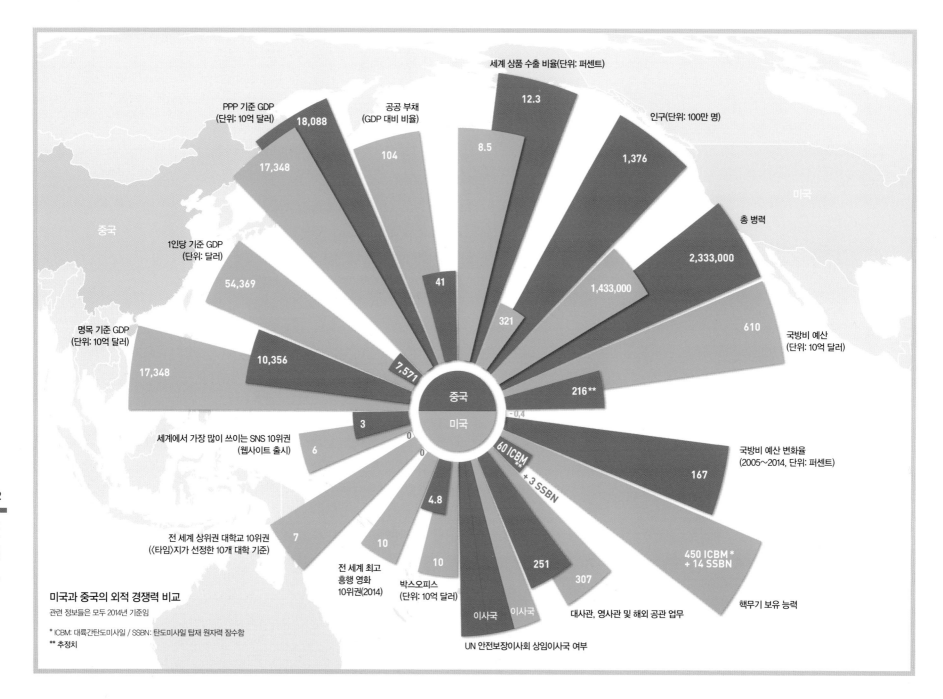

세계 상품 수출 비율(단위: 퍼센트)
12.3
8.5

인구(단위: 100만 명)
1,376

PPP 기준 GDP
(단위: 10억 달러)
18,088
17,348

공공 부채
(GDP 대비 비율)
104
41

총 병력
2,333,000
1,433,000

321

1인당 기준 GDP
(단위: 달러)
54,369

중국

미국

국방비 예산
(단위: 10억 달러)
610

명목 기준 GDP
(단위: 10억 달러)
17,348
10,356

7,571

216**

3

- 0,4

0

60 ICBM
** + 3 SSBN

국방비 예산 변화율
(2005~2014, 단위: 퍼센트)
167

세계에서 가장 많이 쓰이는 SNS 10위권
(웹사이트 출시)
6
0

중국
미국

4.8

전 세계 상위권 대학교 10위권
《타임》지가 선정한 10개 대학 기준)
7

전 세계 최고
흥행 영화
10위권(2014)
10

박스오피스
(단위: 10억 달러)
10

251

450 ICBM *
+ 14 SSBN

핵무기 보유 능력

이사국
이사국

307

대사관, 영사관 및 해외 공관 업무

UN 안전보장이사회 상임이사국 여부

**미국과 중국의 외적 경쟁력 비교**
관련 정보들은 모두 2014년 기준임

* ICBM: 대륙간탄도미사일 / SSBN: 탄도미사일 탑재 원자력 잠수함

** 추정치

지도로 읽는 아시아

아시아 안보의 미래는 향후 중국과 미국이 어떤 관계를 유지하느냐에 크게 좌우될 것이다. 두 나라의 상호 의존성은 더욱 공고한 협력 관계를 요구하지만, 각 나라의 권력욕은 아시아에 긴장을 불러일으킬 것이다.

# 중국과 미국, 아시아태평양 지역의 경쟁

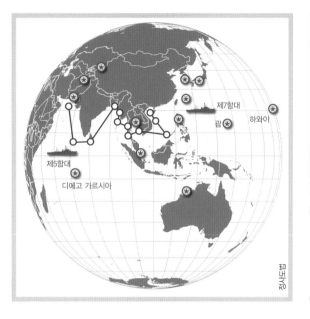

제7함대

괌

하와이

제5함대

디에고 가르시아

두 나라를 비교했을 때 경제 및 군사적 관점(하드파워hard power [군사력, 경제력 등을 앞세워 상대방의 행동을 바꾸게 하거나 저지할 수 있는 힘-옮긴이])뿐 아니라, 문화적 관점(소프트파워soft power [하드파워에 대응하는 개념으로, 교육·학문·예술 등 인간의 이성 및 감성적 능력을 포함하는 문화적 영향력-옮긴이])에서 미국은 중국에 비해 지속적으로 분명한 이점을 누리고 있다.

2014년 중국의 PPP 기준 GDP가 미국을 앞지름으로써 미국은 명목 기준 GDP에서만 가장 부유한 나라가 되었다. 군사력 면에서 중국의 잠재력은 지난 20년간 꾸준히 강화되어, 현재는 아시아 최고의 군사력을 갖추게 되었다. 그렇다 해도 중국의 국방비 예산은 미국보다 세 배가량 낮은 수준으로 증가한 반면, 미국의 실질적인 군사력은 전 세계적으로 유례 없는 수준이다.

## 아시아 중심으로의 회귀

중국과 미국 두 나라간 경쟁은 전 세계적 국면이라기보다는 아시아태평양 지역을 무대로 벌어지는 현상이다. 2011년 오바마 행정부는 미국의 외교, 군사, 경제 정책의 중심을 아시아태평양 지역 쪽으로 재배치하겠다고 결정했다. '아시아 중심으로의 회귀' 개념은 이 지역에서 중국의 패권 강화와 영향력 증가를 막기 위한 것이지만, 이를 직접적으로 명시하지는 않는다. 아시아태평양 지역은 미국의 안보와 경제적 미래에 중대한 곳이기 때문이다. 최근 몇 년간 미국은 두 분야에서 남아시아 및 동남아시아의 관계에 집중해왔다. 바로 환태평양 무역의 자유화와 안보 분야다. 미국과 관계를 맺고 있는 많은 나라들을 통합하는 공통점들 가운데 하나는 바로 중국의 영향력에서 오는 '불안감'이다. 이 나라들은 지리적으로 멀리 떨어진 세력과 협력했을 경우 주도권 경쟁에서 감수해야 할 위험이 줄어들 거라고 생각한다.

2014년 5월 인도의 나렌드라 모디 총리가 집권을 시작한 이후 인도와 미국의 외교 관계는 한층 심화되었고, 군사 및 민간 핵 부문에서 협력을 추진하는 방향으로 나아갔다. 이러한 긴밀한 관계 덕분에 미국은 마침내 공동 전략 협력국인 두 나라 일본과 오스트레일리아를 포함하여 4자 협력을 발전시킬 수 있었다. 한편 최근 미국은 동남아시아 국가들과 양자 간 혹은 다자 간 협력에 노력을 기울이고 있다. 아시아태평양 지역의 오랜 동맹국(타이, 필리핀, 싱가포르) 외에, 오바마 행정부는 이 지역 국가들을 재통합한 지역경제기구 ASEAN과도 긴밀한 관계를 유지하고 있다. 2013년 10월 첫 번째 미-ASEAN 정상회의가 브루나

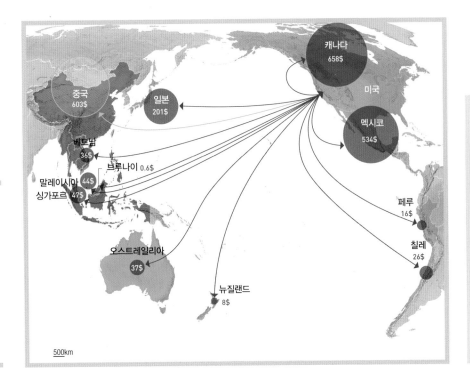

세 번째 충돌 아메리카

**진영 대 진영**

■ 중국–ASEAN 자유무역 지대

■ 환태평양경제동반자협정TPP

→ 미국과 TPP 참여국 간 무역
(2014, 총 수출 및 수입액.
단위: 10억 달러)

→ 미–중 무역
(2014, 총 수출 및 수입액.
단위: 10억 달러)

중국
603$

일본
201$

캐나다
658$

미국

멕시코
534$

베트남
36$

브루나이 0.6$

말레이시아 44$

싱가포르 47$

페루
16$

칠레
26$

오스트레일리아
37$

뉴질랜드
8$

500km

---

미국은 연방준비제도이사회The Federal Reserve가 통제하는 국제 기준 통화인 달러화를 쓰기 때문에 상당한 이점을 갖고 있는 셈이다. 국제통화는 '상업송장의 작성, 계산 단위, 가치 보장'의 세 가지 기능을 한다. 2014년 국제 거래에서 달러화 비중은 43퍼센트였고, 국제 결제에서 5위를 차지한 위안화는 2.5퍼센트를 차지했다(2013년에는 13위). 2009년, 중국과 ASEAN(두 지역 인구 총합은 19억 명)은 두 영역 간에 세계에서 가장 넓은 자유무역 지대를 설정했다. 그 결과 위안화는 이 지역에서 강세를 띨 수 있었다. 게다가 2015년 11월 30일 IMF는 달러화, 유로화, 엔화, 파운드화와 더불어 위안화를 통화 바스켓currency basket에 포함시키기로 결정했다. 통화 바스켓의 대표적인 형태는 IMF의 보유 자산인 특별인출권SDR이며, IMF의 이러한 결정 덕분에 위안화는 준통화reserve currency의 지위를 얻게 되었다.

---

이의 반다르스리브가완에서 열렸다. 2015년 11월 말레이시아의 쿠알라룸푸르에서 열린 제3차 정상회의는 전략적 제휴의 시작을 알렸다. 그 증거로 2016년 2월, 오바마 대통령은 ASEAN 정상들을 캘리포니아로 초청해 미국에서는 최초로 새로운 정상회담을 개최했다. 그러나 ASEAN 10개 회원국들 간에는 견해 차이가 존재한다. 말레이시아, 필리핀, 베트남 같은 나라들은 중국과, 중국해를 겨냥한 중국의 목표에 대한 미국의 강경한 입장을 지지한다. 캄보디아나 라오스 같은 중국의 무역 상대국들은 보다 신중한 태도를 원한다.

## 상호 의존성의 포로

GDP, 국방비 예산, 인구 등 양적 기준으로 미–중 양국 간 세력 관계를 객관적으로 비교하려면 서로 간의 알력들을 개괄적으로 살펴볼 필요가 있다. 그렇다고 해도 중국과 미국의 관계를 포괄적으로 정의하는 것만으로는 부족하다. 양국의 관계는 상호 의존적인 특징을 갖고 있기 때문이다. 2009년 7월 미국 대통령 버락 오바마는 "21세기는 미–중 관계가 만들어낼 것이다"라고 천명했다. 그러면서 곧이어 차이나메리카ChinAmerica(미중 공동체)나 (G8이나 G20처럼 미국

과 중국을 지칭하는) G2를 거론함으로써 세계의 문제들을 도맡아 통제하고자 했다. 이러한 선언은 무엇보다 경제 및 무역과 관련된 쟁점만이 아니라, 국제 정치와 관계된 문제들까지 포함하여 중국과 미국이 양국 간 상호 의존성을 인정한다는 사실을 강조한다. 이러한 협력은 최근 기후변화를 둘러싼 대책에서도 잘 드러난다. 전 세계 이산화탄소 배출량의 40퍼센트 이상을 중국과 미국이 차지하기 때문에, 두 나라는 2014년 11월 각각 온실가스 감축을 포함하는 협약을 맺었다. 미국은 2025년까지 배출량을 지금의 4분의 1 수준으로 낮추고, 중국은 2030년 이전에 이산화탄

소 배출량의 정점을 찍게 하겠다는 내용의 수치화된 감축 계획에 합의했다. 이를 통해 양 강대국은 2015년 12월에 파리기후협약이 성사될 수 있는 길을 터주었다.

그러나 양국 간 상호 의존성을 가장 잘 체감할 수 있는 영역은 무역 분야다. 중국은 2013년 세계 최고의 무역 강국이 되었다. 이듬해 중국의 상품 무역 총액은 미국을 앞질러 4조 3,000억 달러까지 상승했다. 중국의 대미 수출 비중은 17퍼센트로, 중국은 미국 제1의 상품 공급국이고 미국은 중국의 최우선 고객이다. 중국은 미국의 부채를 최다 보유한 주요 해외 채권자로서(미국 총 공공 부채의 7퍼센트 수준) 중국 자체의 경제적 안정뿐 아니라 미국의 상황에도 강하게 영향을 받는다. 마찬가지로 미국도 중국의 경제상황에 좌우되는 측면이 있는데, 특히 화폐와의 관련성 때문이다. 2015년 세계 외환 보유고의 약 63퍼센트(중앙은행의 공식적 보유고)가 달러화로 비축되었다. 세계 최대 외환 보유국인 중국은 2016년 1월을 기준으로 축적된 무역 흑자 덕분에 약 3조 2,300억 달러(세계 외환 보유고의 약 4분의 1 이상)에 가까운 액수를 보유하고 있다. 1년 전인 2015년 2월에는 그 액수가 3조 8,000억 달러에 달했으나, 같은 해 8월 이후 경제지표들이 예상보다 낮은 수준으로 발표되자 위안화를 평가절하했다. 이 때문에 외환 보유고가 감소했다고 판단한 중국인민은행은 위안화를 유지하기 위해 달러를 매각했고, 달러화에 대한 위안화의 가치는 급격히 하락했다. 1년 동안 중국의 외환 보유고는 5,700억 달러 가까이 감소했고 세계경제 및 미국 경제는 불안감에 빠졌다.

## 타이완, 타이완해협의 불협화음

ㅡ ㅡ ㅡ 청일전쟁에서 패한 중국(청나라)은 1895년 시모노세키조약에 따라 타이완을 일본에 빼앗겼고, 50년 뒤인 1945년 일본 항복 이후 되찾았다. 1949년 마오쩌둥의 공산주의 세력에 패한 장제스 총사령관의 국민당은 200만 명을 이끌고 타이완으로 정부를 옮겼다.

이때부터 중국에서는 두 개의 정치적 정통성이 맞서게 된다. 하나는 중국 본토에서 '중화인민공화국PRC'을 선언한 공산당이고, 다른 하나는 1950년에 타이완에서 '중화민국Republic of China'을 선언한 국민당이다. 두 세력의 대치로 말미암아 타이완해협에는 정치적 · 군사적으로 매우 강한 긴장감이 감돌았다. 1954년 미국과 타이완 정부는 상호방위조약을 맺었다. 1971년에는 UN이 중화인민공화국을 중국의 유일한 대표로 인정하는 결의안에 찬성함으로써 타이완은 국가로서의 정통성을 상실하고 UN에서 배제되었다. 미국은 헨리 키신저Henry Kissinger 주도 하에 중화인민공화국과 관계를 구축했고, 이는 1972년 리처드 닉슨 대통령의 중국 방문으로 구체화되었다. 6년 뒤 미국은 타이완과의 관계를 끊고 1979년 1월 1일부터 중화인민공화국을 중국으로 인정하여 공식적인 외교 관계를 맺는다. 중국 정부는 '일국양제一國兩制'라는 원칙을 천명하면서 타이완섬을 중화인민공화국으로 병합하려는 시도를 멈추지 않고 있다. 그러나 미국은 중국이 타이완에 대한 주권을 무력으로 되찾도록 내버려두지는 않을 것이다. 중국 연안에서 약 160킬로미터 떨어진 타이완섬에는 2,300만 명이 거주하고 있다. 수십 년 동안 UN의 인정을 받지 못한 채 중국의 위협을 겪어야 했던 타이완은 이제 전제적 정치체제에서 벗어나 실질적인 민주주의를 이룩했으며, 아시아에서 가장 부유한 나라가 되었다.

타이완과 중국은 분쟁을 겪고 있기는 하지만 경제 및 무역 관계는 매우 끈끈하다. 중국은 타이완의 최대 고객이자 공급자이기 때문이다. 수만 개의 타이완 기업들은 언어적, 지리적, 경제적 편의를 누리며 타이완해협을 건너 중국에 정착할 수 있다. 반면 중국은 타이완의 해외 투자를 자국에 유치하는 데 유리하다. 그래서 중국은 타이완과 공고한 관계를 유지하고자 할 뿐 아니라, 그 결과로 생겨날 수 있는 경제적 의존성이 궁극적으로는 정치적으로 해석되기를 간절히 바란다. 중국과의 화해를 옹호하는 목소리도 있지만 타이완 국민 대다수는 타이완 독립을 지지한다. 타이완은 국가로서의 모든 자질을 갖추었음에도 국가로 인정받지 못하기 때문이다. ㅡ ㅡ ㅡ

참조: 43쪽 중국, 자국의 경제 모델에 의문을 제기하다. 97쪽 두 세계 사이의 오스트레일리아

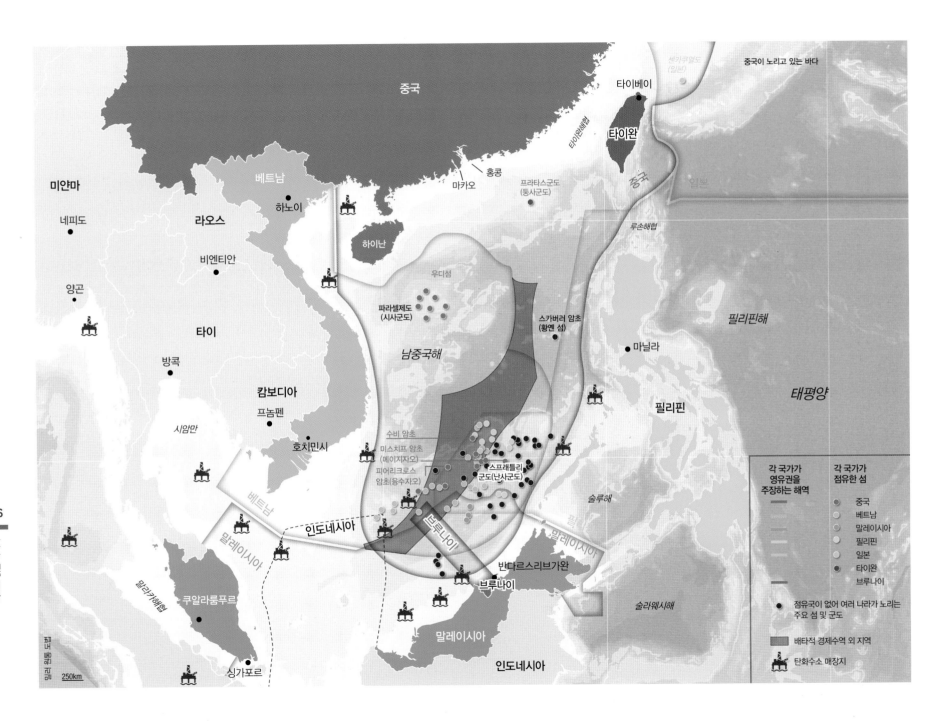

지도로 읽는 아시아

중국이 노리고 있는 바다

중국

미얀마

네피도

양곤

타이

방콕

라오스

비엔티안

캄보디아

프놈펜

시암만

베트남

하노이

하이난

호치민시

우디섬

파라셀제도
(시사군도)

남중국해

수비 암초

미스치프 암초
(메이지자오)

피어리크로스
암초(융수자오)

스프래틀리
군도(난사군도)

스카버러 암초
(황옌 섬)

타이베이

타이완

홍콩

마카오

프라타스군도
(둥사군도)

중국

루손해협

필리핀해

마닐라

필리핀

태평양

술루해

베트남

말레이시아

인도네시아

브루나이

말레이시아

말레이시아

반다르스리브가완

브루나이

술라웨시해

쿠알라룸푸르

인도네시아

말라카해협

싱가포르

타이완해협

센카쿠열도
(일본)

일본

중국

일본

250km

각 국가가
영유권을
주장하는 해역

각 국가가
점유한 섬

중국

베트남

말레이시아

필리핀

일본

타이완

브루나이

점유국이 없어 여러 나라가 노리는
주요 섬 및 군도

배타적 경제수역 외 지역

탄화수소 매장지

아시아의 초강대국인 중국은 이 지역 여러 나라들에게는 가장 큰 군사적 위협이다. 중국해에서 인도양까지, 아루나찰프라데시에서 타이완에 이르기까지 영유권 분쟁과 갈등이 빈번한 지역들은 모두 중국과 관련이 있다.

# 중국, 갈등의 핵심

중국해나 히말라야 지역처럼 어떤 영토의 영유권을 주장할 때 종종 역사적 근거를 동원하기도 한다. 이때 분쟁 당사자들은 해당 지역을 자국이 선점했음을 주장하거나 과거에 맺은 조약을 원용하면서, 그 지역을 자국으로 합병할 권리나 권한 행사를 정당화하는 논거로서 역사적 정통성을 내세운다. 바다 한가운데 있는 무인도도 마찬가지다. 과거를 준거로 삼는 상징적 행위 이면에는 흔히 현재의 구체적인 지정학적 이해관계가 감춰져 있으며, 그 목적은 미래의 야욕에 대한 대비다. 히말라야 산악지대와 중국해에서는 지금까지 역사적 시각의 경합이나 기억의 경쟁을 통해 여러 분야에서 수렴된 하나의 해결책을 도출할 수 없었다. 관련 국가들이 단계적 군비 확장의 위험을 감수하면서 영유권 주장을 끊임없이 정당화하기 때문이다. 중국해에는 스프래틀리군도, 파라셀제도, 스카버러암초, 메이클즈필드뱅크 등 수백 개의 크고 작은 섬들, 암초, 뱅크(간조 노출지도 포함)가 존재한다. 이 지역을 둘러싸고 10여 개 국가가 영역 다툼을 벌이고 있는데, 이들의 요구사항에는 공통점이 있다. 바로 중국, 탄화수소 매장지, 항로 통제권과 관련된 것이다.

## 중국과 일본, 센카쿠열도와 전쟁의 기억

센카쿠열도(중국명 댜오위다오)는 일본 오키나와섬 서쪽으로 약 400킬로미터, 중국 해안에서 약 300킬로미터, 타이완 남쪽으로 약 170킬로미터 떨어진 5개의 도서로 구성된다. 현재 일본이 실효지배하며, 중국과 타이완도 영유권을 주장한다. 무인도인 센카쿠열도의 면적은 7제곱킬로미터에 약간 못 미친다. 일본은 1978년 중국의 주석 덩샤오핑과 맺은 조약에 따라 이곳에 어떠한 건축물이나 기반시설도 세우지 않았다. 당시 평화우호조약 협상이 한창이던 때 양국은 중국의 견해에 따라 현실적 합의를 이끌어낼 수 없음을 인정하고, 이 문제를 다음 세대에 넘기기로 함으로써 '미해결보류'에 암묵적으로 합의한다. 반면 일본은 아베 신조 정부에 이르러 이 암묵적 합의를 인정하지 않는 분위기다. 일본 정부는 센카쿠열도가 자국 영토이고, 중국과 타이완은 1970년대 초반 이곳 연안에서 석유가 발견된 이후에야 관심을 가지기 시작했다고 분명히 주장한다. 일본은 19세기 말부터 20세기 중반까지 중국을 점령했는데, 양국 관계는 물론 당시 일본 제국군이 저지른 수탈 및 전쟁 범죄와 관련한 기억에서 영향을 받았다. 1937~1945년 제2차 중일전쟁 때 중국 국민들에게 가해진 고문과 (1937~1938년 난징 대학살과 같은) 1,500만 중국인 몰살에 대한 기억은 아직도 중국 내에 생생하게 살아 있다.

이러한 쟁점들은 오늘날 '위안부' 문제를 둘러싼 대중의 외침들로도 나타난다. 위안부는 제2차 세계대전 동안 일본이 자국 군인들을 위해 아시아 여성들(특히 한국과 중국)을 제도적 성노예로 유린한 것이다. 한일 관계를 악화시키는 이 문제는 2015년 12월 28일 역사적 합의로 출구를 찾은 듯하다. 이 합의에서 일본은 역사적 책임을 인정하고 생존해 있는 위안부 희생자들에게 배상을 약속했다(그러나 국내에서는 이 합의가 역사를 부정하고 가해자의 법적 책임이나 공식적인 사죄 및 배상 없이 행해진 졸속 합의라는 비난 여론이 거세다–옮긴이). 중일 관계에서 기억의 대립은 수단으로 전락할 가능성이 농후하며, 종종 전략적 대립이나 지역적 권력욕의 연결점이 되기도 한다. 일본의 야스쿠니 신사에는 19세기 말 이후 전쟁에서 사망한 250만 전몰자들이 안치되어 있다. 이들을 기리는 일본 공직자들의 야스쿠니 신사 참배는 매년 대한민국과 중국의 외교적 비난을 불러일으킨다. 일본 총리들은 대대로 과거에 일본이 저지른 폭력에 사의를 표하지만 중국은 그들의 진정성을 의심한다.

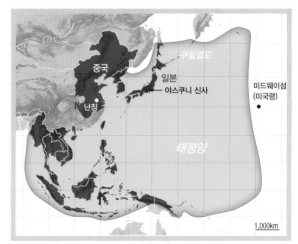

▼ **1942년 일본제국이 점령한 지역**

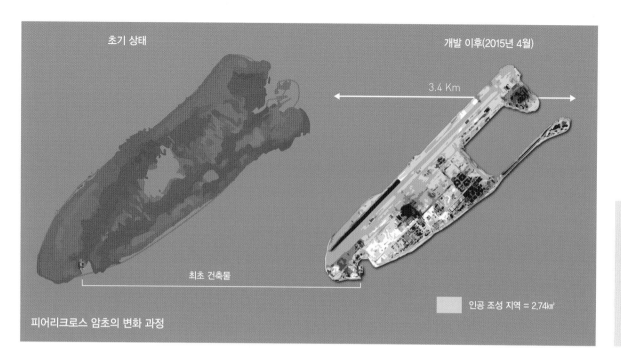

초기 상태

개발 이후(2015년 4월)

3.4 Km

최초 건축물

인공 조성 지역 = 2.74㎢

피어리크로스 암초의 변화 과정

## 스프래틀리군도를 둘러싼 6개국의 분쟁

북위 10도, 남중국해 한가운데 위치한 스프래틀리군도는 100여 개의 섬과 암초로 구성된다. 총 면적이 5제곱킬로미터에 불과한 이 군도를 둘러싸고 여섯 개 나라가 각기 다른 강도로 분쟁 중이다. 중국, 베트남, 타이완은 군도 전체의 영유권을 주장하는 반면, 동쪽의 필리핀과 남쪽의 브루나이, 말레이시아는 부분적 영유권을 주장한다. 이 군도의 영유권 제기는 20세기 초반 실질적으로 시작되었으며 여러 외부 식민 세력들(프랑스, 영국, 미국, 일본)이 연루되었다. 20세기 후반에 이 군도의 지배권은 지역 전략 국면으로 접어든다. 스프래틀리군도는 약 41만 제곱킬로미터에 걸쳐 흩어져 있고, 일부는 배타적 경제수역 바깥에 존재한다. 그래서 각 나라들은 자국의 지배권 정당화를 위해 자체적 해상 경계 설정에 반대한다. 오늘날 관련 국가 대부분은 군도 일부의 실효지배를 주장하면서 군도를 공유한다. 이를 통해 해당 국가의 영해와 인접한 바다에서 지배권을 행사할 수 있으며 배타적 경제수역을 넓히고, 국제해양법에 따라 해당 지역에 매장된 자원을 이용할 권리도 부여받을 수 있다.

1982년 12월 10일 UN은 자메이카의 몬테고베이에서 해양법 조약을 체결한 뒤 1994년에 발효했다. 이 조약은 국가의 경계 설정에 관한 다양한 영유권 및 법률 체제를 정의한다. 내수inland waters 및 영해는 해수면이 최저일 때의 해안선(두 영역을 구분하는 기선)을 기준으로 12해리 이내로 정하며, 이 범위가 해당 국가의 통치 영역에 속한다. 배타적 경제수역 및 대륙붕 같은 보다 멀리 위치한 영역들은 국제법의 적용을 받는다. 배타적 경제수역은 영해 기선에서 200해리에 이르는 수역으로, 몬테고베이 협약 제5조는 그 한계와 각 나라의 권리 및 의무를 지정했다. 배타적 경제수역 내에서 각 나라들은 바다 위, 바닷속, 해저에 있는 어로 자원 및 에너지를 전부 사용할 수 있으며, 전함을 포함한 외국 선박들이 자유롭게 항해할 권리를 보장받는다. 수면 위로 겨우 떠올라 있어서 사람이 살 수 없는 바위나, 소수의 어부나 군인들이 거주하는 작은 섬들을 국가들이 목숨 걸고 자국의 영토라고 주장하는 이유를 이제 이해할 수 있을 것이다. 이 섬들은 수산 자원의 제공 외에도, 바다 밑에 저장되어 있을 천연자원(가스, 석유, 광물, 단괴) 접근권을 주장할 수 있게 해준다. 중국의 목적은 에너지 문제 외

## 중국과 인도, 카슈미르에서 아루나찰프라데시까지 ▶

히말라야 산맥에서도 중국은 이웃나라 인도와 영토 분쟁의 중심에 있다. 카슈미르의 악사이친은 양국이 서로 영유권을 주장하는 지역으로, 1950년대 말부터 (그리고 1962년 양국 간 전쟁 이후부터) 중국이 악사이친을 점령하면서 오늘날 중국–인도 관계는 여전히 악화 일로에 있다. 중국군은 인도 국경을 침범한다는 비난을 수시로 받는다. 2014년 9월 17일, 시진핑 주석이 인도를 방문하던 바로 그날도 중국군은 인도의 라다크를 침공했다. 인도 북동부의 아루나찰프라데시는 양국 간 영토 분쟁의 두 번째 씨앗이다. 1962년 중국–인도 전쟁 당시 이 지역 일부 또한, 이후 중국군이 철수하기 전까지 중국의 점령 대상이었다. 인도는 대영제국 식민지로 획정된 국경에 근거하여 아루나찰프라데시 일부를 자국 영토로 본다. 반면 이러한 사실을 인정하지 않는 중국은, 이 지역들을 티베트와 신장위구르의 연장선상에 놓고 본다.

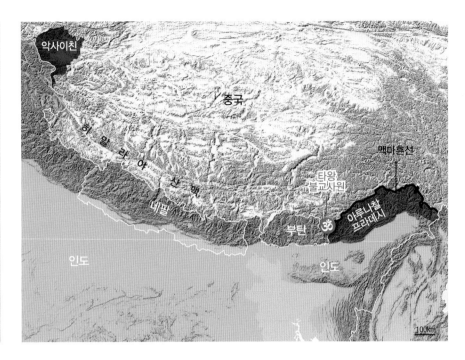

### 히말라야 분쟁 지역

■ 중국이 관할하고 인도가 영유권을 요구하는 지역

■ 인도가 관할하고 중국이 부분적 영유권을 주장하는 지역

100km

---

적인 면에서도 전략적 성격을 띤다. 중국은 남중국해를 실질적인 내수로 만들고(그러나 관련 국가들 중 어느 국가도 이를 받아들일 용의가 없다), 해로 통제나 이 지역의 해운 통제권을 확장할 생각이다. 한편 이 지역에 군함을 배치한 미국은 군함 운항과 관련한 어떠한 제한도 수용할 생각이 없으며, 통행 시 허가를 요청해야 하는 문제도 수긍하지 않는다. 미국은 항행 자유의 원칙에 따라 한 국가, 특히 중국이 섬을 통제하지 않을 것을 옹호하는 입장이다.

## 중국과 베트남 사이의 파라셀제도

파라셀제도(중국명 시사군도, 베트남명 호앙사군도)는 베트남 연안 동쪽, 중국 하이난섬 남동쪽으로 300킬로미터 떨어진 곳에 위치한다. 1974년 1월 중국은 베트남 남쪽 남중국해에서 베트남과 대치하여 교전을 벌인 뒤 이곳을 점령했다. 100여 개의 섬으로 이루어진 파라셀제도는 베트남뿐 아니라 타이완도 영유권을 주장하며, 중요한 어업 지역이자 에너지원의 집중 탐사 대상이다. 2016년 초 중국 군대가 우디섬에 지대공 미사일 포대를 배치한 사실이 알려지자 주변국들의 긴장이 고조되었고, 이 지역의 군사화가 보다 가속화되었다. 이것이 기정사실화되어 이 지역 다른 국가들뿐 아니라 미국 같은 외부 세력까지 달려들고 있다. 중화인민공화국은 자국의 전략적 공간을 보강하는 한편 하이난섬의 군사 기반시설을 확보하고, 앞으로 발생할 협상에서 자국 의견의 관철을 위한 작업에 착수했다.

## 중국, 타이완, 프라타스군도

중화인민공화국은 중화민국, 즉 타이완의 영토 합병을 요구한다. 이와는 별개로 양국은 프라타스군도(중국명 둥사군도)의 영유권을 놓고 분쟁 중이다. 프라타스군도는 현재 타이완이 관할한다. 이러한 합병 요구에다 양국 간 갈등을 급박하게 만드는 영유권 분쟁까지 덧붙여진다면 양국은 대치 상황으로 갈 수밖에 없다. 또한 이제부터 타이완 문제는 보다 광범위한 대립 국면으로 치닫게 될 것이다.

79

긴장의 지정학

참조: 89쪽 카슈미르, 산마루의 전쟁, 103쪽 21세기의 실크로드

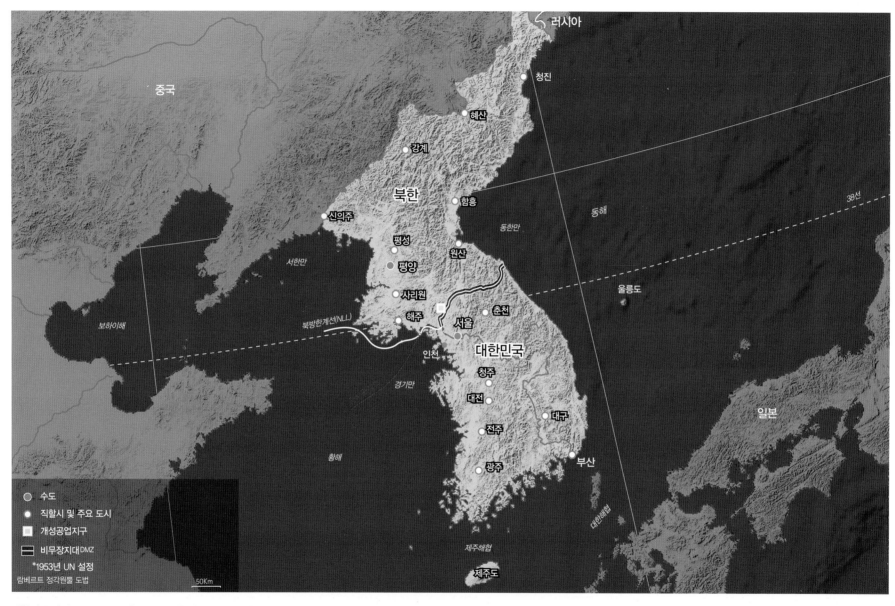

러시아

중국

청진

혜산

강계

북한

함흥

신의주

동해

동한만

평성

원산

평양

38선

서한만

사리원

울릉도

해주

춘천

보하이해

서울

북방한계선(NLL)

인천

대한민국

경기만

청주

대전

일본

전주

대구

광주

부산

황해

대한해협

80

지리 아틀라스

◯ 수도
● 직할시 및 주요 도시
▢ 개성공업지구
▭ 비무장지대DMZ
*1953년 UN 설정
람베르트 정각원뿔 도법

제주해협

제주도

50Km

대한민국 면적: 100,188㎢, 인구: 5,020만 명(2015), 통화: 원(KRW), 명목 기준 GDP: 1조 4,100억 달러(2014), 교육비 예산: GDP의 4.6%(2012), 국방비 예산: GDP의 2.6%(2014)
북한 면적: 120,538㎢, 인구: 2,510만 명(2015), 통화: 원(KPW), 명목 기준 GDP: 정보 없음, 교육비 예산: 정보 없음, 국방비 예산: 정보 없음(10%로 추정)

냉전은 한반도의 분단이라는 유산을 남겼다. 그 결과 생겨난 남한(대한민국)과 북한은 이제 서로 굉장히 낯선 두 나라가 되었다. 북한에 소극적인 개방들이 이루어지고는 있으나, 북한의 핵 위협 속에서 통일의 길은 요원해 보인다.

# 두 개의 한국

1945년 여름, 제2차 세계대전은 아시아태평양 지역에서 아직 완전히 끝나지 않은 상태였다. 당시 1910년부터 일본의 지배를 받고 있던 한반도는 포츠담회담에서 미국이 주도한 협정에 따라, 북위 38도선 이북 지역에 일본군에 맞서 소련군이 주둔한다. 그리고 몇 주 뒤에는 미군이 한반도 남쪽에 주둔한다. 사실상 처음에는 소련과 미국의 한반도 점령 및 분할이 이렇게 오래갈지 예상하지 못했다. 그러나 1948년 남한에는 대한민국 정부가 수립되어 UN의 공식 승인을 받았으며, 북한은 조선민주주의 인민공화국을 선포함으로써 소련 및 공산국가들의 승인을 받는다. 이렇듯 일시적일 것으로 예상했던 남북한 분단은 한국전쟁의 발발로 한반도에 그대로 뿌리를 내린다. 곧이어 1950년 6월 25일 북한군이 남침을 개시한다. 이에 남한에는 더글러스 맥아더 장군이 이끄는 미군을 주축으로 한 국제 세력이 UN의 지원을 받아 파견되었다. 북한은 전쟁터에서 중국의 도움을 받았고 소련으로부터는 물자 보급을 받았다. 3년 동안 계속된 전쟁은 남한과 북한 두 전쟁 당사국 사이에 휴전선을 설정하고 휴전 협정을 맺음으로써 1953년 7월 27일 일단락되었다. 사실상 이 전쟁의 승자는 없다. 한국전쟁은 민간인 200만 명, 군인 1,500만 명의 사상자를 냈으며, 300만 명에 육박하는 사람들이 터전을 옮겨야 했던 비극으로 해석될 뿐이다. 남북 분단으로 말미암아 휴전선 너머에 가족을 남겨두고 떠나거나 헤어진 한국인들은 이산가족이 되었다. 또한 한반도의 정치적 분단 때문에 한국 사회 및 민족 간에 무너뜨릴 수 없는 장벽이 세워졌다. 한국전쟁 이후에는 한반도에서 정전협정만 체결됐을 뿐 평화협정은 맺어진 바가 없다.

## 엇갈린 노정

남한과 북한은 한국전쟁 이후 각자의 지역적 환경과 냉전 상황에 따라 서로 다른 두 개의 정치적·경제적 노정을 걷는다. 북한은 김일성 일가와 북의 군대가 권력을 독점하여 공산주의 독재체제로 나아갔고, 남한은 군사정권을 거쳐 민주주의 개방경제로 발전했다.

북한은 완전히 폐쇄적인 정치 및 경제 체제로 발전했기 때문에 관련 정보가 거의 없다. 군대 조직에 따라 움직이는 북한 사회에는 개인의 자유가 부재하고, 정치범 수용소나 강제 노동 같은 억압이 존재한다. 여기에 극심한 기아나 빈곤 같은 힘겨운 생활환경까지 더해져 북한은 극히 냉혹한 독재국가가 되었다. 남한은 강력한 국가의 권위를 내세워 지역 및 국제 교류에 문을 열고 경제 발전을 이룩했다. 오늘날 중국은 일본과 미국에 앞서 남한 최대의 무역 상대국이며, 남한은 세계에서 경제가 가장 발전한 나라들 가운데 하나다. 교육, 연구, 혁신에 우선 투자하는 남한은 오늘날 기술 혁신 측면에서 세계적인 선두주자다.

1990년대 말 남한 정부는 북한과의 잠재적 긴장을 완화하고 관계를 개선하기 위해 북에 대해 '햇볕정책'을 시작했다. 이를 통해 경제적 측면에서뿐 아니라 전쟁 때문에 생겨난 이산가족 상봉 등 남북 간 교류가 성사되었다. 이 시기에 두 나라 간 금지되었던 우편 교류와 통신, 50년 넘게 소식이 끊겼던 가족들의 눈물겨운 재회 등이 북한 지역에서 삼엄한 감시하에 이루어졌다. 남한에서는 수만 명이 자신의 가족들을 다시 만나기를 고대하고 있으나 북한 정권은 여전히 자국민들이 외부 세계와 교류하는 것을 전면 금지하고 있다.

2004년에는 휴전선에서 10킬로미터, 서울에서 70킬로미터 떨어진 북한의 개성에 경제특별구역이 설치되어 두 나라 간 교류를 증진하려는 관심이 현실화되었다. 남측은 전적으로 자본을 투자하는 대신 같은 언어를 사용하는 저임금 노동력을 활용할 수 있게 되었다. 개성공단에는 남측의 100여 개 기업이 입주하여 5만 명 이상의 남녀 노동자들이 남측의 관리와 북측의 감시를 받으며 일했다. 남북한 상호 교류 구역인 이곳은 정치적으로 긴장관계가 형성될 때마다 폐쇄되곤 한다. 2016년 2월 북한의 새로운 핵실험 경고가 있은 뒤 현재까지 개성공단은 폐쇄 상태다. 화해를 향한 첫걸음으로서, 또한 어떤 의미에서는 통일의 발단으로 여겨진 이러한 불안정한 시도들은 한반도를 위협하는 북한의 군사적 위협 때문에 중단될 위기에 처해 있다. 북한 정권은 국민들에게 나라가 외부의 위협을 받고 있다는 망상을 심어주어 군사 영역에 대한 투자를 합법화했다. 그들은 국내적으로 이를 합법화하고 대외적으로 인정받기 위해 군사적 수단을 이용한다. 도발과 위협을 오가는 북한의 군사 행동은 과거 남측 해군 포격, 로켓 발사 혹은 중단거리 미사일 시험 발사로 나타났다. 또한 두 나라가 자제하려고 노력해온 군비의 단계적 확산에도 꾸준히 변명거리를 제공했다. 북한의 핵 프로그램과 군사행동은 남북한 간 상호 비방을 북돋우고 강화할 뿐이다.

## 북한, 핵 확산 국가

북한은 1985년에 핵확산금지조약NPT에 가입했으나, 국제원자력기구IAEA가 북한의 핵 프로그램을 사찰한 뒤 2003년에 탈퇴했다. 북한은 2006년에 제1차 지하 핵실험을 실시한 데 이어 2009년에 제2차 핵실험을, 2013년에 제3차 핵실험을 강행했다. 그리고 2016년 1월 6일 제4차 핵실험에서 마침내 수소폭탄 실험을 성공적으로 수행했다고 발표했다. 수소폭탄은 이제까지 실험한 기존의 우라늄 및 플루토늄 폭탄보다 훨씬 강력하다. 아직 수소폭탄 실험 성공의 진위 여부를 확인하기는 어려우나, 이 발표 이후 주변 국가들과 국제사회는 우려를 표했다. 이 실험은 북한 북동쪽 풍계리 핵실험장에서 진행되었다. 북한은 1960년대에 소련의 원조를 받아 1980년대에 비밀리에 군사 핵 프로그램을 진행해왔다. 국제사회의 제재를 무릅쓰고 2006년 제1차 핵실험을 감행한 북한은 핵 프로그램과 실험 재개의 '공식적' 종결 시기를 변경했고, 동시에 탄도 미사일 프로그램도 진행했다(북한은 2017년 9월 6차 핵실험을 감행했다—옮긴이).

북한은 남한과 일본을 무기로 위협하면서 미국은 물론, 다른 차원에서 중국에까지 맞서고 있다. 중국이 북한에 실제

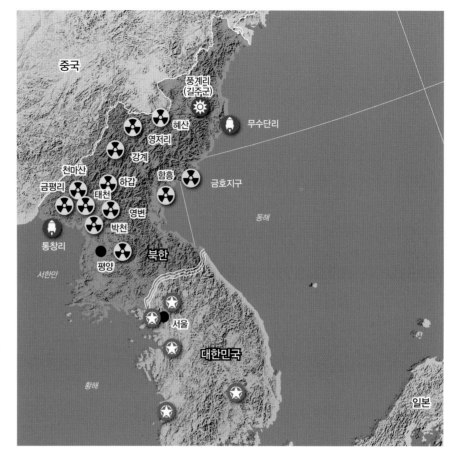

중국

풍계리
(길주군)

☀

무수단리 🚀

혜산

영저리

강계

천마산

하갑

함흥

금호지구

금평리

태천

박천

영변

동해

통창리 🚀

평양 ●

🔘

북한

서한만

서울 ●

대한민국

★

★

황해

★

★

일본

### 북한과 핵무기

☢ 북한의 핵 시설

🔘 미사일 발사장

☀ 풍계리 : 핵실험장

★ 남한의 미군 부대 주둔지

얼마나 큰 영향력을 행사하고 있는지는 미지수다. 그러나 중국 당국은 북한 체제가 와해될 경우 나타날 결과를 우려한다. 한편 북한 체제는 핵이 자국을 방어하고 세계적으로 위상을 높여준다고 선전함으로써 국민들에게 자신들의 행위를 정당화한다. 게다가 중국이 북한을 지역 관계자들과 더불어 협상의 전략적 수단으로 이용할 가능성도 없지 않다. 북한의 움직임에서 드러나는 핵무기 확산은 전 세계

적 핵무기 확산으로 이어질 우려가 있다. 파키스탄 핵 개발의 아버지로 불리는 압둘 카디르 칸Abdul Qadeer Khan 박사에 따르면 핵폭탄이 범죄조직의 수중에 들어갈 가능성이 점점 커지는 상황도 우려되는 바다. 그는 2004년 리비아, 이란 등에 핵 기술을 제공한 사실을 시인했고, 평양 체제도 이 보급망으로부터 기술을 획득했다.

참조: 27쪽 사회 불안정, 127쪽 민주주의를 향한 완만한 전진

# 핵에 대한 우려

－－－ 핵확산금지조약ᴺᴾᵀ은 1968년에 조인되어 1970년 3월부터 발효되었으며, 전 세계 핵질서를 바로잡는 기틀을 마련했다. 이 조약은 비확산, 군비 축소, 핵에너지의 민간 사용 등 세 가지 사항을 골자로 한다. 비확산과 관련하여 NPT는 핵의 수평적 확산을 제한하려는 목적, 즉 새로 핵무기를 보유하는 국가가 나타나는 것을 막고자 한다. 또한 수직적 확산, 즉 이미 핵폭탄을 보유한 국가들이 무기고를 확충하거나 보강하는 것에도 제동을 건다. 냉전 이후 핵무기 비축은 상당히 줄었지만 핵확산에 대한 우려는 증가했다.

조약이 체결된 이후 NPT는 제 기능을 어느 정도 수행했다. 그 가운데 하나가 국가들을 몇 가지 범주로 구분한 것이다. UN 193개 회원국 가운데 미국, 러시아, 영국, 프랑스, 중국 5개국은 '공식적'인 핵보유국으로, 이 나라들은 NPT에 서명하기 이전에 핵실험을 한 바 있다. 반면 소위 핵 '문턱'을 넘나드는 국가들인 인도, 파키스탄, 이스라엘은 조약 가입을 거부하고 있어 NPT를 위반하고 있다. 마지막으로 NPT 조약에 가입했으나 핵확산 국가로 분류되는 사례가 있다. 예를 들어 북한은 핵무기 보유 가능성이 있는 국가로, 2003년 탈퇴 선언을 했다.

중국은 1964년 아시아 최초로 핵보유국 지위에 진입한 국가다. 1974년 인도는 자국의 독립성을 강화하고 주변 국가들과의 긴장 상황을 의식하여 비밀리에 첫 번째 핵실험을 했다. 1998년 5월, 인도는 새로운 핵실험에 착수함으로써 핵능력 보유를 공식화했다. 그리고 며칠 뒤 이번에는 파키스탄이 핵실험을 강행했다. 파키스탄은 1971년 전쟁을 치르고 방글라데시

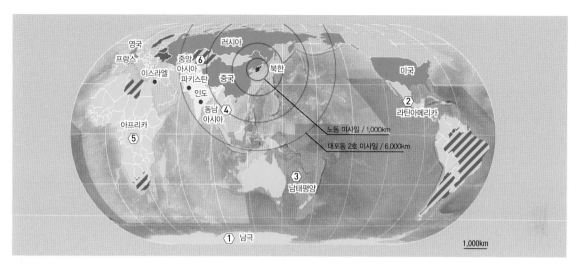

## 세계의 핵무기

- ▨ 공식 핵보유국
- ▢ 핵문턱 국가
- ■ 핵확산국가
- ▨ 군사적 핵 프로그램을 포기한 국가
- ● NPT 비가입국
- ) ) 북한의 미사일 사정거리(추정치)

노동 미사일 / 1,000km
대포동 2호 미사일 / 6,000km

1,000km

## 비핵무기지대를 제정한 조약의 명칭 및 발효 시기

- ■ 비핵무기지대ⁿᵘᶜˡᵉᵃʳ ʷᵉᵃᵖᵒⁿ ᶠʳᵉᵉ ᶻᵒⁿᵉˢ, ᴺᵂᶠᶻ

① 남극 조약, 1961
② 틀라텔롤코 조약, 1969
③ 라로통가 조약(남태평양비핵지대 조약), 1986
④ 방콕 조약, 1997
⑤ 펠린다바 조약, 2009
⑥ 세미팔라틴스크 조약, 2009

와 분리된 이후 군사적으로 우위에 있는 인도에 대응하기 위해 1970년대에 핵 프로그램에 뛰어들었다. 파키스탄 공화국 대통령을 지낸 줄피카르 부토ᶻᵘˡᶠⁱᵏᵃʳ ᴬˡⁱ ᴮʰᵘᵗᵗᵒ는 이렇게 말했다. "핵무기 개발 비용을 대기 위해 풀을 뜯어먹고 살더라도 파키스탄

국민은 핵무기를 갖게 될 것이다." 파키스탄은 중국 및 일부 서구 국가들의 기술 경쟁에서 득을 보았다. 그러나 실제 파키스탄의 핵무기는 파키스탄의 국민적 영웅인 압둘 카디르 칸 박사 덕분에 가능했다고 볼 수 있다. 그는 1976년 자신이 일했던 네덜란드의 한 회사에서 핵무기 제조기술을 빼내왔다. 마지막으로 2006년, 이번에는 북한이 첫 번째 핵실험에 성공했다고 주장했다.

스톡홀름국제평화문제연구소에 따르면 전 세계 핵무기 보유 대수는 핵탄두 약 1만 6,000기에 달한다. 이 무기들은 러시아와 미국(각각 7,800두와 7,400두)을 중심으로 9개국의 핵무기 보유국에 분산되어 있다. 정확한 정보가 부족하기는 하지만 2015년을 기준으로 중국은 핵탄두 260기, 인도는 90~110기, 파키스탄은 100~120기, 북한은 핵폭탄 6~8개를 보유하고 있다. －－－

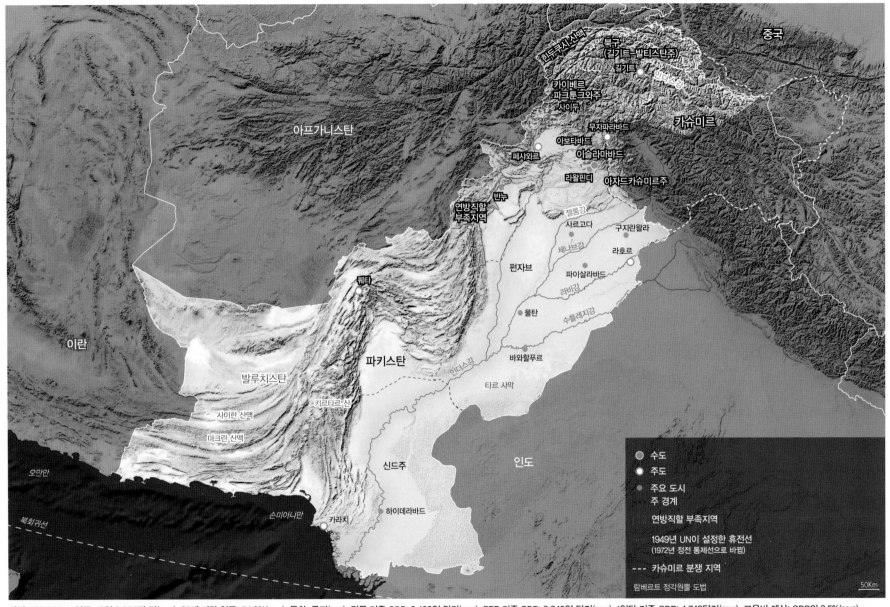

지리의 모든 것

중국

히두쿠시 산맥

북구
(갈기트-발티스탄쥬)
갈기트

인더스강

카이베르
파크툰크와주
사이두

카슈미르

무자파라바드

아프가니스탄

아보타바드

이슬라마바드

페샤와르

라왈핀디

아자드카슈미르주

반누

젤룸강

연방직할
부족지역

사르고다

구지란왈라

체나브강

라호르

퀘타

펀자브

파이살라바드

라비강

물탄

수틀레지강

이란

바와할푸르

발루치스탄

파키스탄

인더스강

타르 사막

키르타르산

사이한 산맥

마크란 산맥

인도

오만만

신드주

● 수도

◉ 주도

● 주요 도시
    주 경계

    연방직할 부족지역

하이데라바드

손미아니만

카라치

1949년 UN이 설정한 휴전선
(1972년 정전 통제선으로 바뀜)

북회귀선

- - - 카슈미르 분쟁 지역

람베르트 정각원뿔 도법                50Km

면적: 796,095㎢, 인구: 18억 8,900만 명(2015), 25세 미만 인구: 54.9%(2015), 통화: 루피(PKR), 명목 기준 GDP: 2,460억 달러(2014), PPP 기준 GDP: 8,840억 달러(2014), 1인당 기준 GDP: 4,749달러(2014), 교육비 예산: GDP의 2.5%(2013), 국방비 예산: GDP의 3.1%(2014), 1인당 이산화탄소 배출량: 0.9톤(2011)

수시로 뒤바뀌는 외교 동맹과 혼란스러운 지역 분쟁으로 파키스탄은 불안정한 상황이다. 파키스탄의 권력은 정치 계급, 군대, 정보부로 나뉘어 실행되며, 불확실한 모습을 드러낸다.

# 파키스탄의 난제

인도, 중국, 아프가니스탄, 이란에 둘러싸인 파키스탄은 아라비아해로 나아가는 큰 관문이다. 2015년 파키스탄 인구는 1억 8,900만 명으로, 세계 인구 순위 6위를 기록했다. 인구는 해마다 2퍼센트 이상 증가하는데 경제 발전 수준은 낮아 파키스탄은 수많은 사회문제로 어려움을 겪고 있다. 앞으로 저연령 인구 덕분에 파키스탄 경제는 인구배당효과(전체 인구에서 생산가능인구 비율이 증가하면서 경제성장률이 높아지는 현상-옮긴이)를 누리겠지만, 당분간은 남부의 카라치나 동부의 라호르 같은 몇몇 대도시 및 경제 중심지에 발전이 집중됨으로써 인구 증가에 대처하는 사회경제적 대응책의 부재나 저개발 상황에서 발버둥치는 국가 이미지가 굳어질 것이다.

파키스탄의 정치체제는 연방 공화제로 정식 명칭은 파키스탄 이슬람공화국이며, 전체 인구의 96퍼센트가 이슬람교도다(그중 87퍼센트는 수니파). 파키스탄은 행정적으로 주요 언어 분포에 따라 뚜렷하게 나뉘는 펀자브, 신드, 발루치스탄, 카이베르파크툰크와(북서변경 주) 4개 주와 카슈미르 관할 구역으로 구성된다.

파키스탄의 종교적 동질성과 제한된 행정적 구분은 수많은 내부적 취약성을 감추고 있다. 이러한 취약성은 분리주의 운동(발루치스탄), 폭력이 빈번한 구역(북서부 이슬람 단체들), 분쟁 지역(카슈미르)과 관련된다. 그 원인을 1947년 파키스탄-방글라데시 분리로 보는 시각도 있고, 보다 최근에서 그 원인을 찾는 시각도 있다. 그러나 모든 상황이 파키스탄의 불안정함을 조장한 것은 사실이다. 이는 독립 이후 세 차례의 군사 쿠데타(각각 1958, 1977, 1999년)와, 독재주의와 민주주의가 번갈아 집권한 현상으로 나타난다. 다수의 전문가들은 대내외적으로 파키스탄을 오늘날 이 지역 안보에서 가장 중대한 위협으로 평가한다.

## 폭력적인 분위기

지금의 파키스탄 영토는 오랫동안 영국령 인도의 한 부분이었다. 1947년 8월 15일 영국의 식민 통치가 끝나자 인도와 파키스탄은 영연방 내의 자치령으로 각각 독립했다. 이때 파키스탄은 인도를 사이에 두고 동파키스탄과 서파키스탄으로 나뉘었다. 두 지역은 특히 종교적으로 확연히 구분된다. 두 지역 전체에서 소수인 이슬람교도들은 자신들이 다수를 구성하는 지역에서 자치권 행사를 요구했다. 독립 후 몇 달 뒤인 1947년 11월, 잠무카슈미르의 토후국에서 제1차 인도-파키스탄 전쟁이 발발했다. 이 토후국이 인도에 병합될지 파키스탄에 병합될지 여부는 잠무카슈미르 영주의 선택에 달려 있었다. 그런데 파키스탄 출신 부족민들로 구성된 무장 세력이 잠무카슈미르를 침공하자 영주는 인도에 도움을 요청한다. 이로써 잠무카슈미르는 인도에 합병되고 인도-파키스탄 간 첫 번째 군사 대립이 촉발된다. 전쟁은 1949년 종결되었는데, 잠무카슈미르는 UN이 설정한 휴전선을 사이에 두고 분단되었으며, 분단 상황은 아직도 계속되고 있다.

1965년 8월 제2차 인도-파키스탄 전쟁이 발발했고, 이후 인도가 동파키스탄 독립 전쟁에 개입함으로써 1971년 12월 제3차 인도-파키스탄 전쟁이 일어났다. 그 결과 동파키스탄은 방글라데시로 독립한다. 이후 두 나라는 두 차례의 새로운 위기를 빌미로 대치한다. 1999년에는 카르길에서 전투가 벌어졌고, 2001~2002년에는 1949년 카슈미르에 설정된 휴전선(이후 정전 통제선으로 교체됨) 경계에 양국이 군대를 배치했다. 그전에 파키스탄 정보부대가 지원하는 분리주의 운동 세력이 인도를 공격한 사건도 있다. 이 두 공격과 앞선 공격들의 큰 차이는 1998년 이후 핵무기 보유를 통제하는 NPT에 가입하지 않은 상태에서 인도와 파키스탄 양국이 핵무기를 보유하고 있다는 점이다.

## 이슬람이라는 함정

파키스탄의 군사 기조를 결정짓는 인도와의 외적 대립에서도 파키스탄 폭력 사태는 당국의 지역 정책을 위해 무장 이슬람 운동을 이용하는 양상을 띤다. 이러한 정치적 전략은 아프가니스탄과 카슈미르에서 표출되지만, 파키스탄 내에서 일어나는 정치적·사회적 변화에도 영향을 미친다. 이것이 파키스탄과 주변 지역의 불안정을 야기하는 잠재적 원인이자 실질적인 위험으로 나타나기 때문이다. 이슬람 단체들을 겨냥한 이러한 전략은 서쪽의 아프가니스탄에서 시작되었다. 1979년 소련의 아프가니스탄 침공 이

지정학의 모든 것

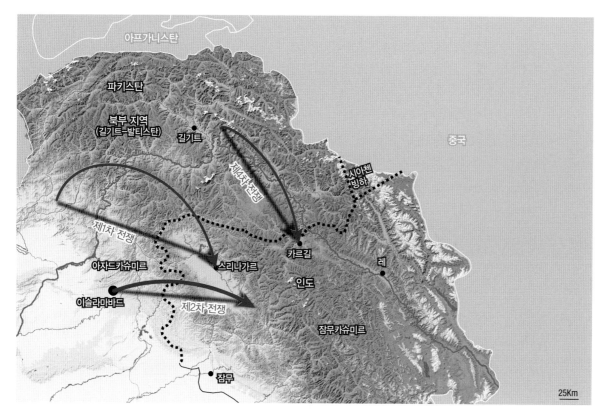

아프가니스탄

파키스탄

북부 지역
(길기트-발티스탄)

길기트

중국

제3차 전쟁

시아첸
빙하

제1차 전쟁

아자드카슈미르

카르길

레

스리나가르

이슬라마바드

인도

제2차 전쟁

잠무카슈미르

잠무

25Km

### ◀ 핵 확산을 막아라

인도와 파키스탄이 핵무기를 사용할 수 있게 되면서 핵무기 확산의 위험성이 증가하자, 양국의 전략가들은 자국의 군사적 기조를 재표명하기에 이르렀다. 전략적 측면에서 인도는 2004년 '콜드 스타트Cold Start' 작전을 채택했다. 이 작전은 파키스탄이 인도에 테러 공격을 해올 경우, 인도군이 파키스탄 영토로 들어가 거점에서 반경 80킬로미터 내의 지역을 장악한다는 공격 목표를 담고 있다. 이 공세는 파키스탄의 의사 결정 과정을 포착하고 핵 확산 위험을 무력화하기 위한 것이다. 한편 파키스탄 측에서는 이러한 위협에 대응하기 위해 파키스탄군이 전술적 핵무기를 개발하는 방안을 선택했다.

**인도-파키스탄 간 분쟁의 재발**

•••• 휴전선(1949)

➡ 파키스탄의 인도령 카슈미르 침략

---

후 파키스탄은 동맹국 미국의 반反소련 투쟁을 지지하면서 아프가니스탄의 이슬람반군 조직인 무자헤딘을 지원한다. 이러한 원조로 양국 간 국경 일부 구역의 수비는 점점 허술해졌으며, 덕분에 무자헤딘 조직원들은 이 지역을 비교적 쉽게 통과할 수 있었다. 또한 파키스탄 군대와 일부 아프가니스탄 근본주의 단체들은 몇몇 지역에서 유대감을 강화해나갔다. 이러한 이유로 1996년 탈레반은 아프가니스탄의 수도인 카불과 나머지 지역들을 점령했을 때 파키스탄 군대와 비밀 정보 부대로부터 자금 지원과 물질적 원조를 받을 수 있었다.

북동부의 인도령 카슈미르에서는 1989년 스리나가르 계곡에서 발생한 반反인도 반란에 파키스탄 당국이 개입함으로써 라슈카르 에 타이바 같은 이슬람 조직이 탄생했다. 조직의 목적은 1949년에 설정된 휴전선 너머로 조직원들을 침투시킬 경로를 확보함으로써 인도에 대항한 파키스탄 투쟁을 지원하는 것이었다. 이 침투 전략은 1999년 양국 간 카르길 전투의 도화선이 되었으며, 이 전투는 해발 고도 약 5,000미터 높이에 있는 카슈미르에서 치러졌다. 2001년 9월 11일 테러 이후 미국의 오랜 동맹이었던 파키스탄은 전략을 수정하고 노선을 명확히 해야 할 상황에

놓였다. 2001년 10월 7일 (미국의) 아프가니스탄 개입이 시작되고 몇 주 뒤, 서방 세계와 동맹을 맺은 북부동맹(탈레반 정권에 대항하는 아프가니스탄의 7개 분파가 1997년 결성한 정치·군사조직. 정식 명칭은 '아프가니스탄 구국 이슬람 통일전선'이다—옮긴이)이 카불에 입성하자 파키스탄 당국은 탈레반 정권 지원을 공식 중단했다. 그러나 이러한 조치도 파키스탄의 대통령 페르베즈 무샤라프와 행정부 내 타 기관들의 지속적인 이중적 행태를 막지는 못했다. 즉 테러리즘과 알카에다에 맞서 싸우는 한편, 탈레반에 대한 자신들의 영향력을 유지하는 것이다.

**범례**

— 듀랜드 라인(1893), 파키스탄-아프가니스탄 국경
　 파슈툰족 주요 거주지
　 카이베르 고개
　 주요 아편 생산 지역
● 오사마 빈라덴 사망 장소(2011년 5월 2일)

　 연방직할 부족지역

1 - 카이베르구　　5 - 바자우르구
2 - 쿠람구　　　　6 - 북와지리스탄구
3 - 오라크자이구　7 - 남와지리스탄구
4 - 모흐만드구

**2015년 9월 현재 탈레반 점유 지역**
　 탈레반 통제 지역(아프간) 및 거점(파키스탄)
　 탈레반 통제 지역(아프간) 및 점유 지역(파키스탄)

**이슬람국가$^{IS}$ 점유 지역**
　 2015년 9월 현재 통제 지역

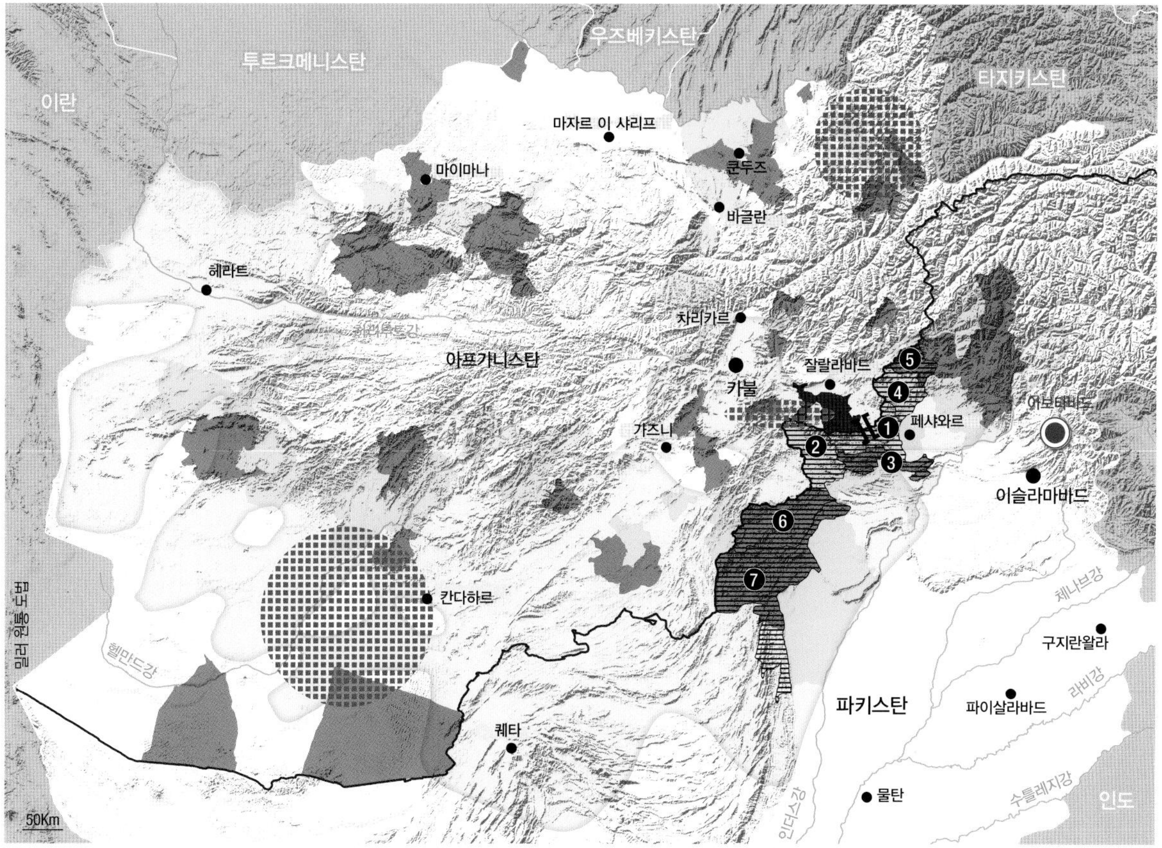

2004년 이후 이슬람 단체들과 파키스탄 군대의 대립은 첨예화되었고, 2007년에는 파키스탄 서부의 연방직할 부족지역을 중심으로 한 13개의 무장 이슬람 단체가 파키스탄 탈레반을 조직했다. 남와지리스탄에 근거지를 둔 이 단체는 특히 북와지리스탄의 연방직할 부족지역에 있는 아프가니스탄 탈레반, 즉 알카에다와 밀접한 관계를 맺었다. 한때 파키스탄 정부의 도구로 쓰였던 이슬람 무장단체는 점차 후원자로부터 떨어져 나와 파키스탄의 '탈레반화'를 열어나갔다.

## ▲ 아프팍, 연방직할 부족지역의 심장부로 침투하다

2003년부터 파키스탄 군대는 미국의 압박으로 파키스탄 연방직할 부족지역에 개입한다. 파키스탄 북서부에 위치한 이 행정구역은 다시 7개의 '부족지역'과 6개의 '변경지역'으로 나뉜다. 면적은 2만 7,000제곱킬로미터에 달하며, 대략 350만 명의 인구는 대부분 파슈툰 부족에 속한다. 산악지대에 위치하여 파키스탄 당국의 관례에서 벗어나 있기 때문에 이 지역은 아프가니스탄으로 도주하는 탈레반에게는 이상적인 은신처를 제공한다. 이곳에 있는 카이베르 고개는 파키스탄과 아프가니스탄을 오가는 중요한 통로 가운데 하나다. 2009년 새로 취임한 오바마 정부는 아프가니스탄-파키스탄(아프팍$^{AfPak}$)으로 연결되는 지역을 미국의 전략 중심으로 수정하겠다는 결정을 내렸다. 탈레반이 듀랜드 라인으로 설정된 국경을 사이에 두고 두 나라에서 활동하기 때문에 미국은 이 두 나라를 공통 수단으로 보지 않으면 안 된다. 오사마 빈라덴은 2011년 파키스탄의 '아보타바드'라는 한 도시에 숨어 있다가 사살되었다. 이 사건으로 파키스탄 당국의 암묵적 공조 관계가 다시금 문제시되었다. 오늘날까지도 이 부족지역은 파키스탄 소속이든 아프가니스탄 소속이든 여전히 탈레반 무장 세력에게 물자를 보급하는 주요 중계 지점이자 은신처다. 2014년 6월 이후 파키스탄 군대는 북와지리스탄에 집중적으로 대규모 공세를 이어가고 있다.

참조: 89쪽 카슈미르, 산마루의 전쟁, 131쪽 정계의 여성들

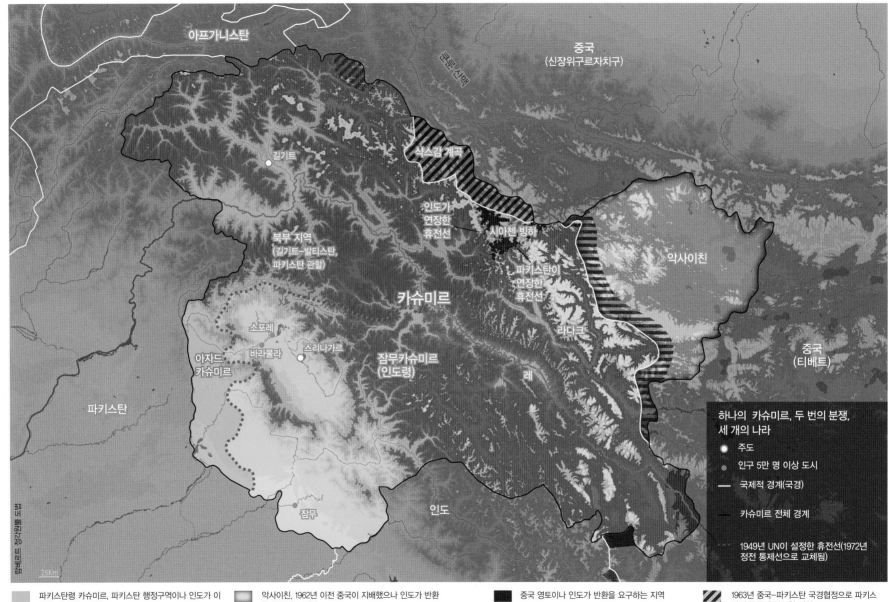

아프가니스탄

중국
(신장위구르자치구)

쿤룬 산맥

샥스감 계곡

길기트

인도가
연장한
휴전선

시아첸 빙하

악사이친

북부 지역
(길기트-발티스탄,
파키스탄 관할)

파키스탄이
연장한
휴전선

카슈미르

라다크

소포레

스리나가르

바라물라

잠무카슈미르
(인도령)

레

아자드
카슈미르

중국
(티베트)

파키스탄

하나의 카슈미르, 두 번의 분쟁,
세 개의 나라

● 주도
● 인구 5만 명 이상 도시

── 국제적 경계(국경)

━━ 카슈미르 전체 경계

잠무

인도

1949년 UN이 설정한 휴전선(1972년
정전 통제선으로 교체됨)

25km

파키스탄령 카슈미르, 파키스탄 행정구역이나 인도가 이의를 제기하는 지역

인도령 카슈미르, 인도 행정구역이나 파키스탄이 이의를 제기하는 지역

악사이친, 1962년 이전 중국이 지배했으나 인도가 반환을 요구하는 지역

1962년 인도-중국 간 분쟁으로 중국이 점령했으나 인도가 반환을 요구하는 지역

중국 영토이나 인도가 반환을 요구하는 지역

인도가 지배하고 있으나 중국이 반환을 요구하는 지역

1963년 중국-파키스탄 국경협정으로 파키스탄이 중국에 양도한 지역

1963년 중국-파키스탄 국경협정으로 중국이 파키스탄에 양도한 지역

히말라야의 하얀 능선이 만드는 수평선을 따라 해발 4,000미터가 넘는 높이에 위치한 카슈미르에는 인도, 파키스탄, 중국 군대가 서로 맞서고 있다. 아시아에서 가장 오래된 분쟁이 바로 이곳에서 벌어지고 있다. 이제 그 분쟁은 한 번으로 끝나지 않을 것이다.

# 카슈미르,
# 산마루의 전쟁

카슈미르는 여러 산지 지형이 교차하는 지점에 위치한다. 동쪽에는 히말라야 산맥, 서쪽에는 힌두쿠시 산맥이 있고, 북쪽으로는 파미르 고원과 카라코람 산맥이 인도와 중국 아대륙 사이에 방벽처럼 세워져 있다. 이 지역은 거대한 담수 저수지로서 인더스강을 관통하여 남아시아, 특히 파키스탄에 물을 공급한다. 카슈미르 주민 대부분은 이슬람교도이나 이곳의 종교 구성은 복잡하다. 특히 인구밀도가 매우 높은 스리나가르 계곡은 이슬람 수니파가, 북서부의 산악지대는 이슬람 시아파가 점유하고 있다. 티베트 고원으로 이어지는 라다크에는 다수의 불교 공동체가, 남쪽의 잠무 평원에는 힌두교도가 있다.

인도, 파키스탄, 중국 세 나라가 얽히고설킨 지정학적 야욕은 점점 정체성의 문제로 변모했다. 인도-파키스탄 분쟁은 1947년 영연방 자치령 인도의 분할에서 비롯된 정치 및 영토 분쟁이 주요 원인이며, 이 지역의 지정학적 쟁점들을 좌지우지한다. 복잡하게 전개되어 해결책을 찾기 어려운 이 분쟁은 인도-파키스탄 관계에 지속적인 영향을 미친다. 양국 관계는 서쪽에서는 아프가니스탄의 동향에 의해, 동쪽에서는 중국의 태도에 의해 동요되기도 한다.

## 1949년

1947년 분할되기 이전의 영국령 인도는 식민지 거주 영국인들이 직접 통치하는 직할령과, 토후국이라 불리는 간접 통치 지역으로 구성되었다. 토후국(혹은 번왕국)이란 지역 제후(혹은 번왕)가 사회 및 정치 질서를 지배하는 군주국을 말한다. 인도 북부 접경지대에 위치한 잠무카슈미르의 토후국도 이 체제를 따랐다. 1846년에 영국은 이 영토를 잠무의 힌두교도 제후인 하리 싱에게 양도한다. 분할 직전의 잠무카슈미르는 주민 대다수가 이슬람교도였고, 그들을 다스리는 제후는 힌두교도였다. 1947년 영국이 인도에서 철수할 당시, 잠무카슈미르는 인도와 파키스탄 둘 중 어디에 귀속될지 여부를 제후의 결정에 맡겼다. 제후의 결정이 늦어지면서 역사적으로 연쇄적인 결과들이 나타났다. 상황이 이러하자 파키스탄은 북서부 접경지대의 무장 부족 세력을 파견했고, 스리나가르 계곡 쪽으로는 파키스탄 정규부대를 배치하여 이 지역을 포위했다. 파키스탄 병력에 맞서 잠무카슈미르의 제후는 인도에 도움을 요청했다. 독립국 인도의 새 정부는 잠무카슈미르 토후국을 인도 연방에 귀속한다는 조건으로 병력을 지원했고, 1947년 10월 26일에 이러한 상황이 공식화된다. 인도군은 파키스탄 부대를 격퇴했으나, 1947년 11월 이후부터는 파키스탄군이 양국 간 군사적 대립으로 상황을 몰고 감으로써, 제1차 인도-파키스탄 전쟁이 발발한다. 이 전쟁은 1949년 1월 1일 잠무카슈미르 토후국의 분할로 막을 내린다. UN은 이곳에 휴전선을 설정하고, 잠무카슈미르는 각각 인도령과 파키스탄령으로 분할된다. 스리나가르 계곡 및 옛 토후국의 역사적 중심지를 포함하여 이 지역의 3분의 2가 인도령이 되고, 나머지 3분의 1은 파키스탄령이 된다.

UN이 설정한 이 경계선은 오늘날에도 여전히 유효하다. 그러나 라다크 북부 지역은 경계가 불명확하며, 지형 및 고도, 거주민 부재 등으로 경계선이 소용없다는 판단도 존재한다. 또한 당사자들이 자신들의 이익과 자체 해석에 따라 일방적으로 시아첸 빙하 양측을 따라 이 경계선을 연장하면서 해발 5,000미터 이상 높이의 시아첸 빙하를 둘러싸고 새로운 긴장이 감돌게 되었다. 이 휴전선은 인도, 파키스탄, 중국이 각각 주장하는 국경으로 바뀌지 않았고, 갈등과 대립은 1965년 이후부터 1971년, 1999년에 이어 2001~2002년에도 계속되고 있다. 인도와 파키스탄은 양국 간 평화조약을 맺은 바 없으며, 상징적인 도전이자 동일한 정서를 담고 있는 양국의 요구사항은 60년 전이나 지금이나 별로 달라진 것이 없다. 이런 맥락에서 국경을 사이에 둔 인도와 파키스탄 둘 중 어느 정부도, 자국 역사에 이 지역을 포기한 책임자로 기록되기를 원치 않는다.

## 세 번째 주자 중국

카슈미르 지역 분쟁의 세 번째 주자인 중국의 등장으로 이 지역의 적대적 상황은 더욱 복잡해졌다. 인도는 독립 이후

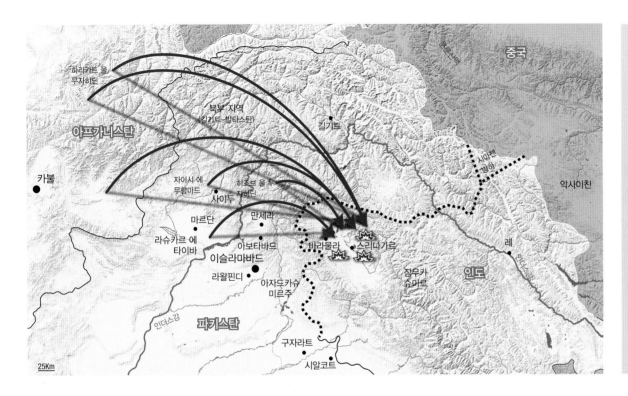

## ◀ 아프가니스탄에서 카슈미르까지 : 폭력 사태의 도입

인도 헌법 제370조에 의거하여 자결권을 인정받은 잠무카슈미르 주는 현재 오마르 압둘라가 주지사를 맡고 있다. 그는 잠무카슈미르 국민회의 소속으로, 이 단체는 1939년 창설된 역사적 지역 정당이자 온건파 분리주의 운동을 지향한다. 1990년대에 수많은 정치 운동과 급진적 무장 단체들이 나타났고, 여기에 잠무카슈미르 자치나 독립을 주장하는 분파뿐 아니라 파키스탄 편입을 요구하는 분파도 있다. 1989년부터 스리나가르 계곡의 수많은 카슈미르 주민들은 인도식 통치나 군대 등 인도 점령에 맞서 전투에 돌입했다. 파키스탄의 지원을 받는 분리주의 운동들은 아프가니스탄 부근에서도 원조를 받았다. 1993년 이후에는 이곳을 공격하기 위해 정전 통제선을 넘어온 근본주의 무장 세력들이 유입되어 점차 카슈미르 게릴라에 합류하기 시작했다. 이들은 주로 파키스탄에 근거지를 둔 급진적 이슬람 단체에 소속되어 있으며, 단체원은 이슬람 종교 학교인 마드라사에서 모집하거나 아프가니스탄에서 온 전투원으로 충당한다. 이들의 목적은 인도령 카슈미르에서 지하드를 수행하여 이곳을 파키스탄에 편입시키는 것이다.

---

중국과 화해를 모색해왔다. 반면 마오쩌둥의 중화인민공화국은 1962년 10월 20일 히말라야 고지대에서 인도를 침공하고, 더불어 인도 동부와 아루나찰프라데시에도 군사 개입을 시도한다. 인도군은 전투 준비가 미흡했고 특히 고지대에서는 더 취약했기 때문에, 중국군은 이에 맞서 별 어려움 없이 인도 영토인 악사이친을 침략한다. 1962년 11월 20일 양국 간 휴전이 체결되자, 중국군은 점령한 영토의 일부에서만 철수했다. 이로써 인도는 단시간 내에 군사적으로 패배했을 뿐 아니라, 카슈미르 일부를 빼앗기는 굴욕을 당했다. 오늘날 중국은 동부의 악사이친, 남동부 일부, 북부의 샥스감 계곡 고지대 등 1962년 당시 점령한 영토 전체의 실효지배를 주장한다.

### 국제 폭력 사태

![icon] 이슬람 급진주의 운동의 공격 및 테러를 수차례 겪은 지역

➜ 국외에서 특히 카슈미르를 대상으로 행해지는 주요 이슬람 운동

악사이친과 관련하여 인더스강 너머의 잠무카슈미르 토후국 경계를 공식 결정하는 문제를 두고 중국과 영국은 협정을 체결한 적이 없다. 따라서 1947년 영국이 인도에서 떠난 이후 중국 당국은 카슈미르 극동 지역을 자국에 귀속시켜야 한다고 판단했다. 사막과 고원으로 이루어진 이 지역은 중국에 전략상 매우 중요한 도로가 지나며, 중국이 아주 민감하게 생각하는 티베트와 신장위구르 쪽으로 돌

출되어 있다. 이 두 자치구는 중국의 중앙 권력, 즉 이 지역 뒷단속에 여념이 없는 중국 당국에 반대하는 강력한 움직임이 일고 있는 현장이다.

중국의 이러한 주장에 파키스탄은 거의 이의를 제기하지 않는다. 중국과 파키스탄은 1963년에 조약을 체결하여 이 지역 영토들을 서로 양도한 바 있다. 반면 인도 쪽에서는 중국을 단호하게 비난하는 상황이다. 카슈미르는 이제 아시아 양대국 간 분쟁의 주요 원인이 되었다. 이는 중국군이 해발 5,000미터에 위치한 인도 영토를 공격함으로써 반복되는 인도 당국의 긴장과 비난으로 표출된다.

참조: 47쪽 인도, 모순들의 불안정한 균형. 93쪽 물의 전쟁

# 스리랑카 전쟁의 종식

━ ━ ━ 2009년 5월 17일, 스리랑카의 반군단체인 타밀엘람 해방호랑이LTTE 소속 타밀 게릴라들은 스리랑카에서의 전쟁을 끝낸다고 발표했다. 2005년 대통령에 당선된 강경파 민족주의 성향의 마힌다 라자팍사Mahinda Rajapaksa는 5월 19일 분리주의 '테러리스트'들에 대한 정부군의 승리를 선언했다. 이로써 1980년대 초에 시작된 내전이 종식되었다. 이 전쟁에서 대략 10만 명이 사망하거나 실종되었고, 26만 명 이상이 실향민이 되었다.

스리랑카의 주민은 다수의 싱할라족(주로 불교도)이 지배계층이고, 타밀족(주로 힌두교도)이 소수를 차지하며, 이 밖에도 종교적으로 이슬람교도와 기독교도로 구성된다. 분쟁은 주로 싱할라족과 타밀족의 대립 관계 속에 뿌리를 내려, 1948년 스리랑카가 영국으로부터 독립한 이후에도 계속해서 뻗어나갔다. 타밀 소수민족(전체 인구의 18퍼센트)은 역사적으로 원래부터 스리랑카섬에 살고 있었고(다수를 차지했다), 나중에 인도 타밀인이 들어온다. 이들은 영국 식민지 시대에 식민지 경영자들이 차 플랜테이션을 시작했을 때 인도로부터 타밀족 노동자를 이주시키면서 스리랑카로 흘러들어왔다. 1972년 제헌국회가 새 헌법을 채택해 국명을 실론Ceylon에서 스리랑카 민주사회주의공화국Democratic Socialist Republic of Sri Lanka으로 바꾸면서 분쟁이 가속화되었다. 새 기본법은 소수민족인 타밀족에 대한 차별 정책을 신설했고 불교를 국교로 정했으며, 교육 및 공무원 진출에서도 타밀족을 배제하는 등 타밀족의 정치적 표현을 침해했다. 이러한 이유로 1972년 타밀호랑이들이 활동을 개시했고, 1976년

에 타밀엘람 해방호랑이LTTE로 명칭을 바꾸었다.

타밀족 분쟁은 1983년 7월부터 본격화되었다. 싱할라족 사람들이 반反타밀 운동을 벌이며 타밀족을 박해하자, 이에 대한 보복으로 타밀호랑이들이 정부군을 살해한 것이다. 타밀호랑이들의 분리주의 운동은 곧 다른 운동보다 우세해졌고, 스리랑카 섬 북부 및 동부에 타밀 독립국(이람 독립국State of Eelam)의 창설을 주장하기에 이른다.

1990년대 초반 이 분쟁은 새로운 국면에 접어든다. 1991년 5월 21일 인도의 타밀나두주에서 LTTE의 소행으로 추정되는 공격으로 인도 전 총리인 라지브 간디Rajiv Gandhi(자와할랄 네루의 손자이자, 인디라 간디의 장남—옮긴이)가 암살당한 것이다. 또 1993년 5월 1일에는 스리랑카의 프레마다사 대통령을 암살했다. 2008년 타밀호랑이가 스리랑카의 여러 지역을 장악하자 스리랑카 정부는 대공세를 펼쳐 분리주의 게릴라들을 소탕했다. 그 결과 LTTE 창설자이자 최고 지도자인 벨루필라이 프라바카란Velupillai Prabhakaran이 사망하고 조직의 다른 간부들도 목숨을 잃었다. LTTE로부터 수탈당한 희생자들과 폭력에 시달리던 수만 명의 민간인들은 살던 곳으로 다시 돌아왔다. 이후 스리랑카 내 사회 공동체들의 화합은 더욱 어려워졌다.

지역적 차원에서 중국과 친밀했던 스리랑카는 최근 인도와 더 가까워졌다. 2015년 3월 새로 선출된 스리랑카 대통령 마이트리팔라 시리세나는 인도 총리 나렌드라 모디를 초청했다. 스리랑카의 신임 대통령은 전임 대통령인 마힌다 라자팍사의 친중국 정책과 단절했으며, 나렌드라 모디는 28년 만에 정부 수반으로서는 처음으로 스리랑카를 방문했다. ━ ━ ━

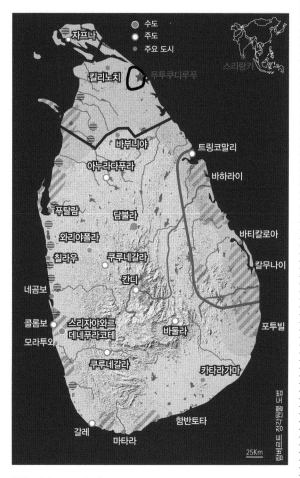

▨ 타밀족 주요 거주지
▨ 싱할라족 주요 거주지
▨ 이슬람교도
▨ 기독교 공동체
▬ 2006~2007년까지 LTTE가 부분적으로 장악한 지역
▬ 2008년 7월까지 LTTE가 장악한 지역
▬ 2009년 3월까지 LTTE가 장악한 지역
 2009년 4~5월의 마지막 전투, 내전 종식

앙가라강

레나강

알단강

토볼강

오브강

예니세이강

오호츠크해

우랄강

이르티시강

우브스호

바이칼호

헤이룽강

발하슈호

싱카이호

아랄해

시르다리아강

이식쿨호

두만강

아무다리아강

타림강

동해

인더스강

칭하이호

황하

황해

메콩강

수틀레지강

살윈강

양쯔강

동중국해

브라마푸트라강

갠지스강

이라와디강

서강

나르마다강

시탕강

루손해협

오만해

벵골만

태평양

크리슈나강

살윈강

필리핀해

차오프라야강

톤레삽호

남중국해

인도양

안다만해

남중국해

시암만

래카디브해

국경 없는 강

250km

메콩강, 브라마푸트라강, 갠지스강, 인더스강 등 아시아의 강들은 국경을 넘어 흐르면서 수억 명 아시아인들의 삶을 지탱하고 있다. 오늘날 결정적인 중요성을 갖게 된 공공재를 둘러싼 경쟁과 협력은 일부 국가들이 일방적으로 수자원을 독점하느냐 아니면 공정하게 공유하느냐에 달려 있다.

# 물의 전쟁

한 국가와 그 국민들이 농업, 산업 혹은 가정용으로 사용하는 수자원은 그 수원이 이웃 국가의 영토에 있는 경우가 많다. 전 세계에는 국경을 가로지르는 유역이 263개 있으며, 145개국이 강이나 대수층帶水層 등의 유역을 영토상 공유한다. 한 국가에서 사용 가능한 수자원은 관례적으로 그 국가의 영토 내에 현재 축적된 물의 양으로 측정한다. 하지만 수자원은 국가의 경계를 넘나드는 초국가적 자원의 형태로 표현된다는 특징이 있다. 그리고 한 국가의 수자원 사용은 다른 한 국가나 여러 국가에 민감하게 영향을 미치는 경우가 많다. 따라서 하천의 상류나 하류에 위치한 국가들은 다른 국가들과 상호 의존적인 상황에 놓이게 된다. 국가들의 관계는 때에 따라 종속적으로 변모할 수도 있다. 가령 상류에 위치한 국가가 하류에 위치한 국가와 그 주민들에게 미칠 영향을 고려하

지 않은 채 일방적으로 자원을 다룰 때 그러하다. 이런 점에서 수력발전용 댐 개발 같은 대규모 계획들은 주변국들의 물 사용에 민감하게 영향을 미칠 수 있고, 엄청난 환경 피해를 일으킬 가능성도 있다. 따라서 국가 간 협의 없이 수자원을 개발할 경우 갈등의 원인이 될 수 있다.

아시아 대륙도 예외는 아니다. 특히 사실상 급수탑 역할을 하는 히말라야가 그러하다. 브라마푸트라강, 인더스강, 메콩강, 양쯔강 등의 수원도 바로 이곳에 있는데, 대부분 중국 지배하의 티베트 지역인 경우가 많다. 이 강들은 히말라야에서 발원하여 여러 나라를 거쳐 흐르면서 수백 만 명에게 중요한 수자원으로 사용된다. 이렇듯 물의 지역적 지정학을 살펴보면, 중국은 여기에서도 물의 지리적 위치와 물 관련 정책들을 통해 중요한 위상을 차지한다. 수자원 공유와 관련된 지역적 안정성 혹은 불안정성이 중국의 선택 및 행동에 달려 있기 때문이다. 아시아에서 물 수요는 인구 증가 및 경제성장으로 끊임없이 증가하고 있다. 이는 농산물 수요, 산업 및 에너지 수요의 증가를 뜻하므로, 수자원 독점은 향후 수십 년 동안 아시아의 주요한 지정학 및 안보 차원의 문제가 될 가능성이 있다.

법적으로 'UN 다국적 수로 협약UNWC'이 1997년 5월 21일 뉴욕에서 발안되었으나, 발효는 한참 뒤에야 이루어졌다. 국제협약으로 발효되려면 35개국 이상의 비준이 필요한데, 2014년 8월 17일 베트남이 35번째 국가로 비준하면서 비로소 협약으로 발효되었다. 조약은 하류에 위치한 국가들의 물 수요를 고려한 하천 사용을 의무화하고 있으나, 중국은 이 협약을 비준하지 않았고 아시아에서는 몇몇 국가만이 비준한 상황이다. 지금까지는 물을 둘러싼 국가 간 긴장 관계가 실질적인 분쟁이나 전쟁으로 번진 경우는 없다. 그러나 우려는 현실로 나타나고 있으며, 강 유역에

면한 국가들의 행동을 다른 국가들이 면밀히 주시하는 상황이다. 따라서 현재는 국가 간 물의 공평한 관리와 사용을 위해 협력과 조약 체결이 무엇보다 우선시된다.

## 인도와 파키스탄, 인더스강에서 협력 가능성을 모색하다

총 길이 3,180킬로미터의 인더스강은 인도 국경 부근 티베트의 히말라야 산맥에서 발원하여, 인도령 카슈미르를 지나 파키스탄의 펀자브주로 흐른다. 거기서 신드주로 이어지며, 비로소 카라치 남쪽의 아라비아해로 흘러들어간다. 인도와 파키스탄 양국 간에는 인도가 인더스강의 몇몇 지류에 댐 건설 계획을 세우면서 분쟁이 주기적으로 발생했다. 1947년 독립 이후 인도가 인더스강 상류를 관할했기 때문에, 이후 파키스탄은 늘 강 상류의 유량 감소를 우려해왔다. 상류의 유량은 관개용수뿐 아니라 대도시의 물 공급에도 영향을 미치기 때문이다. 파키스탄은 사실상 전체 자원의 76퍼센트 이상을 수자원에 의존하는 실정이다. 인도와 파키스탄 양국은 1960년에 인더스강 조약을 맺었고, 이때 인더스강 상설위원회도 탄생했다. 인더스강 조약은 세 차례의 인도-파키스탄 전쟁에도 파기되지 않고 지속되었다. 이 조약은 수자원 공유와 관련된 양국의 협력과 문제 해결을 위한 수단이다. 지금까지는 성공적 역할을 수행해왔으나 이 협약에는 사실상 취약점이 있다. 특히 중국이 강 상류의 티베트에서 수력 개발 계획을 추진하고 있기 때문이다. 이 계획들은 인도가 라다크에서 진행하는 수자원 개발 계획에도 영향을 미치며, 파키스탄의 물 공급량을 감소시킬 수 있다.

## 물 분쟁을 겪고 있는 대륙 ▶

수자원을 일방적으로 개발함으로써 다른 국가들과 긴장을 조성하는 나라가 비단 중국만 있는 것은 아니다. 인도 역시 정작 자신은 중국 때문에 어려움을 겪으면서 네팔로부터는 비난을 사고 있다. 인도가 홍수를 줄이기 위해 북쪽의 물을 남쪽으로 옮기려는 무지막지한 계획을 펴고 있기 때문이다. 네팔은 이러한 개발 때문에 발생할 홍수의 희생양이 되지 않을까 두려워하고 있다. 남아시아의 경우 수자원의 공정한 공유를 보장하는 임무를 맡은 기구가 존재함에도, 동남아시아와 마찬가지로 국가 간 협력 관계가 공고하지 못한 상황이다.

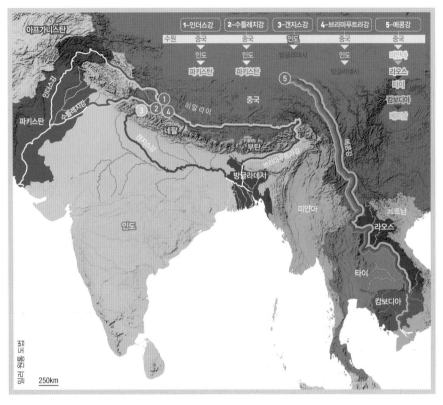

```
1-인더스강  2-수틀레지강  3-갠지스강  4-브라마푸트라강  5-메콩강
수원  중국      중국      인도      중국      중국
      인도      인도      방글라데시  인도      미얀마
      파키스탄   파키스탄   방글라데시          라오스
                                            타이
                                            캄보디아
                                            베트남
250km
```

### 인도와 방글라데시, 갠지스강에서 공생의 길을 찾다

총 길이 2,510킬로미터의 갠지스강은 인도에 있는 7개의 신성한 강 가운데 하나이자, 가장 오염이 심한 강이기도 하다. 갠지스강 본류는 인도 북부에서 시작하여, 히말라야 및 인도의 여러 산지에서 발원한 다른 지류들과 합류한다. 갠지스강은 인도 북동부를 가로질러 흐르기 때문에 이 물줄기가 지나는 곳을 인도-갠지스 평원(혹은 힌두스탄 평원)이라 부른다. 평원을 지나 방글라데시 동쪽으로 흘러들어가는 물줄기는 더 남쪽에서 브라마푸트라강과 합류한 뒤 거대한 삼각주를 형성하면서 벵골만으로 유입된다. 1996년

### 히말라야, 아시아의 급수탑

- 물 분쟁의 중심에 있는 중국
- 하나의 물줄기가 관류하는 나라들

12월, 인도와 방글라데시 양국 관계에서 곪았던 분쟁이 마침내 출구를 찾는다. 양국 분쟁은 물과 관련한 광범위한 시도들에 대응하는 과정에서 시작되었다. 한 국가, 즉 하류의 방글라데시는 상류에 위치한 국가의 행위 때문에 자국의 영토를 흐르는 갠지스강의 유량 및 수질을 통제할 방법이 없었다. 1960년대에 인도가 파라카 댐 건설에 착수했을 때, 방글라데시는 건기에는 심각한 물 부족을 겪었

고, 장마철에는 홍수로 몸살을 앓았다. 그러나 1996년에 체결된 인더스강 조약은 유량을 정확한 방법으로 조절하여, 방글라데시도 혜택을 입을 수 있게 되었다.

### 브라마푸트라강, 미래의 중국-인도 분쟁과 티베트

총 길이 2,900킬로미터의 브라마푸트라강은 티베트에서 발원하여 중국을 가로질러 인도 및 방글라데시까지 흐른다. 이 강의 공유 문제는, 특히 중국이 브라마푸트라강 개발 관련 정보를 전혀 공개하지 않고 있어, 앞으로 아시아에서 가장 심각한 분쟁으로 번질 수 있다. 중국이 브라마푸트라강 상류에 댐을 만들어 물길을 돌리려 하자, 인도와의 마찰이 불가피해진 것이다. 물 관련 문제들은 양국 모두에 매우 커다란 중대성을 가질 수밖에 없다. (갠지스강의 일부 지류들은 제외하고) 인도 강들의 본류는 대개 티베트에서 발원한다. 그런데 중국은 티베트 고원에서 발원하는 여러 유역들의 방대한 물을 특히 물 부족이 심한 황허 쪽으로 돌리려 한다. 이미 어느 정도 진행 중인 이러한 수력 개발은 인도와 방글라데시 국경을 관류하는 강의 유량에 영향을 미칠 것이고, 인명을 해치는 재난으로 이어질 수도 있다. 이미 2000년대 중반, 중국이 자국의 활동에 대해 말도 없이 일방적인 행동을 취하는 바람에 인도가 큰 피해를 입었다. 중국이 수틀레지강 댐을 방류하면서 인도의 히마찰프라데시주에 홍수가 발생한 것이다. 이후 비슷한 재난이 브라마푸트라강과 그 지류에 위치한 아루나찰프라데시주와 아삼주에서도 발생했다. 이 지역에서 물은 점차 외교적 무기로 탈바꿈하고 있다. 언젠가는 물의 지정학을 통해 티베트 지역을 장악하려는 중국의 의지가 드러날 것이다.

## 메콩강 공유 현황

**메콩강을 수자원으로 살아가는 인구 및 지역**(2015, ㎢당 인구수)

150 200 250 300 350

**댐**

⌐ 기존 댐    ⌐ 계획 중인 댐

**위험 지역**(범죄, 분리주의 운동, 홍수 등)

△ 황금의 삼각지대(마약 밀매)

≡ 수력 기반시설 계획으로 홍수를 겪은 지역(2013)

## 메콩강, 동남아시아의 물 주도권을 장악한 중국

메콩강은 해발 5,200미터의 티베트 고원에서 발원하여, 중국 윈난성 쪽으로 흐르며, 중국, 미얀마, 라오스, 타이, 캄보디아, 베트남을 두루 거친다. 총 길이 4,900킬로미터 가운데 2,130킬로미터가 중국을 관통하며, 마지막으로 남중국해로 유입된다. 메콩강은 상메콩과 하메콩 두 개의 커다란 유역으로 나뉜다. 상메콩에서는 중국이 수력전기 개발 중이고, 하메콩에서는 하류 국가들의 주민들(약 6,000만 명)이 이 강에 생존을 기대어 살아간다. 동남아시아 최대의 담수호인 캄보디아의 톤레삽 호수도 메콩강에서 물을 공급받는다. 흔히 캄보디아의 '젖줄'로 알려진 톤레삽 호수는 벼농사에 필요한 저수지 역할을 할 뿐 아니라, 어업에도 중요한 장소다(메콩강 어획량의 3분의 2를 차지함). 마지막으로 좀 더 남쪽의 메콩델타는 베트남에 굉장히 중요하다. 대략 2,000만 명이 모여 사는 이 지역에는 베트남 GDP의 25퍼센트가 집중되어 있고, 베트남 쌀 생산량의 절반

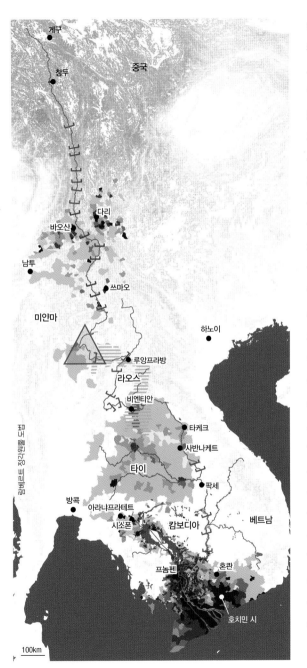

이상이 이곳에서 생산되기 때문이다. 생태학적으로도 메콩강은 아마존 다음으로 세계에서 두 번째로 이 지구상의 생물 다양성을 잘 보존하고 있는 하천이며, 1,300여 종이 넘는 어류가 서식한다. 그런데 이러한 인적, 사회경제적, 환경적 균형들이 굉장한 압박을 받고 있다. 즉 환경오염뿐 아니라 향후 수자원의 과도한 개발 또한 문제다. 인구 증가 및 삶의 질 향상에 따라 담수 및 식량 수요가 증가할 것이기 때문이다. 동시에 에너지 수요 증가를 구실로 일부 국가, 특히 중국은 일방적 수력발전 댐 건설을 추진 중이다. 이러한 난개발은 유량 예측을 어렵게 만들고, 토양을 척박하게 하며, 하류의 해안 침식을 가속화한다.

하천 이용의 공정성을 보장하기 위해 캄보디아, 라오스, 타이, 베트남은 1957년 UN 지원하에 '메콩강하류위원회'를 창설했다. 이 기구는 유역 관련 정보를 교환하고 국가 간 협의하에 댐 건설을 추진한다는 목표를 세웠다. 인도차이나반도를 쑥대밭으로 만든 이념적 대립과 베트남전쟁에도 위원회는 폐지되지 않았다. 그리고 1995년 '메콩강위원회'라는 국제기구로 재탄생해 과거 메콩강하류위원회를 구성했던 국가들이 다시 모였다. 메콩강위원회는 각국 간 힘의 관계와 다양한 이해를 배제하지 않고 일부 댐건설 계획을 이행하도록 인솔하는 역할을 한다. 또한 하천의 공정한 이용을 보장하기 위해 노력하며, 일부 국가들이 일방적 행동을 하지 못하게 유도한다. 이 모든 타협들은, 최근 지구온난화가 히말라야 빙하의 용융에 영향을 미칠 거라는 가설이 수력발전 시설의 건설을 압박하는 상황에서 전개되었다. 히말라야 빙하의 용융이 미래에 수자원 공유와 사용 가능성에 어떤 영향을 미칠지는 아무도 예측할 수 없다.

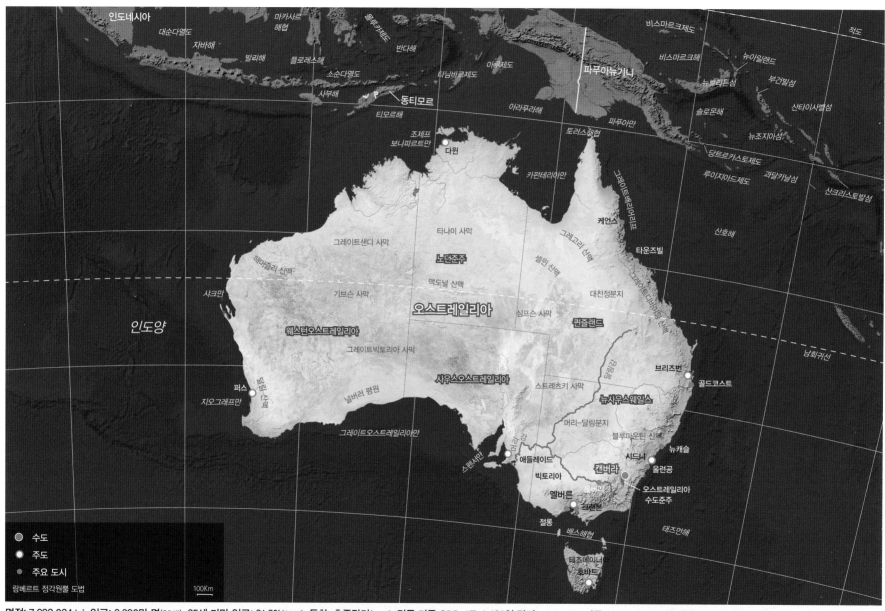

### 지도 범례

- ● 수도
- ○ 주도
- ○ 주요 도시

람베르트 정각원뿔 도법          100Km

**인도네시아**

대순다열도
자바해
발리해          플로레스해
소순다열도          타닝바르제도
사부해          **동티모르**
티모르해

마카사르
해협
반다해
아루제도
아라푸라해

비스마르크제도
비스마르크해          **뉴아일랜드**
뉴브리튼섬          부건빌섬
산타이사벨섬
뉴조지아섬
당트르카스토제도          과달카날섬
루이지아드제도          산크리스토발섬

**파푸아뉴기니**
파푸아만
토러스해협          적도

조제프
보나파르트만          **다윈**
카펀테리아만
산호해

케언스
타운즈빌

**오스트레일리아**

타나미 사막
그레이트샌디 사막
**노던준주**
설원 산맥
그레고리 산맥
그레이트배리어리프

대찬정분지

해머즐리 산맥
맥도널 산맥
기브슨 사막
심프슨 사막
**퀸즐랜드**

**인도양**

샤크만
**웨스턴오스트레일리아**
그레이트빅토리아 사막
**사우스오스트레일리아**
스트레츠키 사막
그레이트디바이딩산맥

**뉴사우스웨일스**
브리즈번
골드코스트

퍼스
지오그래프만
스완 산맥
넓러버 평원
머리-달링분지
블루마운틴 산맥
뉴캐슬
시드니
울런공

그레이트오스트레일리아만
스펜서만
애들레이드
빅토리아
**캔버라**
오스트레일리아
수도준주

멜버른
질롱
질러본
배스해협
태즈먼해

테즈메이니아
호바트

**남회귀선**

면적: 7,692,024 ㎢, 인구: 2,390만 명(2015), 25세 미만 인구: 31.9%(2015), 통화: 호주달러(AUD), 명목 기준 GDP: 1조 4,420억 달러(2014), PPP 기준 GDP: 1조 990억 달러(2014), 1인당 기준 GDP: 46,550달러(2014), 교육비 예산: GDP의 4.9%(2012), 국방비 예산: GDP의 1.8%(2014), 1인당 이산화탄소 배출량: 16.5톤(2011)

오스트레일리아는 수년 전부터 지리적 위상을 되찾으면서 앞으로 맺어야 할 동맹관계를 고민 중이다. 오스트레일리아와 앵글로색슨계의 경제적 연결고리가 느슨해짐에 따라, 오스트레일리아는 서구 세계에 정착할 것이냐 아시아에 문을 열 것이냐 하는 문제를 놓고 고심하고 있다.

# 두 세계 사이의 오스트레일리아

출처: NOAA(미국)

예카르트 제4독법 남반구가 위인 지도

### ▲ 아래쪽에서 본 세상(다운 언더)

위 지도는 지도를 제작할 때 아래쪽에서 본 다운 언더<sup>down under</sup>(혹은 top down under) 표현 기법을 사용한 것이다. 1970년대에 오스트레일리아와 뉴질랜드에서 시도된 이 기법에서는 남반구가 지도 위쪽에 있다. 이 지도는 오세아니아 대륙을 지도 가운데 놓음으로써, 이제까지 지도의 표현 기법이 별로 중립적이지 않았었다는 점을 지적한다. 이 지도에서 오세아니아 대륙이 다른 세계에 자신을 보여주는 방식처럼, 아래쪽에 위치하고 때로는 여백으로 여겨지기도 하는 '밑부분'은 위쪽에 위치할 수도 있다.

"한 국가의 정치는 지리적 위치가 만든다." 나폴레옹의 말을 살짝 변형한 이 말은 21세기 초의 오스트레일리아에는 잘 들어맞지 않을 것 같지만, 주변 상황을 고려하면서 재조명을 받고 있다. 2012년 10월 오스트레일리아 정부는 '아시아의 세기 속 오스트레일리아'라는 국가의 전략적 방침을 발표했다. 이는 오스트레일리아가 미래에 아시아와 발전시켜나가야 할 관계를 밝히고 있다. '아시아의 세기'는 하나의 기회로 간주되어야 한다. "우리 지역에서 국제무대의 무게중심이 흔들리고 있다는 점에서, 이제 우리는 거리가 주는 압박감이 근접성에 대한 전망으로 대체될 것임을 읽어낼 수 있다. 오스트레일리아는 아시아 지역, 아시아의 세기라는 적절한 장소, 적절한 시기에 있다." 지금까지 이러한 언급은 특히 오스트레일리아의 역사 때문에 당연시되지 않았다.

## 세상과 동떨어진 나라

오세아니아 지역은 무역 항로에서 멀리 떨어져 있었기 때문에 서구세계가 뒤늦게 탐험에 나섰다. 17세기에 아벨 태즈먼 등의 네덜란드인들이 남반구를 처음 발견했고, 아메리카 식민지에서 나온 영국인들이 이곳을 식민지화했다. 이들이 1788년 보타니베이에 정착하면서 뉴웨일스 식민지를 탄생시켰다. 당시 이곳에는 토착민들이 살고 있었

다(이 지역의 실제 발견자들은 토착민들이다). 이들은 4만 년 전 동남아시아의 순다 지역에서 오스트레일리아 북부에 최초로 정착한 민족이다. 오스트레일리아는 1901년에 독립했으나, 여전히 영국 여왕을 수장으로 하는 영연방의 일원이다. 연방제를 따르며 6개 주와, 2개의 준주(저비스베이 준주를 포함하면 3개)로 구성된다. 기후 조건 때문에 2,200만 명의 인구는 주로 연안의 도시 지역에 밀집해 있다. 영토의 70퍼센트가 흔히 '덤불숲<sup>bush</sup>'이라 부르는 건조지대 및 반<sup>半</sup>건조지대로 뒤덮여 있기 때문이기도 하다.

오스트레일리아는 경제 발전을 보증해줄 중요한 천연자원을 보유하고 있다. 오스트레일리아의 땅속에는 석탄, 철, 납, 아연, 구리, 은, 금, 다이아몬드 등이 풍부하게 매장되어 있다. 또한 전략적 중요성을 갖는 우라늄도 풍부한데, 오스트레일리아는 세계 3위의 우라늄 생산국으로서, 검증된 바로는 가장 많은 매장량을 보유하고 있다. 2014년 채굴 산업은 오스트레일리아 GDP에서 네 번째로 큰 비중을 차지하며, 수출의 60퍼센트를 차지한다.

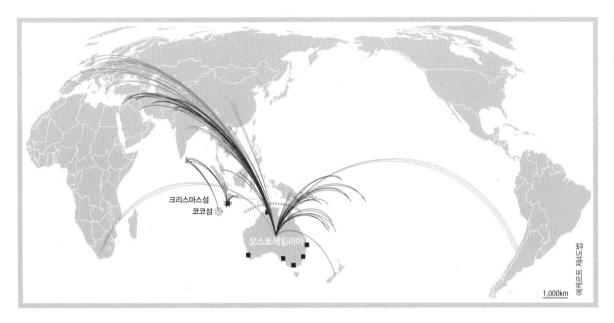

**오스트레일리아로의 이주**

― 19~20세기 오스트레일리아로의 주요 합법적 이주 경로

― 최근의 난민 및 불법 이민자들의 주요 이주 경로

┈┈ 오스트레일리아 해군의 난민선 포획 지역

■ 불법 이민자 및 난민 수용소

오스트레일리아 수출의 지형도를 살펴보면 오스트레일리아의 무역 상대국에 대한 정보를 파악할 수 있다. 총 수출의 33퍼센트는 2007년부터 오스트레일리아의 최대 무역 상대국인 중국을 겨냥하고 있고, 18퍼센트는 일본을, 7.5퍼센트는 대한민국을 향하고 있다. 그 뒤를 이어 EU, 미국이 4퍼센트를 차지한다. 오세아니아 대륙에 위치한 이 나라는 지리적으로 볼 때 급부상하는 경제 대륙인 아시아의 남쪽에 위치한다. 그렇기 때문에 아마도 당분간은 상업적 선택을 할 때 앞으로 아시아 경제 대국들과 정치적 전략적 관계를 맺어야 한다는 사실을 염두에 둘 것이다.

## 아시아에서 매우 가까운 위치

세계의 거대한 무역 통로의 변방에 위치한다는 것은 흔히 오스트레일리아에 불리한 점으로 여겨져 왔다. 그러나 20여 년 전부터 오스트레일리아의 지리적 위치는 하나의 특권이 되었다. 21세기 초에 에너지 및 광물 자원 수요가 증가하면서 경제성장의 거대한 중심에 가까이 놓이게 된 것이다. 아시아-오세아니아 지역으로의 편입을 강조하기 위해 오스트레일리아는 특히 아시아 지역의 무역 기구들과 가까워지려고 노력한다. 오스트레일리아는 ASEAN+6 협력국으로서 ASEAN뿐 아니라, 아시아태평양경제협력체APEC

오스트레일리아의 역사에서 이민은 핵심적인 부분이다. 이민은 대부분 불안감을 불러일으켰고 국가 차원에서는 위협으로 여겨지기도 했다. 식민지 개발이 시작되었을 당시 오스트레일리아에는 원주민이 거주하고 있었고, 원주민을 제외한 주민은 860명에 불과했다. 한 세기 뒤인 1888년에 이르면 인구수는 약 300만 명으로 증가한다. 오스트레일리아는 1850년대에 골드러시를 찾아 대거 몰려든 아시아인들로 급격한 인구 증가를 경험한다. 1861년에는 아시아인의 비율이 오스트레일리아 전체 인구의 3퍼센트를 차지했고, 이에 영국인들은 이들에 대한 강한 인종차별적 감정을 드러낸다. 같은 시기 원주민들은 식민지 개척자들의 폭력과 질병으로 감소한다. 1901년, 독립 당시 통과시킨 최초의 법안 가운데 하나는 바로 비영어권 이민을 금지하는 이민제한법이었다. 그러나 제2차 세계대전 이후 오스트레일리아는 영연방 국가들의 이민자들 외에도 냉전에서 비롯된 다양한 갈등의 희생자들을 맞아들였다. 이들은 독재체제나 처참한 상황에 놓인 고향을 피해 오스트레일리아로 이주해 온 사람들이었다. 여기에는 중부유럽, 동독, 남부유럽, 라틴아메리카, 베트남, 레바논, 남아프리카에서 온 난민들이 포함된다. 오늘날에는 주로 아시아와 오세아니아 출신의 이민자들이 많은데, 이는 오스트레일리아 사회에 다시금 강한 불신감을 조성하고 있다. 2013~2015년에 토니 애벗 총리가 이끄는 보수주의 정부는 불법 이민자들을 퇴치하기 위해 해군을 통한 군사적 제제도 서슴지 않았다. 이 불법 이민자들은 독재체제나 아시아의 열악한 상황을 피해 오스트레일리아로 들어온 이들이다.

에도 참여하고 있다. APEC은 아시아태평양 지역의 21개 국가들이 모여 만든 경제 협력체로, 무역 자유화를 목표로 한다. 이러한 이상 오스트레일리아는 이미 자국의 경제적 상업적 미래를 아시아 지역에 포함시켰다고 볼 수 있다. 그렇다 해도 전략적 차원은 경제적 측면과는 다소 다른 양상이다. 오스트레일리아는 제2차 세계대전이 종식된 이후부터 미국과 맺어온 군사적, 안보적 협력관계를 매우 강하게 유지하고 있기 때문이다. 미국-오스트레일리아 동맹은

## 그레이트배리어리프를 덮친 위험 ▶

총 길이 2,300킬로미터에 이르는 그레이트배리어리프는 오스트레일리아 북동부 연안에 위치하며 세계 최대의 산호초 지대다. 이곳에는 400종의 산호초와 1,500종의 어류, 4,000종의 연체동물이 서식하고 있다. 그레이트배리어리프는 세계적으로 생물 다양성이 가장 풍부한 지역으로, 유네스코 세계문화유산 목록에도 등재되어 있다. 이곳은 연간 약 200만 명의 관광객을 끌어들임으로써 오스트레일리아 경제에도 매우 중요한 역할을 한다. 그러나 아시아로 향하는 해상항로 가까이 있기 때문에 그레이트배리어리프가 큰 위협을 받고 있다. 아시아 국가들의 에너지 수요 증가는 오스트레일리아의 광업 발달을 촉진시키고, 이 지역에서 해상 운송(특히 석탄) 비율을 증가시켜 사고의 위험 또한 높아지고 있기 때문이다. 2010년 4월에는 중국의 석탄 화물선이 좌초되는 사고가 있었다. 이 선박은 운항 시간을 절약하기 위해 항로를 벗어나면서 그레이트배리어리프에서 좌초되었고, 이 사고로 세로 3킬로미터, 가로 250미터의 면적에 서식하는 산호초가 훼손되었다. 오스트레일리아 정부의 보호정책이 미흡하자, UN은 그레이트배리어리프를 위험 지역 목록에 등재하려는 계획을 세우기도 했다.

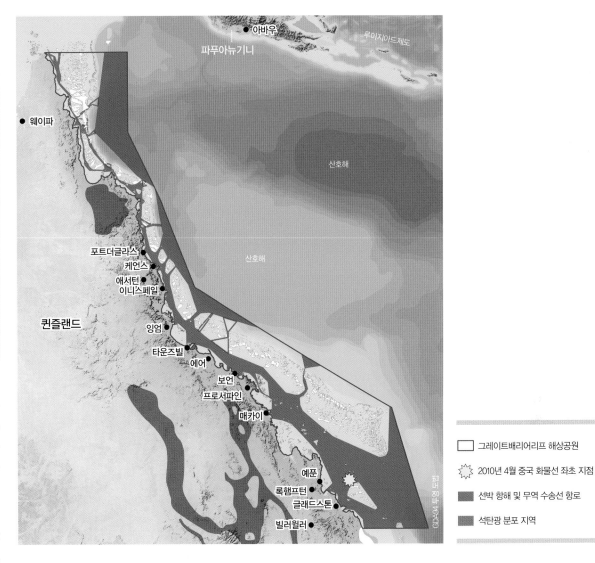

그레이트배리어리프 해상공원

2010년 4월 중국 화물선 좌초 지점

선박 항해 및 무역 수송선 항로

석탄광 분포 지역

뉴질랜드를 포함하여 1951년에 맺어진 군사협력 조약인 태평양안전보장조약Pacific Security Pact에서 비롯되었다(오스트레일리아의 A, 뉴질랜드의 NZ, 미국의 US를 따서 ANZUS 조약이라고도 함). 오늘날 오스트레일리아가 중국의 군사 동향을 우려하는 만큼, 이 국가들의 동맹은 불가피한 것으로 인식되고 있다. 인도양과 동남아시아에서 '진주 목걸이'로 불리는 중국의 군사 배치는 여러 국가들에 항만 및 군사 기반시설을 건설하는 데 목표를 두고 있다. 이 시설들은 유럽, 중동, 아시아 및 오스트레일리아를 연결하는 주요 무역 항로를 지날 때 거쳐야 하는 지역에서 자유항행을 하는 데 위협으로 인식된다. 중국의 군사력 강화에 대비하기 위해 오스트레일리아는 이제 미국과의 동맹 강화 외에는 다른 선택을 할 수 없다. 반대로 미국은 태평양의 군사 전략에서 오스트레일리아를 자국의 지지 세력으로 만들 수 있다. 오스트레일리아는 총체적 딜레마에 빠져 있다. 오스트레일리아는 경제 및 상업적 이해관계 때문에 아시아 주변국들, 특히 중국과의 관계를 강화해나갈 것이다. 반대로 안보 및 전략적 문제와 중국의 군사력 증대는 오스트레일리아가 이 지역의 전통적 동맹인 미국과 더욱 깊은 관계를 맺도록 촉구할 것이다.

참조: 71쪽 지역 동맹의 재해석, 109쪽 고국을 떠나다

# 역동적인 아시아

3부

아시아는 변화하고 그와 더불어 세계도 변화한다. 이러한 변화는 경제, 에너지, 문화, 정치 전반에서 나타나며, 보편화된 이동성, 자본, 자원, 상품, 개인, 아이디어들을 기반으로 실현되고 있다. 이러한 변화 속에서 아시아는 다른 세계에 영향을 미치는 동시에 그 세계를 매료시킨다. 교통수단이 다양해지면서 국경을 넘나드는 것이 수월해지자, 세계는 아시아에 문을 열었고 아시아도 세계에 문을 열었다. 지금 아시아 대륙은 그 어느 때보다 출발점이자 도착점의 역할을 하고 있다. 아시아인들은 자발적으로든 강제적으로든 자신들의 나라를 떠나는 반면, 사람들은 세계 구석구석에서 아시아를 방문하러 몰려든다. 언어, 상품, 취향 등 아시아에서 유래한 문화적 관행이나 풍습들은 여기저기로 퍼져나가는 반면, 오히려 아시아 대륙은 외부의 영향을 받고 있다. 이처럼 다양한 형태의 이동성으로 말미암아 아시아 사회들이 세계의 다른 나라들과 상호적으로 발전시켜나가는 관계 및 표현 방식은 새롭게 규정되고 있다. 동시에 아시아 국가들 중에는 극심한 정치적 변화를 겪는 나라들도 있다. 이러한 변화는 아직 표출되지 않은 민주화, 과거의 상처를 뛰어넘으려는 시도들, 더 나은 미래를 위한 다각적인 노력에서 비롯된다.

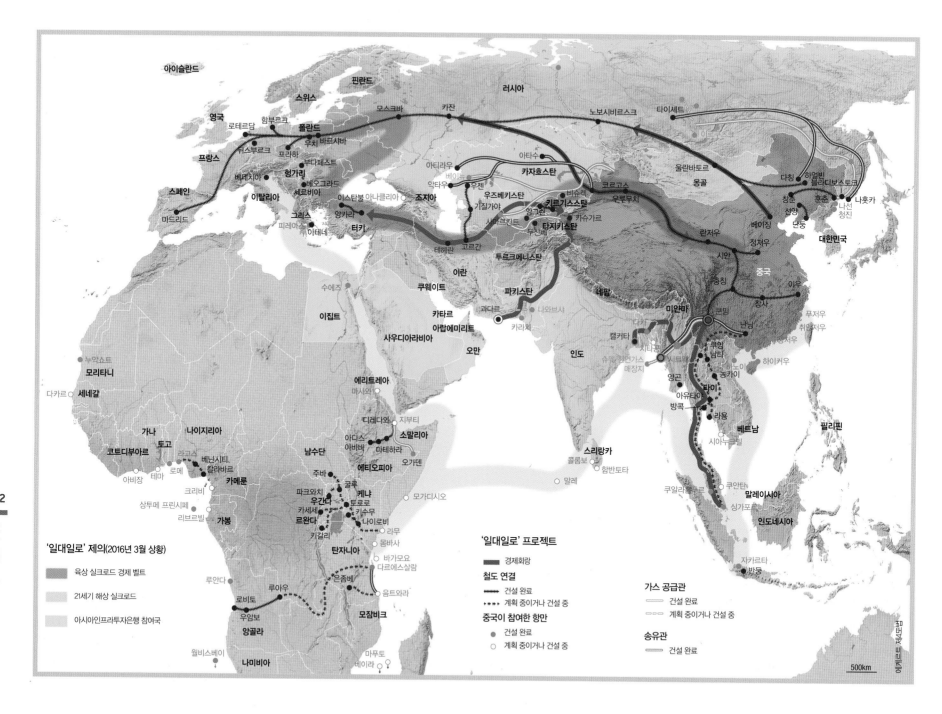

지구의 눈물 아시아

**'일대일로' 제의(2016년 3월 상황)**

육상 실크로드 경제 벨트

21세기 해상 실크로드

아시아인프라투자은행 참여국

**'일대일로' 프로젝트**

경제회랑

**철도 연결**

건설 완료

계획 중이거나 건설 중

**중국이 참여한 항만**

건설 완료

계획 중이거나 건설 중

**가스 공급관**

건설 완료

계획 중이거나 건설 중

**송유관**

건설 완료

500km

지도 제작 로베르토 강가

아이슬란드 핀란드 러시아 노보시비르스크 타이세트 스위스 모스크바 카잔 영국 함부르크 폴란드 울란바토르 몽골 다칭 하얼빈 블라디보스토크 로테르담 뒤스부르크 우치 바르샤바 프라하 아타수 카자흐스탄 코르고스 우루무치 베이징 청춘 훈춘 나홋카 프랑스 베네치아 부다페스트 아티라우 우젠 비슈케크 키르기스스탄 란저우 정저우 단둥 나선 청진 스페인 이탈리아 헝가리 베오그라드 세르비아 이스탄불 아나클리아 조지아 우즈베키스탄 기찰가야 앙그렌 타지키스탄 카슈가르 시안 중국 이우 대한민국 마드리드 그리스 피레아스 아테네 앙카라 터키 테헤란 고르간 투르크메니스탄 두샨베 네팔 충칭 장사 푸저우 취안저우 이란 쿠웨이트 파키스탄 과다르 나와브샤 미얀마 쿤밍 누악쇼트 카타르 아랍에미리트 카라치 다카 난닝 모리타니 사우디아라비아 오만 인도 치타공 류잉 남타 하노이 하이커우 다카르 세네갈 에리트레아 마사와 콜롬보 스리랑카 양곤 다이 농카이 하이커우 가나 토고 나이지리아 디레다와 지부티 소말리아 함반토타 아유타야 베트남 코트디부아르 베닌시티 칼라바르 아디스아바바 마테하라 오가덴 말레 방콕 라용 시아누크빌 아비장 테마 로메 라고스 남수단 에티오피아 케냐 모가디시오 쿠알라룸푸르 쿠안탄 말레이시아 크리비 카메룬 주바 골루 토로로 키수무 나이로비 필리핀 상투메 프린시페 리브르빌 가봉 파크와치 우간다 카세세 르완다 나이로비 라무 싱가포르 키갈리 몸바사 인도네시아 루안다 탄자니아 바가모요 다르에스살람 자카르타 반둥 로비토 은좀베 음트와라 우암보 모잠비크 앙골라 월비스베이 마푸토 베이라 나미비아

다국적 협력 사업인가 아니면 중국의 이익만을 위한 방어 전략인가? 시진핑 주석은 21세기의 신新실크로드를 제시함으로써 교역, 개방, 옛 명성과 동의어인 역사적 경험을 신화화한 기억을 되살리려 한다.

# 21세기의 실크로드

실크로드의 역사는 기원전 2세기 중국의 전한前漢 때 시작되었다. 당시 중국의 북변에는 유목민족인 흉노족이 중국과 중앙아시아를 위협하고 있었다. 이에 북쪽 경계를 수호해야 했던 한 무제는 박트리아Bactria와 연합하기로 한다. 박트리아는 현재의 아프가니스탄에 해당하는 파미르 고원과 힌두쿠시 사이에 있었던 고대 그리스-박트리아 왕국을 말한다. 두 나라는 흉노라는 공공의 적에 맞서기 위해 연합하는데, 결과적으로 중국 서쪽으로 교역의 길을 열게 되고, 이것이 실크로드를 탄생시킨다. 나중에 실크로드는 여러 갈래로 개발된다. 하나가 아닌 여러 개의 실크로드에서는 그 경로를 따라 자리한 공동체들끼리 상업 교역을 강화했다. 당시 중국은 주로 비단을 수출했는데, 5세기까지 독보적으로 비단을 생산했다. 반대로 금, 금속, 보석 등은 수입했다. 이 교역로는 종교 및 문화적 관습을 보급하는 데도 기여했다. 이렇게 불교는 인도아대륙에서 중앙아시아로, 이어서 중국으로

퍼져나갔다. 조로아스터교, 마니교, 네스토리우스교 등 페르시아에서 유래한 종교들도 중국에 들어왔고, 7세기 무렵에는 이슬람교도 동쪽으로 전파되었다. 문화적으로는 그리스풍 불교미술 양식인 간다라미술, 중국의 제지 및 철기 제조, 과학 지식 등이 같은 방식으로 전파되었다. 15세기경에는 이 노선을 따라 안전이 굉장히 크게 위협을 받았고, 중국 명왕조의 고립주의 정책 때문에 교역로 이용이 점진적으로 중단된다.

## 6세기 후

2013년 9월 카자흐스탄을 공식 방문한 중국의 시진핑 주석은 '일대일로一帶一路, One Belt, One Road' 전략을 처음 제시한다. 이 전략은 육상과 해상에서 진행된다. 즉 일대는 '육상 실크로드 경제벨트'이고, 일로는 '21세기 해상 실크로드'이다. 2015년 3월 중국 국가발전개혁위원회는 이 전략과 관련한 세부사항을 공개했고, 리커창李克强 총리는 사업 자금으로 약 400억 달러를 투자했다고 발표했다. 이 육상과 해상 프로젝트는 중국 당국의 주도하에 '신실크로드' 사업으로 소개된 바 있으며, 그 목적은 아시아, 유럽, 아프리카 세 대륙을 하나로 연결하는 것이다.

이 새로운 프로젝트는 중국 당국이 제시한 경로밖에 알려진 바가 없고, 실현 가능한지 혹은 시진핑 주석이 격상시킨 '중국의 꿈'을 키워나가는 데 적합한지도 알 수 없다. 여기서 중국이 제시한 육상 경로는 장안, 즉 오늘날의 시안에서 출발하여 서쪽으로는 카자흐스탄으로 방향을 잡고, 이를 통해 중앙아시아 및 이란 북부로 건너간 뒤 이어서 이라크, 시리아 및 지중해 너머로 나아간다. 이 경로는 터

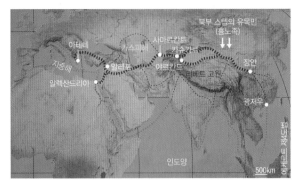

### ▲ 옛 실크로드

옛 실크로드의 출발점은 중국 중원의 장안이었다. 이 경로는 고비사막과 티베트 고원 사이를 지나 남쪽이나 서쪽으로 타클라마칸 사막을 우회한다. 그러고 나면 중앙아시아의 고산들로 접어든 뒤, 카스피해 남쪽을 지나고 마침내 지중해 연안에 도달한다. 당시 다른 실크로드들도 있었는데 예를 들면 야르칸드, 카슈가르, 사마르칸트, 부하라, 알레포, 알렉산드리아, 아테네 등이 있다. 이 육상 경로와 더불어 광저우에서 출발하여 홍해를 거쳐 지중해로 향하는 해상 경로가 있었다.

키의 보스포루스해협을 건너 불가리아, 루마니아, 우크라이나를 지나 러시아로 향한다. 이어서 모스크바에서 독일 북서부의 하항河港인 뒤스부르크로 합류하는데, 뒤스부르크는 중부유럽 전 지역의 운송 및 물류 사업에서 반드시 거쳐야 하는 교차점이다. 일단 로테르담항에 이르면, 경로는 남쪽으로 방향을 틀어 베네치아에서 집결한다.

이 신실크로드의 해상 경로는 푸저우항 및 중국 남부의 다른 항구들에서 시작하여 베트남을 지나 말라카해협을 건넌 뒤 스리랑카 및 인도에 이른다. 이어서 케냐 쪽으로 향하면서 인도양을 관통한다. 거기에서 경로는 아프리카의

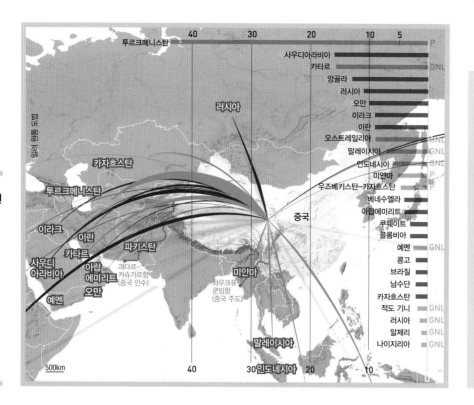

중국에 주로 보급되는 에너지원

**주요 석유 공급 국가**
(2014, 중국의 총 석유 수입량 대비 비율, %)

**주요 천연가스 공급 국가**
(2014 중국의 총 천연가스 수입량 대비 비율, %)

**천연가스 수송 유형**

P 파이프라인
GNL 액화천연가스
―― 에너지 통로

*(지도 내 국가명: 투르크메니스탄, 카자흐스탄, 러시아, 이라크, 이란, 카타르, 파키스탄, 사우디아라비아, 아랍에미리트, 오만, 예멘, 과다르–카슈가르항(중국 인수), 차우크퓨–쿤밍항(중국 주도), 미얀마, 중국, 말레이시아, 인도네시아)*

*(막대그래프 국가명: 사우디아라비아, 카타르 GNL, 앙골라, 러시아, 오만, 이라크, 이란, 오스트레일리아 GNL, 말레이시아 GNL, 인도네시아 P, 우즈베키스탄–카자흐스탄 P, 베네수엘라, 아랍에미리트, 쿠웨이트, 콜롬비아 GNL, 예멘, 콩고, 브라질, 남수단, 카자흐스탄 GNL, 적도 기니, 러시아 GNL, 알제리 GNL, 나이지리아 GNL, 투르크메니스탄 P)*

500km

## ◀ 에너지에 관한 암묵적 합의

중국의 관점에서 실크로드는 장기적인 에너지와 관련된 쟁점을 포함하고 있다. 새로운 에너지 공급 노선은 자원의 다각화와 동의어이자, 유일한 공급원에 의존하는 것을 피함으로써 공급의 안정화를 꾀하는 것이다. 중국은 석유와 천연가스의 일부를 중동 및 아프리카에서 수입하는데, 미국과 팽팽한 긴장관계에 놓일 경우를 우려한다. 그럴 경우 미국은 제5함대를 인도양에 배치하여 중국의 해상 병참선에 압력을 가하려 할 수도 있기 때문이다. 따라서 중국은 인도양 부근의 동맹국인 파키스탄, 미얀마 등과 물류 및 에너지 협력관계를 강화했다. 또한 중앙아시아의 동맹국인 투르크메니스탄과는 2009년에 '중국–중앙아시아 천연가스관'을 개통했다. 2000년대 초반부터 중국은 러시아에서도 에너지 수입량을 늘렸다. 10년 동안의 협상 끝에 지난 2014년 5월 중국과 러시아는 30년간 유효한 총 4,000억 달러 규모의 천연가스 공급 계약을 체결했다. 2018년부터 연간 천연가스 수송량은 380억 세제곱센티미터에 이를 것으로 전망한다.

---

뿔 10개국을 돌아 지중해 쪽으로 올라가며, 이어서 그리스, 이탈리아에 도착한 뒤 베네치아의 육상 경로와 만난다.

## 중국의 열망

중국 당국이 공식적으로 추진하는 목표는 광범위한 운송망(도로, 철도, 항만)과 물류 및 기반시설을 통해 신실크로드를 지나는 나라들끼리 상업적 관계를 강화하는 것이다. 이 프로젝트는 건설 측면 외에도 위안화를 기준 거래통화로 지정함으로써 지역 내 통화 협력을 장려하고자 한다. 그리하여 관련 국가들의 경제 통합을 강화하고 중국의 영향력을 증대시키려는 것이다. 이 프로젝트는 과거 지역 관련 정보 및 통신 네트워크의 배치와 더불어 제시된 바 있다. 이는 결국 광범위한 지역을 연결하는 데 필요한 정보통신 기반시설 구축에 진입했다는 뜻이다. 처음에 경제, 물류 및 운송 부문과 관련하여 구상된 이 프로젝트의 밑바탕에는 정치적 야심이 있다. 이를 통해 관련 국가들 간의 외교관계 강화와, 문화 교류 및 중국의 영향력 증대를 꾀한다. 이 프로젝트는 국내적으로 중국을 지리적 환경 및 아시아 대륙의 경제 속에 새롭게 각인시키려는 목표를 갖고 있다. 중국 당국은 제반 시설이 부족하고 경제적으로 빈곤한 서쪽 지방으로 재정적 기반을 이동시켜 이 지역의 경제 발전을 활용하여 국내 경제성장의 계기로 삼고, 관련 지역, 특히 신장위구르자치구의 안정화를 모색하려고 한다.

중국 국경을 넘어 이어지는 신실크로드 덕분에 유럽 시장을 겨냥한 중국 수출에 새로운 육상 운송로가 열릴 것이다. 이 신실크로드는 수에즈운하를 통해 유럽으로 가는 해상 운송로의 대체 통로 역할을 하여 중국과 유럽 연결 시간을 단축시킬 것이다. 해상 항로로는 중국에서 유럽까지 35일 이상이 소요되고, 충칭–뒤스부르크 간 철도로는 16일이 걸린다. 그러나 대륙의 실크로드는 11일이면 충분할 것이다.

참조: 45쪽 중국, 서부의 신장위구르자치구를 점령하다. 111쪽 에너지, 아시아의 결정적 요인

# 공자, 망가, 볼리우드: 아시아의 소프트 파워

— — —하드파워는 군사력이나 경제제재 등 물리적인 힘이고, 이에 대응하는 소프트파워는 1980년대 말에 미국의 정치학자 조지프 S. 나이가 처음 사용한 용어다. 즉 한 국가가 다른 국가들에게 무력이나 강제적 수단을 동원하지 않고 영향력을 행사할 수 있음을 설명하는 개념이다. 소프트파워에는 여러 도구가 있는데 그 가운데 문화는 한 국가의 규범과 가치를 강제하기보다는 전파함으로써, 또 관습과 태도로서 명령하기보다는 영향력을 미침으로써 국익에 도움을 준다. 부드러운 힘이나 영향력, 설득뿐 아니라 매력을 통해서도 다른 국가들이 한 국가의 이미지를 만들어낼 수 있기 때문이다. 문화 제도들이나 문화 상품들은 물론 그 실제 효과를 평가하고 확인하기는 어려우나, 앞서 말한 의미에서는 한 국가에 대한 외부의 인식이 형성되는 과정에서 중요한 역할을 한다.

중국 교육부가 세계의 대학교들과 교류를 통해 세운 교육 기관 공자학원孔子学院은 오늘날 전 세계에 퍼져 있다. 이런 현상은 중국 문화나 중국어 등의 보급 증가를 나타낸다. 또한 고도의 의식적인 정치 전략의 산물이 아니더라도, (인도에서 제작되는) 영화, (일본의 망가 같은) 만화, (대한민국의 K-pop 같은) 대중음악은 굉장히 폭넓게 전파되며, 이는 한 사회를 알리는 데도 도움이 된다. 한 국가가 행사하는 실질적 정치적 영향력은 제한적이다. 그러나 이러한 문화 행위들은 한 국가의 이미지를 형성하고 그 이미지를 보다 매력적이게 하며, 지리적으로 멀리 떨어진 사회들에서 생산된 문화 코드를 선택하게 만든다. — — —

파코 리볼티 지도제작

1,000km

### 아시아의 상품 및 문화적 관습의 세계 전파 현황

#### 전 세계 공자학원(중국)
—— 2013년: 120여 개국에 440개 공자학원 및 646개 공자 수업 개설
1위: 미국, 109개 공자학원 설립

#### 전 세계 인도 영화 배급 현황
—— 〈런치박스〉(2013년 개봉, 리테슈 바트라 감독, 원제 〈Dabba〉), 전 세계 배급
—— 〈살람 봄베이!〉(1988년 개봉, 미라 네이어 감독), 전 세계 배급

#### 일본의 망가 보급 현황
—— 쿠루마다 마사미의 〈세인트 세이야〉(1권은 1986년 발행, 같은 해 도에이 애니메이션 스튜디오에서 TV 프로그램으로 제작), 전 세계 보급

지도로 읽는 아시아

선박들이 이용하는 주요 해상 항로

이 지도는 한 연구 프로그램에 자발적으로 참여한 상선들이 1년 동안 이용한 항적을 재현한 것이다. 이 연구에 참여한 선박들은 2005년 실제 바다에서 운행한 전체 상선의 11퍼센트에 불과하며, 실시간으로 선박의 위치를 파악할 수 있게 추적 장치를 달았다. 이 프로그램의 목표는 해상 교통량을 측정함으로써 인간의 활동이 대양의 생태계에 미치는 영향에 관한 정보를 수집하는 데 있다.

출처: National Oceanic and Atmospheric Administration(NOAA), VOS Climate Fleet, National Center for Ecological Analysis and Synthesis(NCEAS)

1,000km

상업적인 목적이든 개인적인 필요에 의해서든 항공, 해상, 육상 교통은 아시아에서 상당히 발전했다. 아시아 대륙은 국가 및 인구 집단을 서로 연결하고 교통의 세계지도를 다시 그리는 중이다.

# 거대한 허브

아시아는 세계경제의 무게중심으로서 무역 거래의 흐름을 이끄는 동시에 새롭게 창출하고 있다. 아시아 국가들은 상품 생산과 수출을 아시아 내 다른 국가들 및 더 넓게는 북아메리카와 유럽에 맞추어야 하므로, 화물 운송 확보를 위해 해상, 항공, 육상 운송 기반시설을 개발했다. 또한 경제 세계화와 관광산업의 발달로 인구 이동이 잦아지면서, 아시아 국가들은 일부 아시아 도시들이 수행해야 할 다각적 역할(비즈니스센터, 항만시설, 관광업 등)에 부응할 기반시설 확충 및 현대화 단계에 진입했다. 화물 및 여객 운송, 선착장과 공항에서 허브는 세계경제의 현대적 상징이 되었다. 허브는 원래 바큇살이 딸려 나오는 휠의 '중심'을 뜻하는 영어단어다. 서로 다른 화물 및 여객 운송(배, 비행기, 기차, 자동차) 수단을 연결하는 플랫폼 역할의 교통 기반시설을 말하기도 한다. 이 '허브 앤드 스포크' 모델에서 아시아와 중국, 대한민국, 일본, 싱가포르, 인도네시아 등은 세계경제의 중심이자 요충지로 인정받고 있다.

## 국제 운송의 중심에 있는 아시아

용적으로 보면 전 세계 무역의 약 80퍼센트는 해운으로 거래된다. 2014년에는 95억 톤 이상의 화물이 선박으로 운송되었다. 바다에서의 권리를 정의한 몬테고베이 협약은 바다와 대양에서 자유항행의 원칙을 지정하는데, 해운에 관한 비교적 안정적인 틀을 제시한다. 바다에서는 장애물에 맞닥뜨릴 확률이 적고, 항해 자체로는 기반시설이 필요 없으며, 컨테이너와 특수 선박의 개발로 더 큰 물량을 소화할 수 있다. 따라서 해상 수송은 항공 수송보다 노선이 더 길다는 단점이 있음에도, 화물 운송에서 우위를 점한다.

화물 운송비용을 낮출 수 있다는 점에서도 해운 부문은 경제 세계화에 필수적인 요소이며, 항만시설과 컨테이너는 이 과정에 필수적인 도구다.

여러 개의 무역 항로를 이용하는 해운 지형도를 살펴보면 크게 북미, 유럽, 아시아로 좁혀지는 세 축의 세계적 경제 및 무역 대국들이 연결되며, 세계경제에서 아시아, 특히 중국의 비중 증가를 보여준다. 2014년, 세계 20위 항만 가운데 6개가 아시아에 있고, 특히 중국이 다수를 차지했다. 또한 세계 20위 컨테이너 항만에서 15개가 아시아에 있고,

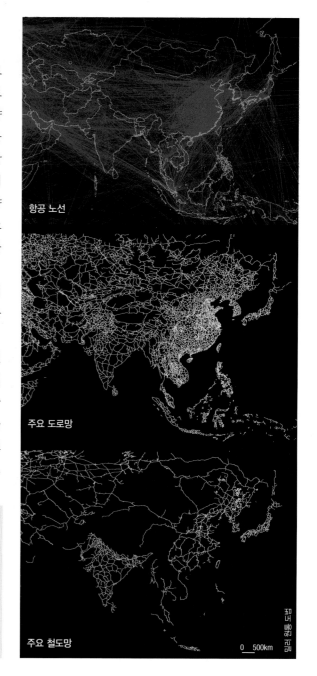

항공 노선

주요 도로망

주요 철도망

0 ___ 500km

**운송망의 발달 ▶**

아시아의 항공 연결편 증가는 전 세계 비즈니스에서 아시아태평양 지역이 중심적 역할을 하고 있음을 반증하는 것이다. 이외에도 아시아 횡단 철도망 역시 비약적으로 발전했으며, 특히 고속철도 노선이 그러하다. 철도 운송의 현대화와 관련된 것이든 지역끼리의 연결에 초점을 맞춘 것이든, 철도 운송 기반시설 확충 계획은 주로 내수 경제 개발이나 국가 간 개방이라는 측면에서 고려되고 있다.

## 세상을 향한 출발지 ▶

화물 운송량의 면에서 항공 운송과 해상 운송 두 방법에는 결정적인 차이점이 있다. 2014년 상하이 남쪽에 위치한 세계 최대의 닝보–저우산 항을 통해 8억 톤 이상의 화물이 통과되었다. 반면 세계 1위의 항공 화물 운송을 기록한 홍콩의 경우 같은 해 400만 톤 이상으로 운송량이 증가했다. 선박의 출발점인 아시아는 임무를 마친 다른 많은 배들에게는 도착점이기도 하다. 해마다 1,000여 척의 배가 파손되기 때문이다. 이 배들 가운데 대부분은 대체로 사회적, 환경적 여건이 열악한 인도, 파키스탄, 방글라데시, 중국으로 보내져 이곳에서 해체된다.

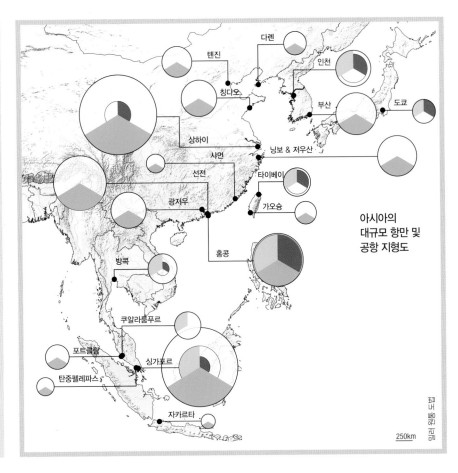

아시아의
대규모 항만 및
공항 지형도

250km

전 세계 20개 대규모 항만 중 아시아의 항만
(2014, 단위: 1TEU* 물량)

20,000,000
10,000,000
0

전 세계 20개 대규모 공항 중 아시아 공항
(2014, 단위: 국제 승객 수)

50,000,000
25,000,000
0

전 세계 20개 대규모 공항 중 아시아 공항
(2014, 단위: 1미터톤당 화물 수송량)

5,000,000
2,500,000
0

*1TEU: 길이 20피트, 높이 8피트, 폭 8피트짜리 컨테이너 1개

시간 단축은 수송 승객 수의 증가로 이어졌다. 1950년에 비행기는 연간 3,100만 명을 실어 날랐으나, 2012년에 항공 여객 수송 수는 30억 명에 달했다. UN의 인구 중앙값 예측에 따르면 2030년에 전 세계 인구는 85억 명에 이를 것이다. 항공기 제조사인 에어버스 인더스트리는 연간 70억 명의 승객 수송을 계획 중이다. 이러한 증가 추세는 무엇보다 아시아태평양 지역의 인구 증가 및 이에 따른 이 지역 중산층의 발전을 바탕으로 한다. 더불어 기술의 진보, 1980년대에 시행된 항공 부문 규제 완화, '저가 항공사' 출현과 관련된 항공 운임 하락도 한 가지 원인이다.

2014년 가장 많이 여행객이 다녀간 20개 도시 중 8개 공항은 아시아에 있으며, 베이징과 도쿄가 각각 2위와 4위를 차지했다. 국제선 여객 수로 볼 때는 두바이 공항 승객 수가 가장 많으며(2014년 약 7,000만 명), 홍콩, 싱가포르, 인천, 방콕, 타이베이, 쿠알라룸푸르의 공항도 세계 랭킹 15위 안에 든다.

10위까지 항만 중 7개가 중국 항만이다. 2014년 항공 운송을 살펴보면 상위 9위 공항 중 6개가 아시아의 공항으로, 두바이, 홍콩, 인천, 상하이, 타이베이, 도쿄가 세계 랭킹 6위까지를 차지했다.

## 민간 항공, 사람과 사람을 연결하다

상업용 민간 항공은 제2차 세계대전 이후 비약적으로 발전했다. 1950년에 프랑스의 르아브르에서 뉴욕까지 배로 일주일이 걸린 반면, 파리에서 뉴욕까지 비행기로는 중도 기항하고도 단 20시간이 걸렸다. 1960년에 상업용 제트기(여객기)가 출시되자 비행시간은 8시간으로 줄었다. 여행

참조: 23쪽 경제성장, 51쪽 싱가포르, 세계화의 중심부에서

# 고국을 떠나다

━ ━ ━ 사람들의 국가 간 이동은 해외 영주, 임시 취업 이민, 불법 이민 등 다양한 양상을 띤다. 어떤 공동체들은 해외에 디아스포라diaspora라는 지역사회를 형성하기도 한다. 디아스포라는 원래 팔레스타인을 떠나 세계 각지에 흩어져 살면서 유대교의 규범과 생활 관습을 유지하는 유대인들을 지칭하는 말로, 어원적으로는 '민족의 분산'과 비슷한 의미다. 이 말에는 출신 지역 이외의 장소에서 소속 공동체와 연대 관계를 재구축한다는 의미가 내포되어 있다. 디아스포라는 역사의 산물인 동시에 몇 세기에 걸쳐 이어진 민족 이동과 연결되기도 한다. 또한 우리 시대에 이르러서는 현대 세계의 변화 때문에 디아스포라가 생겨나기도 한다. 동일한 종교, 문화, 혹은 언어적 전통을 지닌 동일 국가 출신의 사람들로 구성된 이 집단은 지리적으로 국한되고 강하게 통합되어 있으며 경제적으로 조직된다. 또한 공동체 안에서 구성원들을 자극하여 이동성을 강화시키기도 한다. 정치적 혹은 군사적 폭력 때문에, 아니면 가난이나 재난을 피해 이주하는 사람들이 있는가 하면, 일거리를 찾아 비교적 먼 곳을 향해 고국을 떠나는 사람들도 있다. 이주는 대부분 지역적 차원에서 이루어진다. 아시아 국가들 가운데 중국과 인도인들이 해외에 가장 많이 거주하고 있다. 중국인은 거의 6,000만 명, 인도인은 2,200만 명에 달한다. 비교적 장기간 동안 미국에 정착해온 중국인들이 340만 명 정도라면, 특히 동남아시아 국가들에 퍼져 있는 중국인의 수는 3,000만 명에 이른다. 필리핀은 해외에 거주하는 인구수가 가장 많은 아시아 국가들 가운데 하나다. 2013년, 1,000만 명 이상의 필리핀인들이 해외에 거주하는 것으로 나타났는데, 이는 필리핀 노동 인구의 20퍼센트에 해당하는 수치다. 해외 거주 필리핀인들 가운데 48퍼센트는 다른 국가에서 영주하고 있고(480만 명), 41퍼센트는 임시 이민자이며(420만 명), 나머지 11퍼센트는 불법 이민자다(110만 명). 필리핀인들, 특히 필리핀 여성들은 북아메리카 지역 다음으로 걸프 군주국들에 가장 많이 거주하는데, 이들은 현대판 노예와 같은 여건에서 가정부 노릇을 하며 살아간다. 2014년 필리핀 이주자들이 고국으로 송금한 외화 총액은 200억 달러로 추산되는데, 이는 해외 거주 집단 가운데 가장 많은 액수에 해당한다.

이민자들 중에는 육체노동이나 가정부 같은 노동력 외에 교육 수준이 높고 전문 자격을 갖춘 사람들도 있다. 해외에 거주하는 100만 명의 말레이시아인들 중에는 25세 이상이 3분의 1을 웃돌며, 이는 두뇌유출brain drain과도 관련될 수 있다. 이들 가운데 절반이 일자리를 찾아 싱가포르와 싱가포르의 서비스 경제를 선택했다. 말레이시아는 자국 국민들에게 그들의 높은 교육 수준에 걸맞은 직업적 기회를 제공하지 못하기 때문이다. 국가 경제 발전의 미래를 좌우할 가장 활동적이고 가장 교육 수준이 높은 인적 자원을 빼앗기고 있는 것이다. ━ ━ ━

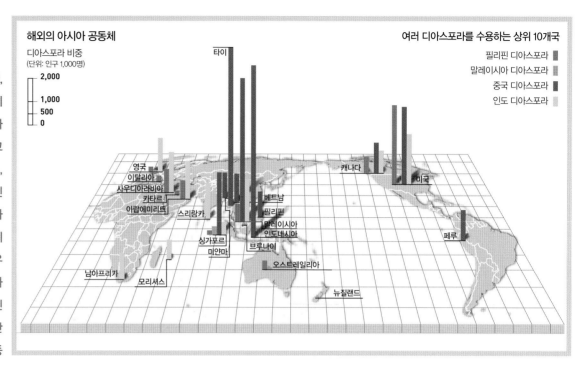

해외의 아시아 공동체

디아스포라 비중
(단위: 인구 1,000명)

2,000
1,000
500
0

여러 디아스포라를 수용하는 상위 10개국

■ 필리핀 디아스포라
■ 말레이시아 디아스포라
■ 중국 디아스포라
■ 인도 디아스포라

타이
영국
이탈리아
사우디아라비아
카타르
아랍에미리트
스리랑카
베트남
필리핀
말레이시아
인도네시아
싱가포르
미얀마
브루나이
캐나다
미국
페루
남아프리카
모리셔스
오스트레일리아
뉴질랜드

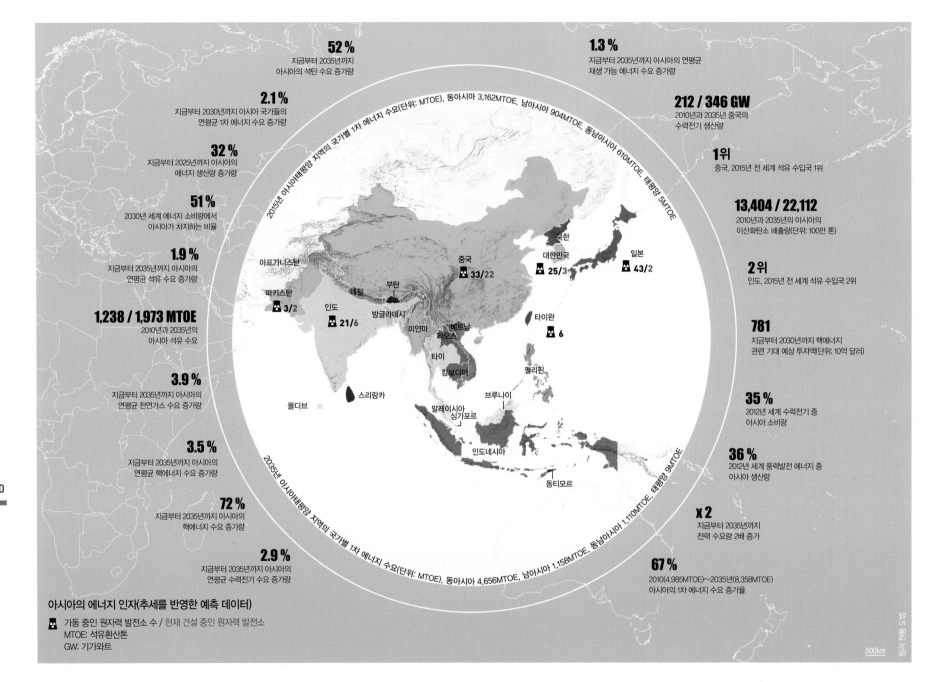

**52 %**
지금부터 2035년까지
아시아의 석탄 수요 증가량

**1.3 %**
지금부터 2035년까지 아시아의 연평균
재생 가능 에너지 수요 증가량

**2.1 %**
지금부터 2030년까지 아시아 국가들의
연평균 1차 에너지 수요 증가량

**212 / 346 GW**
2010년과 2035년 중국의
수력전기 생산량

**32 %**
지금부터 2025년까지 아시아의
에너지 생산량 증가량

**1위**
중국, 2015년 전 세계 석유 수입국 1위

**51 %**
2030년 세계 에너지 소비량에서
아시아가 차지하는 비율

**13,404 / 22,112**
2010년과 2035년의 아시아의
이산화탄소 배출량(단위: 100만 톤)

**1.9 %**
지금부터 2035년까지 아시아의
연평균 석유 수요 증가량

**2위**
인도, 2015년 전 세계 석유 수입국 2위

**1,238 / 1,973 MTOE**
2010년과 2035년의
아시아 석유 수요

**781**
지금부터 2030년까지 핵에너지
관련 기대 예상 투자액(단위: 10억 달러)

**3.9 %**
지금부터 2035년까지 아시아의
연평균 천연가스 수요 증가량

**35 %**
2012년 세계 수력전기 중
아시아 소비량

**3.5 %**
지금부터 2035년까지 아시아의
연평균 핵에너지 수요 증가량

**36 %**
2012년 세계 풍력발전 에너지 중
아시아 생산량

**72 %**
지금부터 2035년까지 아시아의
핵에너지 수요 증가량

**x 2**
지금부터 2035년까지
전력 수요량 2배 증가

**2.9 %**
지금부터 2035년까지 아시아의
연평균 수력전기 수요 증가량

**67 %**
2010(4,985MTOE)~2035년(8,358MTOE)
아시아의 1차 에너지 수요 증가율

2015년 아시아태평양 지역의 국가별 1차 에너지 수요(단위: MTOE), 동아시아 3,162MTOE, 남아시아 904MTOE, 동남아시아 610MTOE, 태평양 5MTOE

2035년 아시아태평양 지역의 국가별 1차 에너지 수요(단위: MTOE), 동아시아 4,656MTOE, 남아시아 1,158MTOE, 동남아시아 1,110MTOE, 태평양 9MTOE

아프가니스탄
파키스탄 ☢ **3/2**
인도 ☢ **21/6**
네팔
부탄
방글라데시
중국 ☢ **33/22**
북한
대한민국 ☢ **25/3**
일본 ☢ **43/2**
타이완 ☢ **6**
미얀마
라오스
베트남
타이
캄보디아
필리핀
몰디브
스리랑카
브루나이
말레이시아
싱가포르
인도네시아
동티모르

**아시아의 에너지 인자(추세를 반영한 예측 데이터)**

☢ 가동 중인 원자력 발전소 수 / 현재 건설 중인 원자력 발전소
MTOE: 석유환산톤
GW: 기가와트

500km

아시아의 지정학

에너지 수요의 증가, 국가별 에너지 생산 가능성 및 공급 확보 문제를 감안할 때 아시아는 세계 에너지 균형을 재정의하는 데 커다란 역할을 하고 있다.

# 에너지, 아시아의 결정적 요인

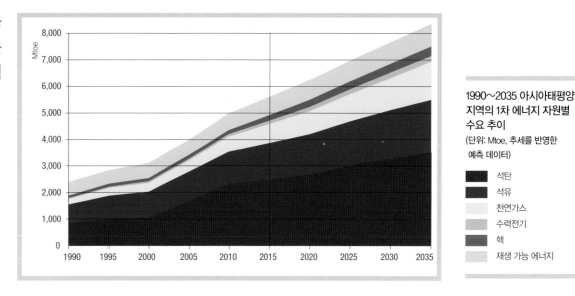

1990~2035 아시아태평양 지역의 1차 에너지 자원별 수요 추이
(단위: Mtoe, 추세를 반영한 예측 데이터)

- ■ 석탄
- ■ 석유
- 천연가스
- 수력전기
- 핵
- 재생 가능 에너지

---

향후 수십 년간 아시아는 세계 에너지 소비 증가에서 핵심적 역할을 할 것이다. 현재는 인구 증가, 경제 발전(산업, 서비스 부문), 소득 증가, (주로 전력 수요 증가로 나타나는) 도시적 생활방식에서 기인한 생활습관 변화를 겪고 있다. 이 때문에 2030년에는 전 세계 생산 에너지의 절반을 소비할 것이다.

## 전방위적 상승

(천연자원 상태에서 가공하지 않고 사용 가능한) 1차 에너지는 스펙트럼이 광범위하므로 그 수요는 일반적으로 증가할 것이다. 석탄, 석유, 천연가스, 핵에너지, 수력, 태양열, 풍력 등의 에너지는 전 분야에 걸쳐서 소비, 생산뿐 아니라 국가 간 수입이 증가할 것이다. 오늘날 중국은 전체 에너지의 13퍼센트

를 국외에서 수입하고, 인도는 31퍼센트, 필리핀은 43퍼센트, 대한민국은 82퍼센트, 싱가포르는 98퍼센트를 수입한다. 반면 브루나이, 몽골, 인도네시아, 말레이시아 등은 에너지 순 수출국이다.

특히 중국의 에너지 수요 증가로 예측할 수 있는 평상시의 시나리오대로라면, 동아시아는 아시아에서 1차 에너지 소비가 가장 높은 지역이 될 것이다. 에너지 수요량은 2015년에 3,162Mtoe를 넘어 2035년에는 4,656Mtoe로 늘어날 전망인데, 이는 거의 50퍼센트에 육박하는 증가율이다. 중국은 동아시아 에너지 수요량의 약 90퍼센트를 차지하는데, 이는 일본보다 훨씬 앞선 비율이다. 오늘날 일본은 494Mtoe를 소비하고, 2035년 즈음에는 이 수준에서도 약간 줄어들 전망이다. 남아시아에서는 인도의 에너지 수요 때문에 지금부터 2035년까지 수요량이 70퍼센트 증가할 것이다. 동남아시아는 특히 인도네시아와 베트

남의 에너지 수요 증가로 증가율이 80퍼센트에 이르고, 특히 베트남은 2035년에는 지금보다 2배 증가할 것이다. 불행하게도 향후 20년 동안 아시아에서 가장 많이 소비되는 자원은 석탄이 될 것이다. 오늘날 아시아 대륙에서 전체 에너지 믹스의 46퍼센트를 차지하는 석탄의 점유율은 2035년에는 42퍼센트로 낮아질 전망이다. 한편 석유는 전체 에너지의 약 24퍼센트 수준을 유지할 것이다. 반대로 천연가스 점유율은 수력전기, 핵에너지 및 재생 가능 에너지와 마찬가지로 증가할 것으로 예상된다. 1차 에너지에 대한 아시아의 갈증은 중국해에서 정치적, 군사적 긴장을 드러낼 뿐 아니라 중동과 아시아를 연결하는 육상 및 해상 에너지 기반시설을 구축하려는 대규모 프로젝트를 통해 표출될 것이다. 중국, 인도, 일본 등의 에너지 소비국들은 에너지원의 다각화뿐 아니라 에너지 공급량 확보도 중요시한다. 국가의 미래가 걸린 중대한 의무이기 때문이다.

참조: 25쪽 브루나이, 탄화수소로 일궈낸 발전, 31쪽 발전과 기후변화, 아시아의 딜레마

지질학의 이야기

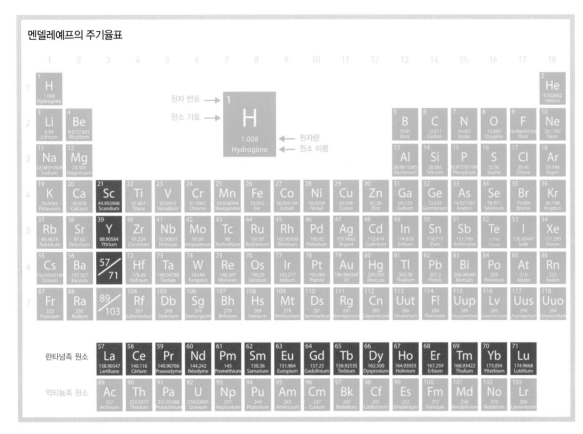

멘델레예프의 주기율표

원자 번호
원소 기호
원자량
원소 이름

란타넘족 원소

악티늄족 원소

희토류는 처음에 무기 제조에 사용되었으나 최근에 이 광물들은 휴대전화 칩, 컴퓨터나 텔레비전 LCD 모니터, 전기자동차 배터리 등의 첨단 기술 제품 제조에도 쓰인다. 평면 텔레비전이나 촉매 변환기|catalytic converter(자동차 배기가스 정화 장치-옮긴이)의 발광물질에는 이트륨이 들어 있고, 세륨은 유리 연마 등 광학 분야에서 사용된다. 또한 가돌리늄은 초음파, X선 따위의 의료 영상사진에 쓰인다. 미국지질조사국USGS에 따르면 전 세계 희토류 매장량은 1억 3,000만 톤에 달한다. 현재 가장 많은 희토류를 보유하고 있는 국가로는 중국(5,500만 톤), 브라질, 러시아(및 독립국가연합), 미국이 있으며, 인도, 오스트레일리아, 말레이시아에도 상당량이 매장되어 있다. 그러나 희토류 매장량 추정치는 부정확할 가능성이 매우 높다. 광맥이 전부 발견되지 않았을뿐더러, 이 자원의 전략적 특성 때문에 국가들이 의도적으로 매장량을 명확하게 밝히지 않기 때문이다.

## 중국의 희토류 독점

중국은 희토류 생산에서 거의 독점적인 위치를 차지하고 있다. 1927년 중국의 지질학자가 네이멍구자치구의 바이윈쾅구에서 대규모 희토류 광맥을 발견했다. 이 광맥은 덩샤오핑이 경제개혁을 실시한 1980년대가 되어서야 본격적인 채굴이 시작되었다. 광맥 개발은 세 가지 국면에서 진행되었다. 첫 번째로, 몇 년 동안 중국은 이 광물들을 낮은 가격에 판매함으로써 경쟁을

## 풍부한 희토류

━ ━ ━ 홀륨, 에르븀, 이테르븀, 네오디뮴, 툴륨, 세륨, 사마륨은 지각地殼 속 곳곳에 흩어져 있는 광물들로, '희토류'라 불린다. 주기율표에 나열된 광물에는 17개의 금속 원소와 15개의 란타넘족 원소가 있으며, 여기에 스칸듐과 이트륨을 포함시켜야 한다. '희귀한 광물'을 뜻하는 희토류라는 이름과 달리 이 광물들은 지각 속에 대량으로 존재한다. 그러나 워낙 여기저기 흩어져 있어서 채굴하기가 어렵고, 뒤늦은 20세기 중반에야 광물이 이용되기 시작했다.

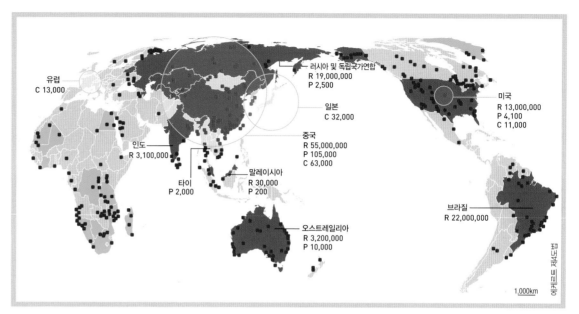

피했다. 두 번째로 중국은 자국 내에서 희토류를 사용하는 산업을 발전시키기 위해 공급 경로를 증가시키는 전략을 마련했다. 마지막으로 전 세계적으로 희토류 수요가 급증하자, 중국은 희토류 수출 쿼터제 및 관세 부과를 시행했다. 이러한 모든 요소들 덕분에 중국은 자국의 자원을 보존할 수 있고, 자원 가격을 인상하며, 생산 활동으로 발생하는 극심한 오염을 막을 수 있다. 이처럼 오늘날 전 세계 생산량의 약 97퍼센트를 중국이 차지하나, 중국이 보유한 비율은 알려진 매장량의 40퍼센트에 불과하다. 서방 국가들이 중국의 희토류 쿼터제를 WTO에 제소하자, 중국은 2015년 마침내 희토류 쿼터제를 폐지하겠다고 발표했다.

희토류는 민간 및 방위 산업에 두루 쓰이는 대단히 중요한 자원으로, 이제는 경제적, 전략적으로 최고의 대우를 받고 있다. 희토류가 아시아 지역에 주로 집중되어 있고 이 자원의 통제권을 몇몇 국가들이 쥐고 있기 때문에, 희토류는 종종 지정학적 목적으로 이용되거나 분쟁의 요인으로 작용하기도 한다. 희토류 생산과 공급을 통제하는 중국 당국은 희토류 시장의 변화와 이 자원에 의존하는 여러 나라들의 산업 생산력에 중요한 열쇠를 쥐고 있다. 예를 들어 2010년에 중국해에서 중국 선박과 일본 선박 간에 마찰이 빚어졌을 때, 중국이 일본에 희토류 수출 중단 결정을 내린 일을 언급할 수 있겠다. 2010년 일본의 희토류 소비량은 연간 3만 2,000톤으로 중국에 이어 세계 2위를

차지한 상황이었다. 전 세계적으로는 연간 10만 톤의 희토류가 생산되는데, 중국은 이 가운데 거의 절반을 소비한다. 이 분쟁은 2011년 일본 해역 내에서 상당히 큰 희토류 광맥이 발견되기 얼마 전에 발생했다.

여러 국가들은 중국에 의존적인 상황에서 벗어나기 위해 공급원을 다변화하려는 노력을 기울이는 한편, 이용 가능한 새로운 매장지 탐색에 착수했다. 아프리카와 그린란드의 여러 지역에는 상당량의 자원이 숨겨져 있는 것 같다. 그리고 최근에는 북한에 세계 최대 규모의 희토류가 매장되어 있을 것이라는 연구 보고서가 발표되었다. 북한의 정주定州에는 2억 1,600만 톤의 희토류 산화물이 매장되어 있을 것으로 예상하며, 이는 현재 전 세계적으로 알려진 매장량의 두 배에 달하는 양이다. 이

러한 발견이 사실로 확인될 때까지 중국은 국제적 압박 수단으로서 희토류 시장에 대한 중국의 지배적인 위치를 지속적으로 활용할 것이다. ▬ ▬ ▬

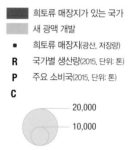

■ 희토류 매장지가 있는 국가
■ 새 광맥 개발
● 희토류 매장지(광산, 저장량)
R 국가별 생산량(2015, 단위: 톤)
P 주요 소비국(2015, 단위: 톤)
C

20,000
10,000

상하이의 도시
―― 1949년의 시市 경계
―― 2011년의 시 경계
▢ 2010년 상하이 국제박람회 지정 구역
▨ 상하이 생태도시 계획(취소됨)

중국
상하이

양쯔강
충밍섬
동탄
양쯔강 하구

동중국해

상하이항
푸시
상하이
상하이-푸동 국제공항
푸동

항저우만
양산심수항

5Km

아시아에는 세계적으로 손꼽히는 거대도시들이 많다. 그 가운데 상하이는 인구 면에서 거대도시이고, 국제 경제를 통합한다는 점에서 세계적이며, 개방성과 문화적 파급력 면에서 국제적이다. 이제 상하이는 살기 좋고 지속 가능한 미래 도시를 만들기 위해 노력하고 있다.

# 상하이, 21세기의 수도

이제 인구 대다수는 거대도시(메갈로폴리스, 인구 1,000만 명 이상의 도시)에서 살게 될 거라는 표현들을 여러 군데서 볼 수 있다. 그러나 이와는 반대로 도시에 사는 세계 인구의 절반(대략 20억 정도)은 50만 명이 못 되는 도시에 거주한다. 2014년에 인구 수 50만~100만 명인 도시는 525개, 100만~500만 도시는 417개, 500만~1,000만 명 도시는 43개였고, 1,000만 명 이상인 도시는 28개였다. 1950년에 이러한 규모의 대도시는 불과 2개 밖에 없었고(뉴욕 1,230만 명, 도쿄 1,130만 명), UN은 2050년에 대도시가 41개로 늘어나리라 예상했다. 따라서 대도시라는 모델은 전 세계 극히 일부 인구만을 수용하고 있다. 오늘날 4억 5,300만 명이 이러한 대도시에 살고 있는데, 이는 불과 전체 도시 인구의 12퍼센트일 뿐이다. 그렇지만 이 도시들의 거대함, 사회적·경제적 기능과 더불어,

어떤 의미에서는 부유함과 혁신이 지닌 잠재성 덕분에 대도시는 특별한 지위를 획득했고, 미래의 세상을 고려하면 특히 더 그러하다.

이 거대도시들은 흔히 한 나라의 경제적 허파의 기능을 하고, 과거에는 선진국에 주로 많이 존재했다. 오늘날에는 남반구 국가들에 이런 도시들이 많고 미래에도 그러할 것이다. 3,700만 명이 거주하는 도쿄(일본)는 세계에서 가장 인구가 많은 거대도시이고, 인구수 2,500만 명의 뉴델리(인도)와 2,300만 명의 상하이(중국)가 그 뒤를 잇는다. 인구 1,000만 명 이상의 세계 대도시 28개 가운데 15개가 아시아 도시들이다. 인구 500만~1,000만의 도시 43개 중에는 아시아 도시가 25개다. 상하이가 걸어온 길을 살펴보면 한 도시가 어떻게 한순간에 당대의 대표 도시로 탈바꿈했는지, 어떻게 스스로를 재발견했는지 알 수 있다.

## 상하이, 그리고 시대정신

상하이는 중국에서 인구가 가장 많은 도시이며, 베이징, 충칭, 광저우 등이 뒤를 잇는다. 동중국해 쪽으로 트인 연안에 위치한 상하이는 양쯔강 삼각주의 하구와도 맞닿아 있다. 총 길이 6,300킬로미터의 양쯔강은 중국을 동에서 서로 가로지른다. 1846년 영국, 미국, 프랑스 등이 중국에 거류지를 설치했을 때, 상하이는 인구 약 35만 명의 도시였고, 항구에서 발생하는 무역으로 번영했다. 일본의 침략과 제2차 세계대전 같은 여러 지역적 대격변이 일어나기 직전인 1930년대에는 인구가 300만 명으로 늘어나면서, 경제, 산업, 문화, 예술의 중심지가 되었다.

상하이는 오랫동안 서구 식민주의의 전형으로 여겨졌으

▲ 국제박람회, "더 좋은 도시, 더 나은 삶"

2010년 5월 1일부터 10월 31일까지 열린 상하이 국제박람회는 "더 좋은 도시, 더 나은 삶Better City, Better Life"이라는 주제를 내걸었다. 상하이 국제박람회에는 면적 5.2제곱킬로미터에 이르는 공간에서 190개의 국가 대표단과 7,300만 명의 방문객(외국인 방문객은 5.8퍼센트)이 참가했다. 세계적인 행사의 성공적인 개최를 위해 도시 곳곳에서 개발 사업이 실시되었다. 도심에 위치한 신축 푸동 국제공항과 상하이 자기부상 시범운행선이 연결되었고, 2002년에 총 길이 63킬로미터를 운행하던 상하이 철도망은 국제박람회 개최 당시 420킬로미터까지 연장되었다. 이 철도망은 도심과 변두리 지역을 연결한다. 세계 각지에서 수많은 방문객이 찾아옴으로써 이 행사를 성공리에 마친 상하이는, 그 어떤 도시보다 일찍 뿌리를 내린 도시의 노하우를 다른 세계에 선보였다.

나, 1949년에 공산체제가 된 이후에는 관심 밖으로 밀려났다. 과거 금융 및 상업 중심지였던 상하이는 이제 중공업의 메카가 되었다. 그러나 1978년 덩샤오핑이 시작한

서울
인천
개발 중인 지역

5Km

인천
대한민국

지리의 즐거움

2000년대 초 대한민국 정부가 추구한 '글로벌 도시'는 현재 황해 연안 지역에 건설 중이다. 이 프로젝트는 황해–인천–서울 간 도심 연속체를 건설함으로써 서울을 바다와 연결하려는 목표를 갖고 있다. 금융, 기술, 서비스, 교육, 해운 및 항공 물류의 다각적 허브를 구축하여, 인구 100만 명 이상이 거주하는 아시아 북부의 60여 개 도시를 비행기로 3시간 만에 이동 가능하게 만드는 것이다. 현재 세 구역이 새로 개발 중이다. 면적 138제곱킬로미터에 이르는 영종도는 바다를 부분적으로 매립하여 조성한 곳으로, 앞으로 대한민국의 거대 물류 중심지가 될 것이다. 면적 53제곱킬로미터의 송도 국제도시는 국제 업무 도시이자 항구도시로 교육과 과학 중심지로 자리 잡고 있다. 마지막으로 면적 18제곱킬로미터의 청라 국제도시는 비즈니스, 첨단기술, 레저 및 오락 시설이라는 세 개의 주요 영역을 유기적으로 연결한다. 이 후기 산업도시에서는 고도로 안전한 도시의 전형을 구현하는 감시뿐 아니라 지속 가능성(탄소 중립, 쓰레기 제로 등)을 위한 기술들을 어디에서나 쉽게 볼 수 있다. 이러한 개발 계획은 2020년경 마무리될 것으로 예상된다.

경제개혁이 시행된 이후에야 새롭게 변모했으며, 점차 21세기의 '새로운 수도'로 자리매김하게 되었다.

인구의 압박 때문에 상하이는 수평적으로 발전했다. 도시의 경계선을 뒤로 밀어내고 교통망을 구축함으로써 삼각주 지역의 다른 도시들을 점진적으로 위성도시로 만들었다. 반면 상하이는 수직적으로도 발전했다. 전통적인 주거 형태들, 올망졸망한 집들로 둘러싸인 안마당들은 고층빌딩에 밀려 점차 사라져갔다. 도시 개발의 일환으로 대규모 농경지, 황푸강 동안에 위치한 조선소들이 한데 합쳐졌다. 마찬가지로 도시의 역사적 중심인 푸시 앞에 위치한 푸동에는 새롭게 업무 지구가 건설되었는데, 이 때문에 상하이

경제에도 변화의 바람이 불었다. 30년 동안 상하이는 산업도시에서 서비스 및 금융 도시로 바뀌었고, 이제 3차 산업 분야는 도시 경제의 50퍼센트 이상을 차지한다. 서비스 경제가 발전함에 따라 항만시설도 증가했다. 상하이에는 원래 와이가오차오Waigaoqiao항이 있었고, 2005년에 양산항이 추가로 건설되었다. 양산항은 수심이 깊은 곳에 위치한 간척지에 지어진 심수항으로, 길이 32킬로미터의 동해대교로 육지와 연결된다. 이 때문에 상하이는 컨테이너 처리 실적 면에서 세계 제1의 항구로 올라섰다.

2002년에 국제박람회기구는 상하이를 2010년 국제박람회 개최 도시로 선정했다. 상하이는 미래의 세계 도시 실험실이라는 면모를 한껏 드러냈다. 부와 혁신을 창출할 역사적인 장소(상하이의 도시 GDP는 2015년에 2,600억 달러였고, 이

는 핀란드 국가 전체의 GDP 총액과 맞먹는다)로서 상하이는 경제,
정보통신, 금융, 정치, 대학 등 세계적인 문화 네트워크에
편입되어, 권력과 영향력 면에서 실질적으로 중심적인 역
할을 하게 되었다. 따라서 다른 세계적인 도시와 마찬가지
로 환경(이산화탄소 배출량, 환경오염), 에너지(에너지 효율 및 청정
에너지), 사회(도시화 가속화)적 측면에서 부딪치는 문제들에
대한 해결책을 내놓아야 할 위치에 있다.

상하이의 충밍섬에서 계획된 동탄 생태도시 프로젝트는
아시아 여러 나라들이 시도한 녹색도시 연구소를 구현하
는 것이어야 했다. 2005년 상하이시 외곽에 위치한 이 섬
이 부지로 선정되어, 섬 끝자락에 완전 생태도시를 건설할
예정이었다. 동탄 생태도시는 영국의 베딩턴 제로 에너지
단지(BedZED)에서 아이디어를 얻었으며, 지속 가능한 도시
로서 중국의 대표적 생태도시의 기준을 마련할 것으로 보
았다. 생태도시는 지속 가능한 발전의 측면에서 굉장히 까
다로운 기준에 따라 건설되어야 하며, 도시의 건설뿐 아니
라 기능의 측면에서도 환경 보존(전기자동차, 유기농법, 에너지
소비량이 낮은 건물, 탄소 중립 등)의 조건들을 만족시켜야 한다.
여러 기술들이 이러한 목표들을 달성하는 데 도움이 되었
고, 도시계획에서는 녹지 공간을 활용하고 에너지 소비와
온실가스 배출을 줄이는 방안 등이 고려되었다. 그러나 기
존의 자연보호 구역을 부지로 선정함으로써, 이 프로젝트
는 생태적 영향 및 지역 주민들과의 협의 부족을 이유로
곧 반론에 부딪혔다. 이후 이 프로젝트는 중국공산당 내
상하이 지도부의 부정부패 혐의 때문에 조심스럽게 중단
되었다. 이 사건은 미래 도시의 문제와 목표가 정치, 경제,
지역사회 및 국가 차원의 현실 때문에 어떤 방향으로 결정
되는지 여실히 보여준다.

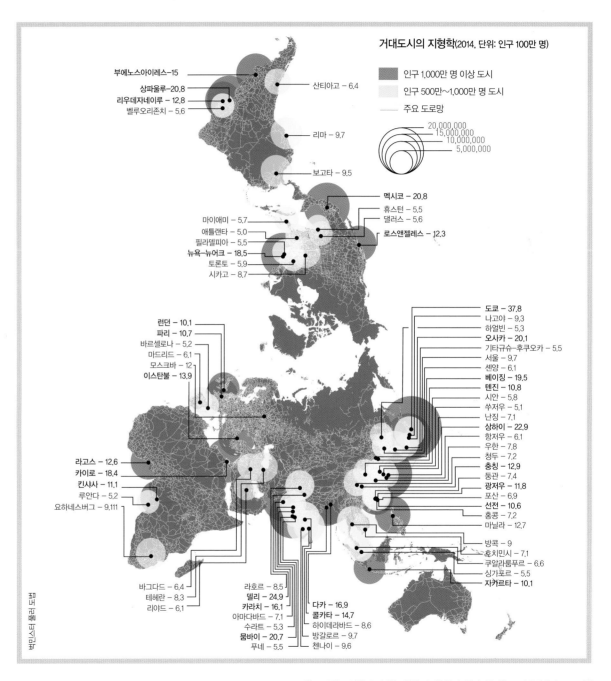

거대도시의 **지형학**(2014, 단위: 인구 100만 명)

인구 1,000만 명 이상 도시
인구 500만~1,000만 명 도시
주요 도로망

20,000,000
15,000,000
10,000,000
5,000,000

부에노스아이레스-15
상파울루-20.8
리우데자네이루 - 12.8
벨루오리존치 - 5.6
산티아고 - 6.4
리마 - 9.7
보고타 - 9.5
멕시코 - 20.8
휴스턴 - 5.5
댈러스 - 5.6
로스앤젤레스 - 12.3
마이애미 - 5.7
애틀랜타 - 5.0
필라델피아 - 5.5
뉴욕-뉴어크 - 18.5
토론토 - 5.9
시카고 - 8.7

런던 - 10.1
파리 - 10.7
바르셀로나 - 5.2
마드리드 - 6.1
모스크바 - 12
이스탄불 - 13.9

라고스 - 12.6
카이로 - 18.4
킨샤사 - 11.1
루안다 - 5.2
요하네스버그 - 9.111

바그다드 - 6.4
테헤란 - 8.3
리야드 - 6.1
라호르 - 8.5
델리 - 24.9
카라치 - 16.1
아마다바드 - 7.1
수라트 - 5.3
뭄바이 - 20.7
푸네 - 5.5
다카 - 16.9
콜카타 - 14.7
하이데라바드 - 8.6
방갈로르 - 9.7
첸나이 - 9.6

도쿄 - 37.8
나고야 - 9.3
하얼빈 - 5.3
오사카 - 20.1
기타규슈-후쿠오카 - 5.5
서울 - 9.7
센양 - 6.1
베이징 - 19.5
톈진 - 10.8
시안 - 5.8
쑤저우 - 5.1
난징 - 7.1
상하이 - 22.9
항저우 - 6.1
우한 - 7.8
청두 - 7.2
충칭 - 12.9
둥관 - 7.4
광저우 - 11.8
포산 - 6.9
선전 - 10.6
홍콩 - 7.2
마닐라 - 12.7
방콕 - 9
호치민시 - 7.1
쿠알라룸푸르 - 6.6
싱가포르 - 5.5
자카르타 - 10.1

117

동양의 아시아

참조: 19쪽 도시화, 소리 없는 혁명, 105쪽 공자, 망가, 볼리우드: 아시아의 소프트 파워

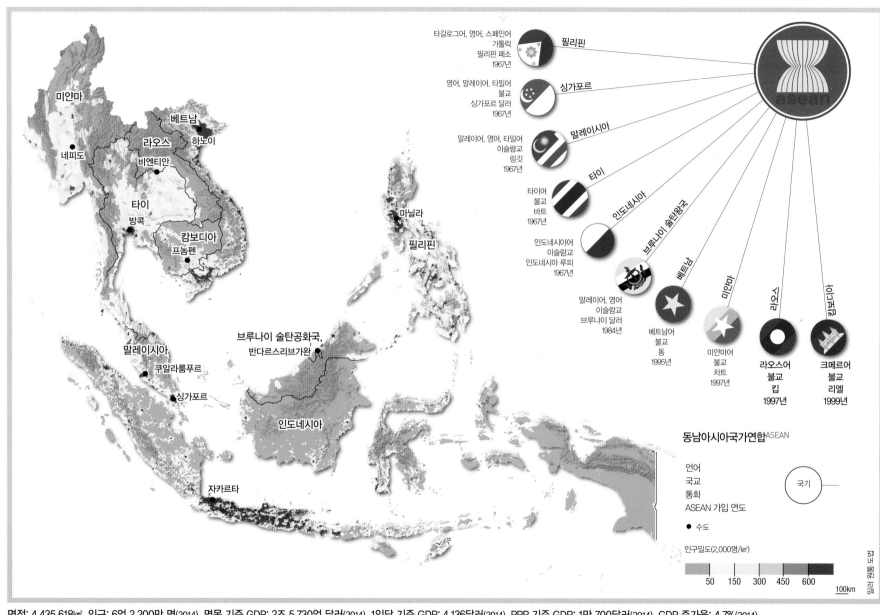

미얀마

베트남

라오스

하노이

네피도

비엔티안

타이

방콕

캄보디아

프놈펜

마닐라

필리핀

말레이시아

쿠알라룸푸르

싱가포르

브루나이 술탄공화국,
반다르스리브가완

인도네시아

자카르타

타갈로그어, 영어, 스페인어
가톨릭
필리핀 페소
1967년
필리핀

영어, 말레이어, 타밀어
불교
싱가포르 달러
1967년
싱가포르

말레이어, 영어, 타밀어
이슬람교
링깃
1967년
말레이시아

타이어
불교
바트
1967년
타이

인도네시아어
이슬람교
인도네시아 루피
1967년
인도네시아

말레이어, 영어
이슬람교
브루나이 달러
1984년
브루나이 술탄왕국

베트남어
불교
동
1995년
베트남

미얀마어
불교
차트
1997년
미얀마

라오스어
불교
킵
1997년
라오스

크메르어
불교
리엘
1999년
캄보디아

### 동남아시아국가연합ASEAN

언어
국교
통화
ASEAN 가입 연도

국기

● 수도

인구밀도(2,000명/km²)

50  150  300  450  600

100km

면적: 4,435,618km², 인구: 6억 2,200만 명(2014), 명목 기준 GDP: 2조 5,730억 달러(2014), 1인당 기준 GDP: 4,136달러(2014), PPP 기준 GDP: 1만 700달러(2014), GDP 증가율: 4.7%(2014),
외국인 직접투자FDI(2014): 1,360억 달러

전략적 요충지인 동남아시아는 북쪽으로는 중국, 동쪽으로는 미국 및 미국의 아시아태평양 동맹국들, 서쪽으로는 인도와 '동방정책Look East Policy'의 압박을 받고 있다.

# 동남아시아, 멀고 먼 통합의 길

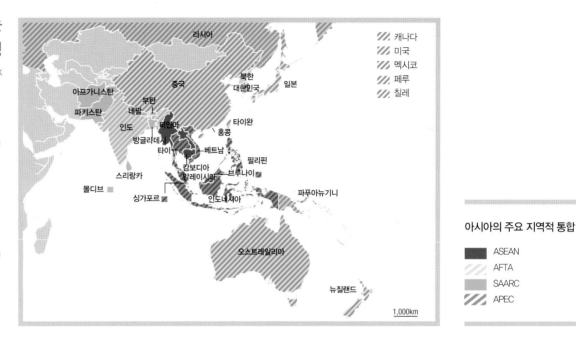

아시아에는 남아시아지역협력연합SAARC, 아시아태평양경제협력체APEC 등의 지역 기구들이 있는데, 그 가운데 동남아시아국가연합ASEAN이 가장 오랜 역사를 갖고 있다. 베트남전쟁이 한창이던 1967년에 ASEAN은 지역 안보 강화라는 사명을 띠고 동남아시아에 공산주의 확산을 막기 위해 설립되었다. 설립 당시 타이, 말레이시아, 싱가포르, 인도네시아, 필리핀 5개국이 참가했고, 나중에 5개국이 추가로 합류했다. 현재 동티모르를 제외하고 동남아시아 전 국가가 ASEAN 회원국이다. 그러나 ASEAN은 전체적으로는 매우 이질적인 단체다. 이들 국가가 북회귀선과 남회귀선에 걸친 열대기후에 속한다는 점을 제외하면, 많은 요소들이 통합을 어렵게 만든다. 가령 외적으로 산지와 섬이라는 지형적 특성, 민족적 상이성, 언어 및 종교적 다양성(불교, 이슬람교, 가톨릭, 힌두교)이 존재하고, 부국(싱가포르, 브루나이)과 최빈국(라오스, 캄보디아) 사이에 경제적 격차도 뚜렷하다.

## 외부의 압력

1960~70년대에 동남아시아 지역에서 분쟁이 종료되고 1990년대에 냉전이 종식되자 ASEAN은 목표를 수정했다. ASEAN 회원국들은 남미공동시장Mercosur(1991), 북미자유무역협정NAFTA(1992)과 같은 다른 지역경제기구의 설립이나 유럽경제공동체EEC에서 유럽연합EU으로의 이행(1992) 등 세계의 지역화에 주목했다. 그리하여 1991년 타이 주도하에 동남아시아국가연합 자유무역지역AFTA을 설치하고 관세장벽을 낮춤으로써 경제 및 무역에서 더욱 공고한 통합을 결정했다. 그러나 EU와 달리 ASEAN 회원국들은 각국의 주권을 '공유'할 준비가 된 상태는 아니었다. 또한 이 기구는 심지어 무역에서도 수많은 장애에 부딪혔다. 이는 경제 모델로서, 혹은 경쟁적인 외교 동맹으로서 국가 간 다양한 이해관계가 얽혀 있기 때문이다. 그러나 ASEAN이 시도한 방식 같은 지역 경제 개방은 이미 다른 세계에 문을 연 싱가포르와, 아시아 지역 시장에 진입하고자 하는 베트남에는 큰 영향을 미치지 못한다. 동시에 산업 생산에서 직접 경쟁을 선택한 나라들도 일부 존재한다. 역내무역intra-trade이 증가하고 있음에도, 이러한 요소들은 이 지역의 더욱 공고한 통합에 걸림돌이 되고 있다. 현재 동남아시아 국가들은 중국과 미국이라는 외세의 영향을 받고 있다. 이러한 지정학적 환경 속에서 이 국가들 앞에 놓인 선택은 지역적 통합일 수도 있고, 열강들과의 직접적인 접촉이 될 수도 있다. 전자는 세계의 다른 국가들에게 영향력을 행사할 수 있는 원천이 될 것이고, 후자의 경우에는 의존적이 되거나 취약해질 위험을 무릅써야 할 것이다.

### 지도 범례
- 캐나다
- 미국
- 멕시코
- 페루
- 칠레

러시아
중국
아프가니스탄
파키스탄
네팔
부탄
인도
방글라데시
미얀마
타이완
홍콩
북한
대한민국
일본
베트남
필리핀
타이
캄보디아
말레이시아
브루나이
스리랑카
몰디브
싱가포르
인도네시아
파푸아뉴기니
오스트레일리아
뉴질랜드
1,000km

**아시아의 주요 지역적 통합**
- ASEAN
- AFTA
- SAARC
- APEC

참조: 59쪽 라오스, 중간 지대의 나라, 73쪽 중국과 미국, 아시아태평양 지역의 경쟁

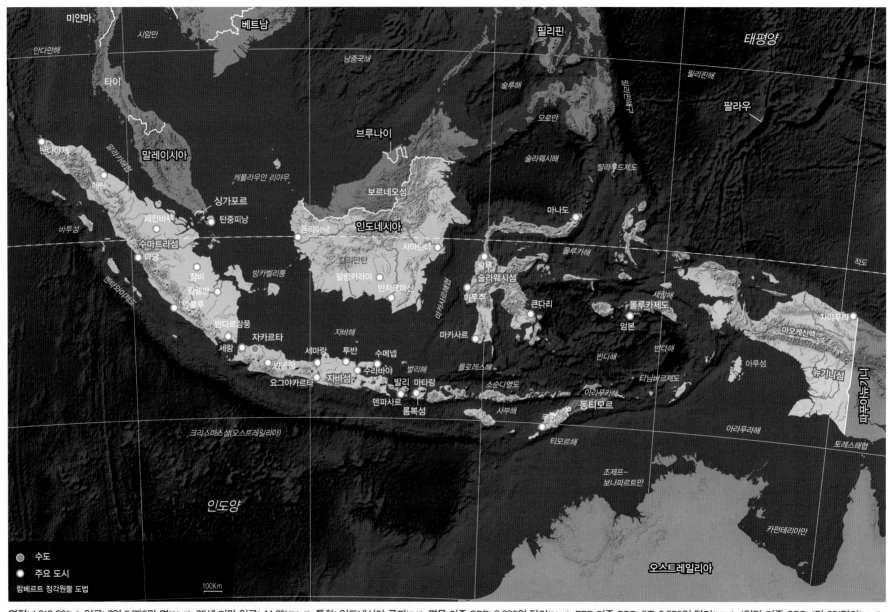

미얀마　베트남

타이

태평양

안다만해

시암만

남중국해

필리핀

필리핀해

말레이시아

바투섬

싱가포르

탄중피낭

반다아체

메단

페칸바루

수마트라섬

파당

잠비

팔렘방

벵쿨루

반다르람풍

세랑

자카르타

반둥랑

요그야카르타

자바섬

세마랑

투반

수메넵

수라바야

발리

마타람

덴파사르

롬복섬

케풀라우안 리아우

방카벨리퉁

자바해

발리해

술루해

모로만

술라웨시해

탈라우드제도

마나도

브루나이

보르네오섬

폰티아낙

인도네시아

사마린다

칼리만탄

팔랑카라야

반자르마신

팔루

술라웨시섬

마무주

큰다리

마카사르

몰루카해

몰루카제도

암본

세람해

반다해

플로레스해

소순다열도

사부해

쿠팡

동티모르

타님바르제도

아라푸라해

아루섬

뉴기니섬

자야푸라

마오케산맥

반다해

파푸아뉴기니

적도

팔라우

필리핀해구

크리스마스섬(오스트레일리아)

인도양

티모르해

조제프－
보나파르트만

아라푸라해

토레스해협

카펜테리아만

오스트레일리아

● 수도
● 주요 도시

람베르트 정각원뿔 도법

100Km

면적: 1,910,931㎢, 인구: 2억 5,750만 명(2015), 25세 미만 인구: 44.8%(2015), 통화: 인도네시아 루피(IDR), 명목 기준 GDP: 8,880억 달러(2014), PPP 기준 GDP: 2조 6,850억 달러(2014), 1인당 기준 GDP: 1만 651달러(2014),
교육비 예산: GDP의 3.6%(2013), 국방비 예산: GDP의 0.8%(2014), 1인당 이산화탄소 배출량: 2.3톤(2011)

지리적으로 여러 집단들이 교차하는 지점에 위치한 인도네시아는 정치사 면에서, 민주주의로 성공적으로 이행했다는 점에서, 또한 경제적 성과들을 통해 모범적인 사례로 꼽힌다. 그러나 여전히 위험 요소들이 만연해 있고, 폭발적인 폭력이 되풀이되고 있다.

# 인도네시아, 아시아의 연결 고리

동남아시아와 오세아니아가 만나는 지점에 위치한 인도네시아는 인도양과 태평양을 연결한다. 면적이나 인구 규모에서 동남아시아 다른 국가들보다 큰 편인 인도네시아는 전 세계 최상위 부국 20국(G20) 중에서도 가장 부유한 나라이자 독보적인 존재다. 영토가 여러 개의 섬으로 나뉘어 있는 인도네시아는 300여 개의 민족 집단(자바족, 미낭카바우족, 부기족, 파푸아족)과 700여 개의 서로 다른 방언이 모자이크처럼 촘촘하게 짜여 있다. 인구의 90퍼센트가 이슬람교도로, 인도네시아는 세계에서 가장 큰 이슬람 국가(신도수 2억 1,000만 명)이나, 기독교(가톨릭과 개신교), 힌두교, 불교 공동체도 나란히 존재한다. 인적 구성의 다양성과 영토의 불연속성은 인도네시아의 특수성이자, 국가적 통합에는 난관이자 위험이다. 독립 이후 인도네시아 정치 지도자들은 통합 문제에 관해 다양한 해답을 제시해왔다.

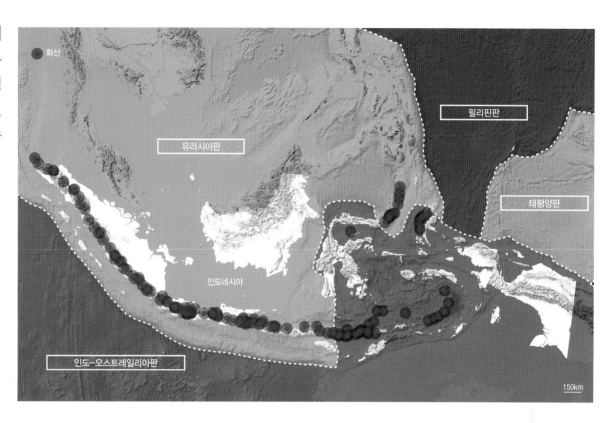

## 민주주의로의 이행

인도네시아는 17세기부터 네덜란드의 식민지였고, 1942년에는 일본에 점령당한다. 이후 1945년에는 아흐메드 수카르노와 모하마드 하타를 중심으로 독립을 선언한다. 그러나 실제 독립은 네덜란드 당국이 인도네시아 독립운동가들에게 모든 주권을 이양하기로 합의한 1949년에야 실현된다. 수카르노는 인도네시아 연방공화국 초대 대통령에 취임하고, 1955년에는 첫 번째 선거가 실시된다. 선거는 새 헌법의 초안 작성을 담당할 의회 구성을 위해 치러졌다. 그러나 수카르노 대통령은 소위 '교도 민주주의'

## ▲ 지각변동의 판들이 만나는 인도네시아

인도네시아는 세계에서 가장 큰 군도이며, 그 면적은 200만 제곱킬로미터에 달한다. 1만 7,000여 개의 군도 가운데 수마트라, 자바, 보르네오 섬이 가장 크고, 이 섬들의 일부는 말레이시아 및 브루나이에 속해 있다. 또한 술라웨시섬과 뉴기니섬은 파푸아뉴기니와 영토를 공유한다. 인도네시아는 유라시아판과 인도-오스트레일리아판이 만나는 지점에 위치한다. 인도네시아 영토에 화산이 많고, 지진 및 해일이 반복적으로 발생하는 이유는 바로 이 때문이다. 2004년 12월 26일 리히터 규모 9.3의 지진이 인도네시아 해역 전역에서 발생했고, 그 여파로 쓰나미가 일어나 이 지역에서 22만 명의 사망자가 속출했다. 이 가운데 17만 명이 인도네시아에서 사망했고, 특히 수마트라섬 북부 아체 지방의 피해가 컸다.

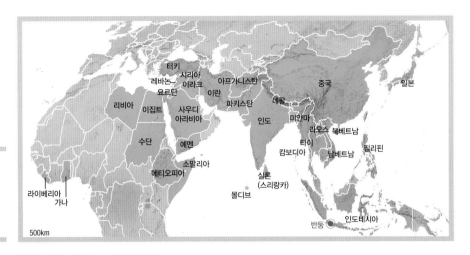

항로에 위치하며, 말라카해협을 사이에 두고 있어 세계 무역의 3분의 1이 이곳을 통해 이루어진다. 이러한 입지 조건 덕분에 여러 경제 대국들은 인도네시아의 전략적 위상을 중요하게 생각한다. 일본과 대한민국은 말레이시아-인도네시아해협을 에너지 차원에서 대단히 중요하게 본다. 중국은 남중국해에서 영향력을 넓히고 인도네시아의 천연자원을 활용하며 공급 경로를 확보하고자 한다. 마지막으로 인도와 미국은 인도네시아와 동맹을 맺어 이 지역을 열망하는 중국에 맞설 계획이다. 이 지역에서 러브콜을 독점하고 있는 인도네시아는 관계를 다각화하려고 노력하는 한편, 무엇보다 주변 국가들에 우선적인 특권을 주고자 한다. 즉 말레이반도(말레이시아, 브루나이, 싱가포르, 필리핀)와 남태평양(특히 오스트레일리아), ASEAN 국가들의 범위 내에서 인도네시아는 자국의 위상을 시험하고 있다.

이 지역의 다른 나라들처럼 인도네시아도 세계 무역 자유화 및 수출 경쟁력에 기초한 경제성장(2014년 5퍼센트) 방식을 택했다. 인구 2억 5,700만 명의 인도네시아는 세계에서 네 번째로 인구가 많은 나라로, 중산층에 의존한 내수시장 개발을 목표로 한다. 인도네시아의 중산층은 이미 20퍼센트를 넘어섰으며, 2030년에는 두 배로 증가할 것이다. 1990~2014년 인도네시아의 부의 증대는 1인당 GDP 증가율을 보면 알 수 있는데, 1인당 GDP가 770달러에서 3,524달러로 증가하여 수백만 명이 빈곤에서 탈출했다. 인도네시아의 경제적 자산 가운데 풍부한 천연자원(석유, 천연가스, 주석, 니켈, 구리, 보크사이트, 망간) 덕분에 자국의 소비량에 비해 월등히 높은 에너지 생산량이 가능했다(2013년에 에너지 보급률 253퍼센트).

반둥,
제3세계의 수도

■ 반둥회의 참여국
(현행 국경)

500km

### ▲ 반둥, 제3세계의 호소

1955년 4월 18일부터 24일까지, 국제무대에 제3세계의 등장을 알리고자 29개국이 자바섬의 반둥에 모여 회의를 열었다. 아프리카, 아시아, 중동에 속한 이 남반구 국가들은 당시 대부분 신생 독립국으로, 1956년에 시작될 비동맹 운동을 준비 중이었다. 인도의 초대 총리 자와할랄 네루가 주도하고 인도네시아의 수카르노 대통령 및 국제사회의 여러 인물들(이집트의 가말 압델 나세르, 중국의 저우언라이, 가나의 크와메 은크루마)이 주축이 되어 열린 제1차 아프리카-아시아 정상회담은 식민 질서 및 두 초강대국이 강요하는 냉전의 논리를 끊고자 했다. 물론 중립 국가(인도, 이집트), 친(親)서방 국가(파키스탄), 친공산 국가(중국)로 나뉘어 의견이 엇갈리는 국가들 간에 공통된 입장을 세우고 조율하는 일이 쉽지는 않았다. 그럼에도 반둥회의는 결과적으로 아프리카 및 아시아의 탈식민지화와 해방을 이끌어내야 할 필요성을 상기시켰고, 특히 경제적 후진성을 극복하기 위한 국가 간 협력을 촉구하는 성과를 얻어냈으며, 다른 국가의 내정에 관한 비간섭 원칙을 천명했다.

1966년 수하르토 장군이 이끄는 독재정권이 들어섰고, 그는 국가수반으로 32년간이나 장기 집권한다. 이후 동남아시아에 불어닥친 외환위기로 인도네시아에서도 경제위기와 사회적 불안이 심화된다. 이는 결국 1998년 5월, 32년간 지속된 수하르토 체제의 붕괴로 이어지고 이후 인도네시아는 복수 정당체제를 받아들이게 된다. 10여 년간 경제, 정치, 영토의 측면에서 과도기(소위 '개혁reformasi')를 거치면서 대통령이 세 번 바뀌었고, 인도네시아는 불리한 조건들을 극복해나간다. 분리주의자들의 위협과 테러리스트들의 공격이 수차례 인도네시아열도를 덮쳤지만, 2014년 7월의 선거로 선출된 신임 대통령 조코 위도도는 인도네시아가 동남아시아에서 가장 진보한 민주주의 국가임을 확인시켜주었다.

### 전략적 위치

인도네시아는 태평양과 인도양 사이, 전 세계 주요 해상

를 제창하면서 종신 대통령에 취임하여 독재체제를 수립한다. 1965년에 쿠데타가 일어나 정국이 불안정해지자

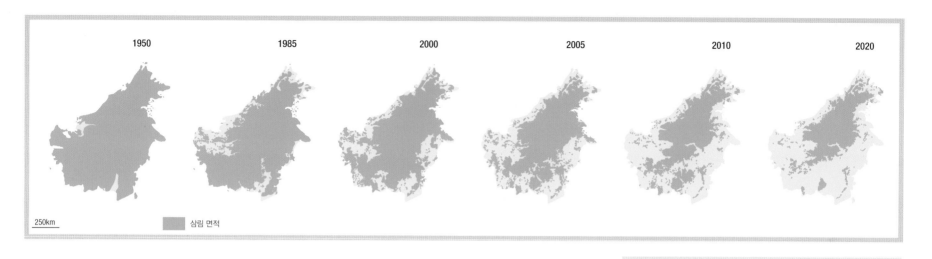

| 1950 | 1985 | 2000 | 2005 | 2010 | 2020 |

250km    ▨ 삼림 면적

## 화합을 위한 도전

인도네시아는 정부 차원에서 정책적으로 경제적 성과를 일구어내고 국가의 빈곤을 감소시켰다. 그렇다고 사회적 불평등의 증가와 굉장히 높은 수준의 부패 관행이 가려지는 것은 아니다. 이와 관련한 수많은 현상들은 가뜩이나 어려운 통합을 더 힘들게 만들고 있다. 만약 민주주의의 확립으로 이슬람교를 개방적으로 받아들이는 위정자가 권력을 잡는다면, 헌법에 적시된 종교 다원주의 원칙을 다시 문제 삼지는 않을 것으로 보인다. 또한 아시아 전역에 존재하는 6개 종교, 즉 이슬람교, 개신교, 가톨릭, 힌두교, 불교 및 유교가 인도네시아에서 공존할 수 있을 것이다. 이슬람 급진주의 운동은 지방선거에서 승리했고, 특히 아체 지방을 포함한 일부 지역에서 이슬람교 종교법charia에서 착안한 법안을 채택하기에 이르렀다. 이에 맞서 인도네시아인들은 정반대로 세속주의 국가를 지켜내려는 선택을 국민투표로 표출했다. 그들은 전직 장군인 수실로 밤

방 유도요노를 두 차례나 국가 수반으로 선출했는데, 그의 명성은 바로 합의, 개방, 다원주의에서 비롯된다. 알카에다와 유사한 이슬람 무장단체 제마 이슬라미야와 같은 국지적 이슬람 무장단체들은 자바나 발리의 테러 공격이 자신들의 소행이라고 주장한다. 이들에게 냉정한 인도네시아인들은 전 세계에 온건하고 개방적이며 관대한 현대의 정치적 이슬람의 전형적 모습을 보여주려고 노력한다. 이제는 국가 차원에서 민주주의의 기본 원칙들이 자리를 잡은 것 같지만, 국가적 통합으로 향하는 여정은 몇 년 더 걸릴 것으로 보인다. 가령 뉴기니섬 서쪽의 파푸아는 1963년 인도네시아 정부가 이곳을 점령하면서 이리안자야rian Jaya로 개칭한 바 있다. 파푸아는 독립을 요구하면서 천연자원 활용으로 벌어들인 수입을 최선의 방법으로 분배하도록 투쟁하고 있다. 또한 2002년에는 동티모르의 분리주의 운동이 동티모르 독립을 이끌어냈고, 2005년에는 자치권을 주장하던 아체에서 지역 협약이 체결되었다. 이처럼 인도네시아는 민족, 문화, 경제에 따른 분열이

### ▲ 보르네오섬의 밀림이 사라진다면

인도네시아는 브라질과 콩고에 이어 세계에서 세 번째로 큰 열대 우림을 보유하고 있다. 그러나 오일팜(기름야자) 플랜테이션 때문에 삼림 면적이 점점 줄어들고 있다. 2012년 인도네시아는 세계 최대의 삼림 벌채국으로 기록되었다. 2000~2012년 인도네시아에서 아일랜드 면적에 해당하는 600만 헥타르의 삼림이 사라졌다. 보르네오섬의 삼림 면적 변화는 이러한 현상의 규모를 잘 보여주며, 이런 현상은 당분간 지속될 것으로 예상된다. 밀림에 서식하는 일부 동물종들(오랑우탄, 코끼리, 호랑이, 조류)은 이미 사라지고 있고, 이산화탄소 흡수량도 급격히 감소하고 있다. 2011년 인도네시아 당국은 삼림 벌채 허가권을 발급하지 않는 모라토리엄을 선언했다. 그런데도 불법 벌목을 막을 방법이 없기 때문에 이런 현상은 계속되고 있다.

매우 심각하여, 이에 따라 종교 및 민족 간 폭력 사태가 되풀이되고 있다.

참조: 23쪽 경제성장, 127쪽 민주주의를 향한 완만한 전진

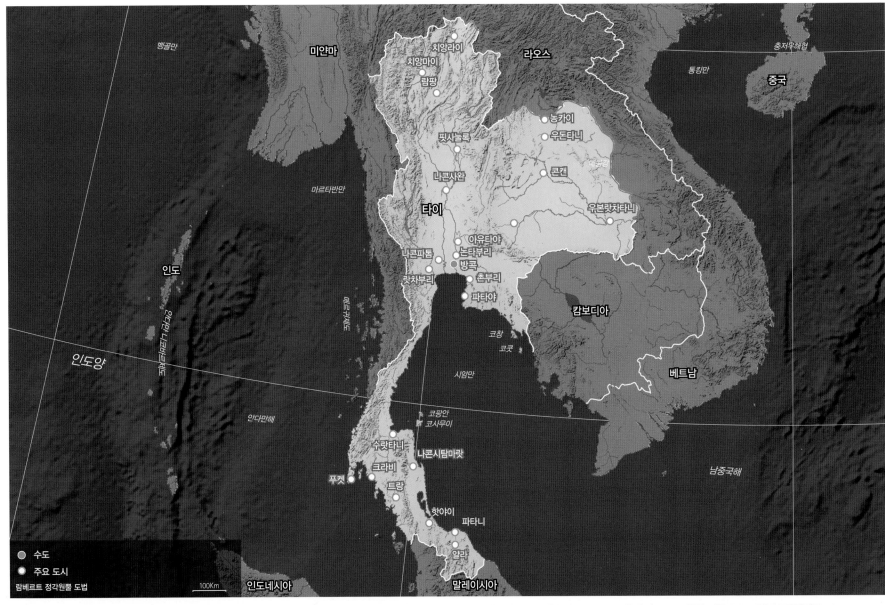

벵골만

미얀마

라오스

충저우해협

치앙라이

중국

통킹만

치앙마이

람팡

농카이

핏사눌록

우돈타니

마르타반만

콘캔

나콘사완

우본랏차타니

타이

메르기제도

아유타야

논타부리

나콘파톰

방콕

랏차부리

촌부리

파타야

캄보디아

코창

코콧

베트남

인도양

시암만

안다만해

남중국해

코팡안

코사무이

수랏타니

나콘시탐마랏

크라비

푸켓

트랑

핫야이

파타니

● 수도

○ 주요 도시

얄라

람베르트 정각원뿔 도법

100Km

인도네시아

말레이시아

면적: 513,120㎢, 인구: 6,790만 명(2015), 25세 미만 인구: 30.9%(2015), 통화: 바트(THB), 명목 기준 GDP: 4,040억 달러(2014), PPP 기준 GDP: 1조 690억 달러(2014), 1인당 기준 GDP: 1만 5,578달러(2014),
교육비 예산: GDP의 4.9%(2012), 국방비 예산: GDP의 1.5%(2014), 1인당 이산화탄소 배출량: 4.5톤(2011)

인도

메르기제도

124

세계 국가 아시아

타이는 흔히 수많은 외국의 투자자들과 관광객들에게 호의적이며 안정적인 나라로 여겨진다. 그러나 타이의 민주주의는 불확실한 이미지를 보여준다. 타이는 사회 내적으로 여러 가지 열망들이 혼재된 채 선거와 쿠데타가 계속되고 있다.

# 타이, 노란색과 붉은색이 대립하는 나라

타이의 PPP 기준 GDP는 세계 제19위이고, 동남아시아에서는 인도에 이어 2위이며 3위가 말레이시아다. 타이는 외국인 투자와 동남아시아의 경제적 역동성, 최대 무역 상대국인 중국과의 근접성을 활용하여 부분적으로 수출 경제(전기 및 전자 제품, 기계, 자동차, 쌀이나 고무 같은 식품 및 농산물)를 구축했다. 비교적 안정적인 경제 상황과는 대조적으로 정치 상황은 불안정하다.

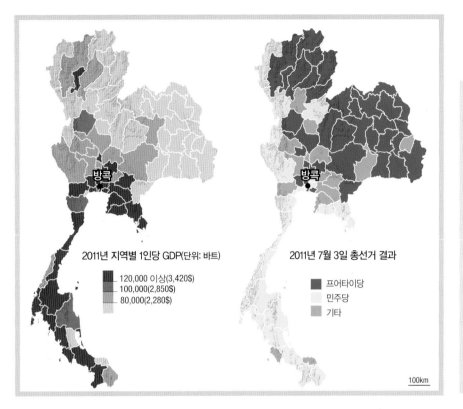

2011년 지역별 1인당 GDP(단위: 바트)
120,000 이상(3,420$)
100,000(2,850$)
80,000(2,280$)

2011년 7월 3일 총선거 결과
프어타이당
민주당
기타

100km

◀ 남과 북으로 분열된 나라

타이는 경제 및 정치적으로 두 영역으로 나뉜다. 2011년 각 지역별 1인당 GDP 수준을 살펴보면 타이는 부유한 남쪽과 빈곤한 북쪽으로 갈린다. 이러한 경제적 분열 현상은 정치 차원에서도 고스란히 나타난다. 2011년 총선거에서 볼 수 있듯이 남부 지방은 노란 셔츠가 지지하는 민주당을 선출했고, 북부 지방은 붉은 셔츠가 지지하는 프어타이당을 선출했다. 선거 결과 프어타이당이 승리했다.

## 군부, 정당, 셔츠의 정치

타이는 7세기 동안 절대군주가 나라를 지배해왔으나, 1932년의 군사 쿠데타로 절대왕정이 종식되고 입헌군주제가 들어섰다. 동남아시아 국가들 중 유일하게 유럽 열강의 식민 지배를 받지 않았으나 1932년 이후 수차례 군사 쿠데타가 일어났다. 군부세력은 정치활동을 통제하고 자신들의 이익을 수호하려는 의지를 표출했다. 2014년 5월, 또다시 쿠데타가 일어나 8년간의 문민 권력을 종식시켰다. 라마 9세 국왕은 국가수반으로서 타이의 강력한 정신적 지주이자 국가의 영속성을 상징한다. 그러나 이러한 군사 개입은 타이 내에 사회적으로 존재하는 극심한 정치적 분열의 맥락에서 발생했다. 바로 붉은 셔츠와 노란 셔츠로 표현되는 두 집단의 분열이다.

'붉은 셔츠'는 탁신 친나왓의 지지 세력이 집결된 집단이다. 그는 정치인이자 2001~2006년에 타이의 총리를 지낸 인물로, 당시 부패 혐의를 받고 군사 쿠데타로 실각했다. 붉은 셔츠에는 대부분 탁신이 집권하는 동안 실행한 빈곤 해결 정책에 이끌린, 경제적으로 넉넉하지 못한 부류가 가담했다. 이들은 프어타이당을 지지하며, 민주주의에 우호적인 태도를 유지하는 반면, 군주제에 대한 지지는 점점 철회하는 추세다. 반대로 '노란 셔츠'는 특히 도시에 거주하고, 보수적이며 소위 '서구식' 민주주의에 적대적인 엘리트 집단으로, 이들은 군주제의 열성적 지지자들이다. 이들은 민주당과, 붉은 셔츠의 시위를 여러 차례 강경 진압한 군부를 지지한다.

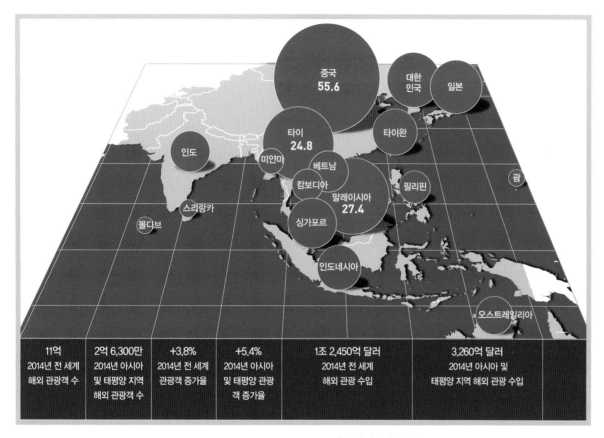

중국
55.6

대한
민국

일본

타이
24.8

타이완

인도

미얀마

베트남

캄보디아

필리핀

말레이시아
27.4

싱가포르

스리랑카

몰디브

괌

인도네시아

오스트레일리아

| 11억 | 2억 6,300만 | +3.8% | +5.4% | 1조 2,450억 달러 | 3,260억 달러 |
|---|---|---|---|---|---|
| 2014년 전 세계 해외 관광객 수 | 2014년 아시아 및 태평양 지역 해외 관광객 수 | 2014년 전 세계 관광객 증가율 | 2014년 아시아 및 태평양 관광객 증가율 | 2014년 전 세계 해외 관광 수입 | 2014년 아시아 및 태평양 지역 해외 관광 수입 |

**2014년 해외 관광객 유치 수**(단위: 100만 명)

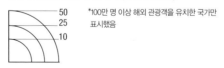

*100만 명 이상 해외 관광객을 유치한 국가만 표시했음

50
25
10

◀ **타이의 관광산업**

관광산업은 타이 경제에서 중요한 역할을 한다. 외국인 관광객들은 주로 수도인 방콕과 파타야, 푸켓 등의 해변 휴양지, 북쪽의 문화유적지 부근으로 모여든다. 2014년 타이는 약 2,500만 명의 외국인 관광객을 유치함으로써 아시아에서는 중국과 말레이시아에 이어 세 번째로 관광객이 많이 찾는 여행지로 꼽혔고, 약 380억 달러에 이르는 관광 수입을 올렸다. 2014년 관광산업은 5퍼센트 더 증가하였으며, 점점 더 많은 관광객을 끌어들이고 있다. 이들 대부분은 서양에서 온 관광객들이지만 다른 아시아 국가들의 관광객도 점점 더 늘어나는 추세다. 그러나 거리상 멀리 떨어져 있고 문화적으로 서로 다른 사람들의 여행과 만남에는 어두운 측면도 존재한다. 타이에서 벌어지는 일들 가운데 섹스 관광은 점점 아시아 전역으로 확산되고 있다. 이러한 형태의 착취는 인신 매매 및 노예화 같은 모든 형태의 범죄 행위에도 이목을 집중하고 있는 게 틀림없다. 이런 행위들은 빈곤이 점점 심화되고, 범죄 집단과 그들의 불법 행위의 먹잇감이 되기 쉬운 취약 계층이 존재하는 나라들에서 쉽게 벌어지기 때문이다.

2011년 총선거에서 붉은 셔츠가 지지하는 프어타이당이 선거에서 승리하고, 탁신 친나왓의 여동생인 잉락 친나왓이 총리에 취임한다. 그러나 그녀의 정책은 곧 노란 셔츠의 적대감을 불러일으켰고, 이것이 시위로 번져 그녀는 총리직에서 물러난다. 2014년 5월 잉락 친나왓이 권력남용으로 실각하고 군대에 체포되자, 이번에는 타이 내각이 군사 쿠데타를 일으켜 정부를 전복시켰고, 이는 붉은 셔츠의 대규모 시위로 이어졌다.

군부 개입은 크게 부유층과 군주제의 이익을 수호하고, 임기 말 라마 9세의 권력 계승을 감시하기 위한 것으로 설명할 수 있다. 2016년 초 군사정권은 총리에 오른 프라윳 찬오차와 행정권을 장악하고 의회에 출석하여 입법권까지 통제한다. 총선거는 몇 차례 기각되었고, 새 헌법 마련 전까지는 선거가 치러져서는 안 되었다. 이러한 임무는 군부가 임명한 한 위원회에 맡겨졌다. 군부가 정권을 잡자 검열, 시위 금지, 특히 군주제에 비판적인 반대파 체포 등 심각한 인권 침해가 잇따랐다. 따라서 또다시 시위가 발생할 수 있는 이유는 차고 넘친다. 타이가 직면한 여러 국내 문제(빈곤, 불평등, 남부의 분리주의 운동, 범죄 집단의 인신매매 및 강제 이주 등)를 해결하기 위해서는 정치적 안정이 꼭 필요하나, 인권 침해 및 비민주적 행태를 숨긴 채 정치적 안정만을 두둔해서도 안 된다.

참조: 66쪽 내부의 폭력, 외부의 침묵, 109쪽 고국을 떠나다

# 민주주의를 향한 완만한 전진

▬ ▬ ▬ 아시아 대륙은 다양한 정치 시스템과 모델을 수용하고 있다. 타이, 말레이시아, 부탄 등은 군주제를 택하고 있고, 중화인민공화국, 인도, 대한민국, 미얀마 및 가장 최근에는 네팔까지 공화제를 택한 나라들도 있다. 정치체제도 다양하게 존재하며, 이는 조직 방식 및 권력의 실행으로 구분된다. 인도, 네팔, 파키스탄 등은 의원내각제를 택하고 있는데, 이 제도에서는 내각(행정부)이 의회의 신임을 얻어야 한다. 인도네시아나 필리핀이 채택한 대통령제는 행정권, 사법권, 입법권이 엄격하게 분리되어 있다. 또한 타이완처럼 혼합 체제인 입헌민주공화제를 채택한 나라도 있다.

아시아 대륙은 민주주의 국가와 전제주의 국가로도 구분할 수 있다. 민주주의 국가는 민주주의의 기본 원칙과 관례를 따르지만, 군사 쿠데타가 일어나기 쉬운 정치적 불안이 빈번히 발생하기도 한다(타이, 파키스탄). 그 밖에 전제주의 국가로는 북한이 있다. 민주주의 체제의 특징은 무엇보다 권력 분립, 복수 정당제도, 시민이 정부를 자유롭게 선택할 수 있는 선거제도, 언론과 의사 표현의 자유를 들 수 있다. 전제주의 체제는 일당 독재체제이며, 이에 따라 정치 활동과 국가의 여러 권력 및 조직의 기능이 결정된다. 전제적이라고 규정할 수 있는 나라들 가운데 여전히 공산주의 체제로 정의될 수 있는 국가로는 중국, 라오스, 베트남이 있다.

제2차 세계대전이 끝난 뒤 대한민국, 타이완, 싱가포르 같은 여러 아시아 국가들은 정치적으로 전제주의 체제에서, 자유롭게 선거를 치르는 보다 민주적인 체제로 천천히 이행한 역사적 특징을 갖고 있다. 아시아 국가들 가운데 인도는 사회 내에 수많은 불평등과 차별이 존재하고, 1975~1977년에 인디라 간디가 국가비상사태를 선포한 전력도 있다. 그럼에도 인도는 민주주의적 관습이 가장 잘 정착한 나라로 손꼽힌다. 마지막으로 군대는 타이, 파키스탄, 미얀마처럼 여러 나라에서 지속적으로 핵심적인 기능을 담당한다. 이런 나라들은 권력 행사에서 줄곧 중요한 역할을 유지하던 군사정권이 자유선거를 통해 선출된 문민정권에 권력을 이양하는 과도기에 머물고 있다. ▬ ▬ ▬

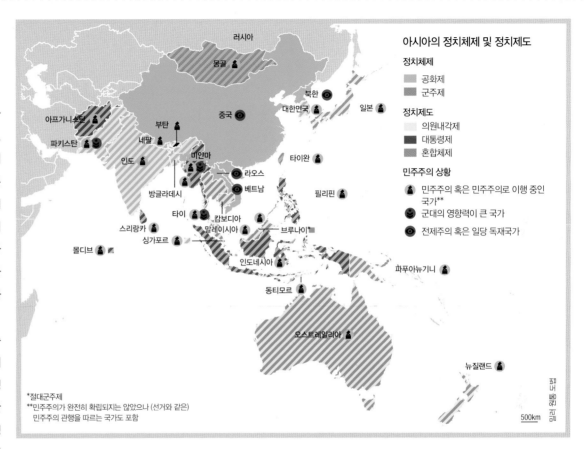

아시아의 정치체제 및 정치제도

**정치체제**
- 공화제
- 군주제

**정치제도**
- 의원내각제
- 대통령제
- 혼합체제

**민주주의 상황**
- 민주주의 혹은 민주주의로 이행 중인 국가**
- 군대의 영향력이 큰 국가
- 전제주의 혹은 일당 독재국가

러시아 / 몽골 / 북한 / 중국 / 대한민국 / 일본 / 아프가니스탄 / 부탄 / 파키스탄 / 네팔 / 인도 / 미얀마 / 타이완 / 방글라데시 / 라오스 / 베트남 / 타이 / 캄보디아 / 필리핀 / 스리랑카 / 말레이시아 / 브루나이 / 몰디브 / 싱가포르 / 인도네시아 / 파푸아뉴기니 / 동티모르 / 오스트레일리아 / 뉴질랜드

*절대군주제
**민주주의가 완전히 확립되지는 않았으나 (선거와 같은) 민주주의의 관행을 따르는 국가도 포함

500km

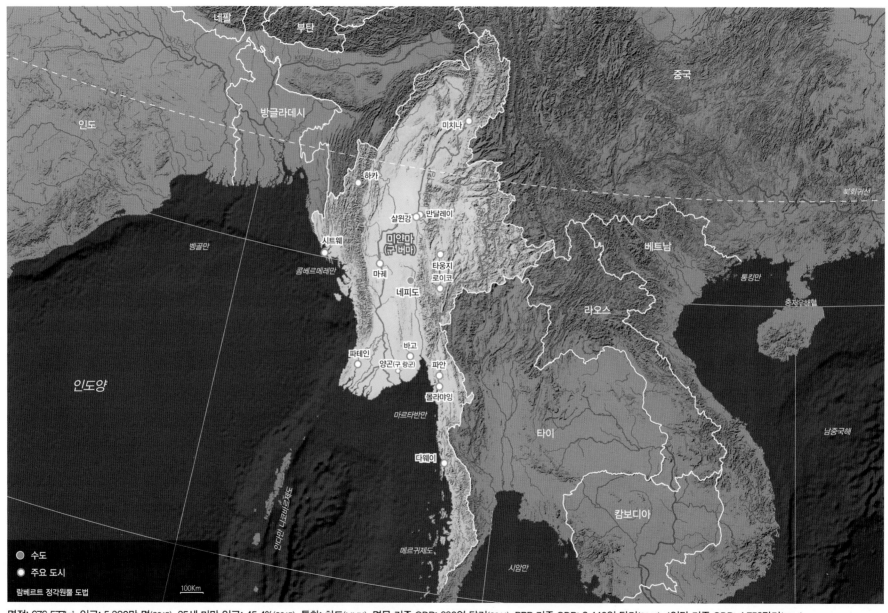

네팔

부탄

중국

방글라데시

인도

미치나

하카

살윈강 만달레이

미얀마
(구 버마)

시트웨

콤베르에레만

마궤

타웅지
로이코

네피도

베트남

통킹만

충저우해협

라오스

파테인

바고

양곤(구 랑군)

파안

몰라먀잉

타이

캄보디아

남중국해

인도양

벵골만

북회귀선

마르타반만

안다만니코바르제도

다웨이

메르귀제도

시암만

● 수도
● 주요 도시

람베르트 정각원뿔 도법

100Km

면적: 676,577㎢, 인구: 5,380만 명(2015), 25세 미만 인구: 45.4%(2015), 통화: 차트(MMK), 명목 기준 GDP: 630억 달러(2014), PPP 기준 GDP: 2,440억 달러(2014), 1인당 기준 GDP: 4,752달러(2014),
교육비 예산: 정보 없음(2012), 국방비 예산: GDP의 4.3%(2014), 1인당 이산화탄소 배출량: 0.2톤(2011)

오랜 세월 중국의 동맹이었던 미얀마가 미국과 인도의 관심을 받은 것은 얼마 되지 않았다. 최근 미얀마 군부는 문민대표에게 권력 일부를 양도했으며, 경제정책, 외교정책 및 국내정책 분야에서 삼중의 변화를 겪고 있다.

# 미얀마의 정치 개방

1989년에 버마를 장악한 군사정권은 국민의 동의 없이 과거에 사용한 바 있는 '미얀마'로 국호를 변경한다. 그러나 이 명칭이 만장일치로 동의를 얻은 건 아니었다. 이 체제에 반대하는 미국, 영국, 프랑스 등은 '버마'를 고수하고, UN 및 산하기관들은 공식 명칭인 미얀마를 사용한다. 이 논쟁의 동인은 흔히 그 명칭의 대표성과 관련된다. 미얀마 군사정권은 '버마'가 영국 식민지 시대의 잔재이며, 버마족 외에 다른 소수민족을 아우르지 못하므로 제한적이라는 명분을 내세워 당연히 국호를 바꾸어야 한다고 주장했다.

## 군부의 영향력

1885년에 버마는 영국령 인도의 한 주로 편입된다. 영국이 버마에 들어오면서 버마 왕족의 지배가 종식되었고, 다른 민족에 대한 버마족의 통치도 막을 내린다. 1937년 버

마는 영국령 인도에서 분리되어 영국의 직할령으로서 완전한 행정적 자치권을 누린다. 10년 뒤인 1947년 2월 아웅 산 장군(버마의 독립운동 지도자이자 아웅 산 수치의 아버지)과 친족, 카친족, 샨족 대표 간 조약이 맺어졌는데, 이를 '팡롱 조약'이라 한다. 아웅 산 장군은 소수민족에게 버마 연방이라 불리는 연방체제 내에서 일정 정도의 자치를 약속한다. 몇 달 뒤 그가 암살됨으로써 상황은 버마 민족주의자들의 권력 재탈환에 유리한 방향으로 급선회한다. 1948년 1월 버마가 독립하자 소수민족의 자치를 보장했던 아웅 산 장군의 약속은 물거품이 되고, 카렌족과 같은 일부 민족들은 중앙정부에 대한 항거에 돌입한다. 이로써 팡롱 조약은 이행되지 못한다.

1962년에는 네윈 장군이 쿠데타를 일으켜 강력한 군부가 집권한다. 그는 소수민족에게 최소한의 자치권도 허용하

지 않고, 불교를 국가 통합의 수단으로 삼는다. 이 쿠데타는 군사독재의 신호탄이었고, 이 때문에 무장 반란과 정치적 항거라는 두 가지 형태의 저항이 생겨난다. 무장 반란은 카친족, 와족, 샨족, 카렌족과 같은 소수민족이 주도했는데, 이들은 정부의 군사 공격에 맞서야 했다. 정부의 이러한 조치로 저항세력이 매우 약화되었으며, 전투 지역을 떠나야 했던 수많은 국민들은 다른 곳으로 이주해야만 했다. 샨족 3만 명은 국경을 넘어 중국의 윈난 지방으로 피난을 떠났고, 카렌족 15만 명은 더 남하하여 타이 국경 부근의 난민 수용소로 모여들었다.

129

**다수의 횡포 ▶**

5,300만 미얀마 인구 가운데 30퍼센트 이상은 '소수민족'이 차지하고, 69퍼센트는 불교 신도인 버마족으로 구성된다. 버마족은 미얀마 중부의 너른 평야지대에 살면서 군대 및 정부를 장악하고 있다. 반면 샨족, 와족, 카친족, 카렌족, 몽족, 친족 등의 소수민족은 주로 산악지대에 흩어져 살며 오랫동안 버마족의 폭력 및 차별의 대상이 되어왔다. 이 소수민족 가운데 로힝야족은 미얀마 서부에 거주하는 이슬람교도들로, 미얀마 내의 특수한 부분이다. 1982년 이후 이들은 미얀마 국적을 박탈당하고 미얀마로부터 추방되었으며, 처음에는 방글라데시로, 그다음에는 바다 건너 말레이시아 및 인도네시아를 떠돌게 되었다. 미얀마 영토의 민족 언어학적 분포는 영국 식민지 시대로부터 물려받은 행정적 분할에 따라 강제적으로 적용되었다. 버마족은 미얀마 중앙에 위치한 7개 구division에 나뉘어 관할되고, 소수민족은 변방의 7개 주state에서 거주한다.

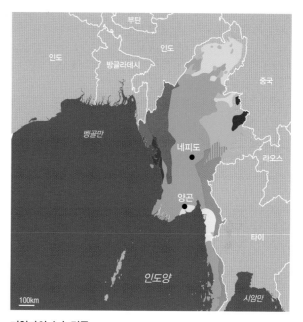

**미얀마의 소수 민족**

버마족 · 샨족 · 와족 · 카친족 · 카렌족
몽족 · 라카인족 · 친족 · 로힝야족

2015년 11월 8일 총선 결과 아웅 산 수치의 민주국민동맹NLD이 하원 440석 중 255석을, 상원 224석 중 135석을 차지했다. 이 폭넓은 승리로 민주국민동맹은 2016년 4월 1일부로 여당으로 집권할 수 있었다. 그러나 당의 압도적 승리에도 헌법 조항에 가로막혀 아웅 산 수치는 대통령이 될 수 없었다. 2008년에 채택된 헌법 제59F조는 "배우자나 자녀가 다른 국가 국적을 보유한 경우 대통령직에 입후보할 수 없다"고 규정한다(아웅 산 수치의 남편은 영국인임). 또한 436조는 "헌법 개정은 의회의 75퍼센트 이상이 찬성해야 한다"고 명시하여 개정을 원천봉쇄한다. 미얀마 의회는 양원제이고, 국회의원의 75퍼센트는 국민투표로 선출하나 25퍼센트는 군부가 지명하기 때문이다.

## 정치적 저항, 투표를 택하다

군사정권에 대한 두 번째 저항은 그 누구보다 아웅 산 수치라는 인물이 구현한 민주주의 저항운동으로 나타난다. 아웅 산 수치는 아웅 산 장군의 딸로, 오랫동안 고국을 떠나 영국에 체류 중이었다. 1988년 귀국 당시 그녀는 군부의 학생 시위 진압을 목격하고 이에 항거한다. 네윈 장군의 군부세력이 전복된 7월, 아웅 산 수치는 야당 세력을 망라하여 민주국민동맹을 창설한다. 1989년 신군부는 국호를 미얀마로 개칭했고, 1990년의 총선거에서 민주국민동맹은 전체 의석의 80퍼센트 이상을 차지하는 압승을 거둔다. 그러나 군사정권은 이를 무효화하고 아웅 산 수치를 가택연금에 처한다. 1991년 아웅 산 수치는 노벨평화상을 수상한다. 1995년에 가택연금이 일시 해제되었으나 2000년에 다시 체포되었고, 정치개혁이 단행되기 시작한 2010년 11월 13일에야 풀려난다.

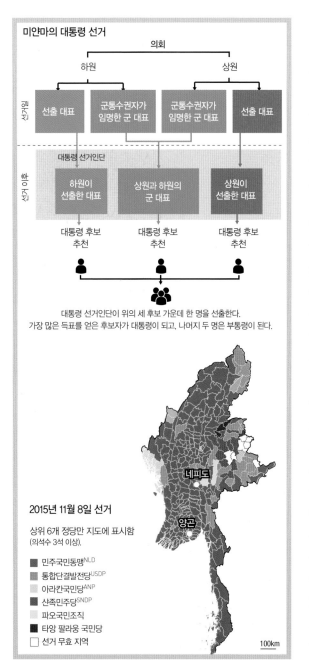

**미얀마의 대통령 선거**

의회

하원 / 상원

선출 대표 / 군통수권자가 임명한 군 대표 / 군통수권자가 임명한 군 대표 / 선출 대표

대통령 선거인단

하원이 선출한 대표 / 상원과 하원의 군 대표 / 상원이 선출한 대표

대통령 후보 추천 / 대통령 후보 추천 / 대통령 후보 추천

대통령 선거인단이 위의 세 후보 가운데 한 명을 선출한다.
가장 많은 득표를 얻은 후보자가 대통령이 되고, 나머지 두 명은 부통령이 된다.

**2015년 11월 8일 선거**

상위 6개 정당만 지도에 표시함
(의석수 3석 이상).

■ 민주국민동맹NLD
■ 통합단결발전당USDP
□ 아라칸국민당ANP
■ 산족민주당SNDP
□ 파오국민조직
■ 타앙 팔라웅 국민당
□ 선거 무효 지역

네피도
양곤

100km

이듬해 3월 군사정권이 와해되면서 정치적 이행이 가속화되었고, 다양한 변화들이 생겨났다. 개혁 성향의 신임 대통령 테인 세인은 전직 장군 출신으로, 군부와 문민으로 구성된 정부를 조직했다. 조합 가입, 파업 및 시위의 자유가 허용되고, 수백 명의 정치범들이 석방되었다. 아웅 산 수치를 비롯한 민주국민동맹은 2012년 4월 1일 치러진 보궐선거에서 45석 가운데 43석을 차지하는 승리를 거두었고, 이후 아웅 산 수치는 연방국회에 진출한다. 그러나 하원에서는 여전히 의석의 7퍼센트를 차지하는 소수에 해당했다. 반면 군부는 선거에 관계없이 상하 양원 의석을 25퍼센트 할당받는다. 2012년 8월에는 마침내 반세기 동안 언론을 압박하던 검열이 해제되었다. 같은 해 새 정부는 각 '부족 게릴라'들과 협상을 시작함으로써 평화적 해결을 모색했다. 이러한 조치는 2015년 10월 15일 정부와 8개 반란군이 맺은 휴전협정으로 구체화된다. 8개 반란군 중에는 분리주의 게릴라 가운데 가장 오래된 카렌민족동맹이 포함된다.

2015년 11월 8일의 총선거에서 민주국민동맹이 압승을 거두자 테인 세인 대통령은 2016년 3월 30일 정권을 틴초에게 이양한다. 그는 다수당 대표이자 아웅 산 수치의 측근이다. 헌법의 제한 조항 때문에 대통령이 될 수 없는 아웅 산 수치는 대신 외교부 장관 및 대통령 대변인 등을 겸임하고 있으며, 다소 불확실한 지위이지만 국가 특별 고문으로서 사실상 대통령직을 수행하고 있다. 군사정권이 물러난 지 5년이 지났으나 미얀마는 여전히 정치적 과도기에 있다. 반면 과거의 정적들은 이제 국방부, 내무부, 국경수비대의 통제권을 지닌 군부의 관점에서 권력을 행사해야 할 것이다.

참조: 66쪽 내부의 폭력, 외부의 침묵, 127쪽 민주주의를 향한 완만한 전진

# 정계의 여성들

━ ━ ━ 세계의 다른 나라들과 달리, 아시아에는 1950년 이후부터 지금까지 여성이 국가 지도자가 된 사례가 종종 있다. 몽골은 1953년 9월 23일 수흐바타린 얀지마를 공화국 대통령에 임명하여 여성 지도자의 선구적인 국가가 되었다. 남아시아는 아시아에서 여성들이 꾸준히 국가 고위직에 올랐다. 인도는 인디라 간디가 1966~1977년까지 두 차례 총리직을 수행했다(1984년 암살당함). 파키스탄의 베나지르 부토 역시 1988~1990년과 1993년~1996년에 총리를 역임했다(2007년 12월 암살당함). 방글라데시의 칼레다 지아와 셰이크 하시나는 1991년 이후 번갈아 총리를 지냈다. 스리랑카에서는 1960년과 1970년에 시리마보 반다라나이케가 총리를, 1994년에는 찬드리카 쿠마라퉁가가 대통령을 역임했다. 필리핀, 인도네시아, 타이, 대한민국이나 아웅 산 수치를 배출한 미얀마에서도 직간접적으로 여성들이 권력을 행사했다. 그러나 각국의 정치적 도정은 아시아에서 권력에 접근 가능한 성의 심각한 불평등을 숨기지는 못한다. 이러한 현상은 여성 국회의원 의석 점유율을 보면 알 수 있다. 그 비율이 25~30퍼센트에 가까운 나라들(동티모르, 네팔, 필리핀, 아프가니스탄, 라오스, 싱가포르)을 제외하면 아시아 어느 나라도 성 평등과는 거리가 멀다. 대부분은 그 비율이 20퍼센트 미만이다. 2016년 프랑스 여성 의원 비율은 27퍼센트였다. 그러나 이러한 현상으로 정치적 남녀평등을 평가할 수 있다고 보기는 힘들다. 아시아 일부 국가의 권력 구조를 보면 권력의 세계에서 여성의 등장은 특히 왕가의 세습적 관습을 따르기 때문이다. 몽골의 수흐바타린 얀지마는 몽골 독립의 정치적 지도자인 담딘 수흐바타르의 미망인이다. 인도의

인디라 간디는 인도 독립의 아버지 자와할랄 네루의 딸이자, 총리인 라지브 간디의 어머니이고, 국민회의당 사무총장인 라훌 간디의 조모다. 이슬람 국가 최초의 여성 지도자인 파키스탄의 베나지르 부토는 1970년대에 대통령과 총리를 지낸 줄피카르 알리 부토의 딸이다. 방글라데시의 칼레다 지아는 지아우르 라흐만 장군의 미망인이고, 셰이크 하시나는 셰이크 무지부르 라흐만의 딸이다. 두 사람 모두 독립 후 방글라데시를 이끌었다.

필리핀의 아키노와 마카파갈 가문, 인도네시아의 수카르노, 대한민국의 박정희와 박근혜 전 대통령, 타이의 탁신 친나왓과 여동생 잉락 친나왓도 마찬가지다. 또한 스리랑카의 시리마보 반다라나이케는 여성 대통령을 역임한 찬드리카 쿠마라퉁가의 어머니로, 남편인 솔로몬 반다라나이케가 암살당한 뒤 정계에 진출했다. 미얀마의 아웅 산 수치는 2016년 3월 구성된 미얀마 정부의 유일한 여성 관료로, 아웅 산 장군의 딸이다. ━ ━ ━

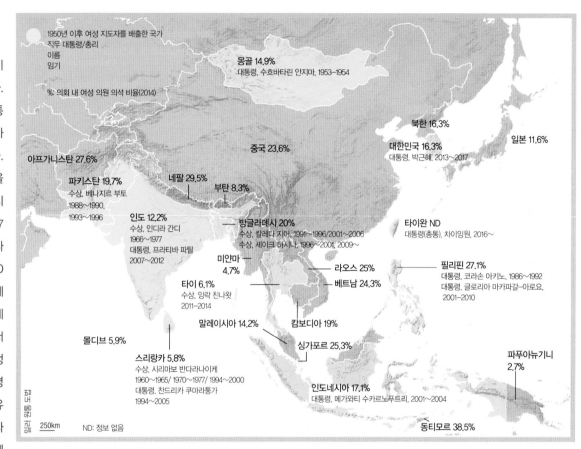

1950년 이후 여성 지도자를 배출한 국가
직무 대통령/총리
이름
임기

%: 의회 내 여성 의원 의석 비율(2014)

몽골 14.9%
대통령, 수흐바타린 얀지마, 1953~1954

북한 16.3%

대한민국 16.3%
대통령, 박근혜, 2013~2017

일본 11.6%

아프가니스탄 27.6%

중국 23.6%

파키스탄 19.7%
수상, 베나지르 부토
1988~1990,
1993~1996

네팔 29.5%

부탄 8.3%

인도 12.2%
수상, 인디라 간디
1966~1977
대통령, 프라티바 파틸
2007~2012

방글라데시 20%
수상, 칼레다 지아, 1991~1996/2001~2006
수상, 셰이크 하시나, 1996~2001, 2009~

타이완 ND
대통령(총통), 차이잉원, 2016~

미얀마
4.7%

라오스 25%

베트남 24.3%

필리핀 27.1%
대통령, 코라손 아키노, 1986~1992
대통령, 글로리아 마카파갈-아로요,
2001~2010

타이 6.1%
수상, 잉락 친나왓
2011~2014

캄보디아 19%

말레이시아 14.2%

싱가포르 25.3%

파푸아뉴기니
2.7%

몰디브 5.9%

스리랑카 5.8%
수상, 시리마보 반다라나이케
1960~1965/ 1970~1977/ 1994~2000
대통령, 찬드리카 쿠마라퉁가
1994~2005

인도네시아 17.1%
대통령, 메가와티 수카르노푸트리, 2001~2004

동티모르 38.5%

250km

ND: 정보 없음

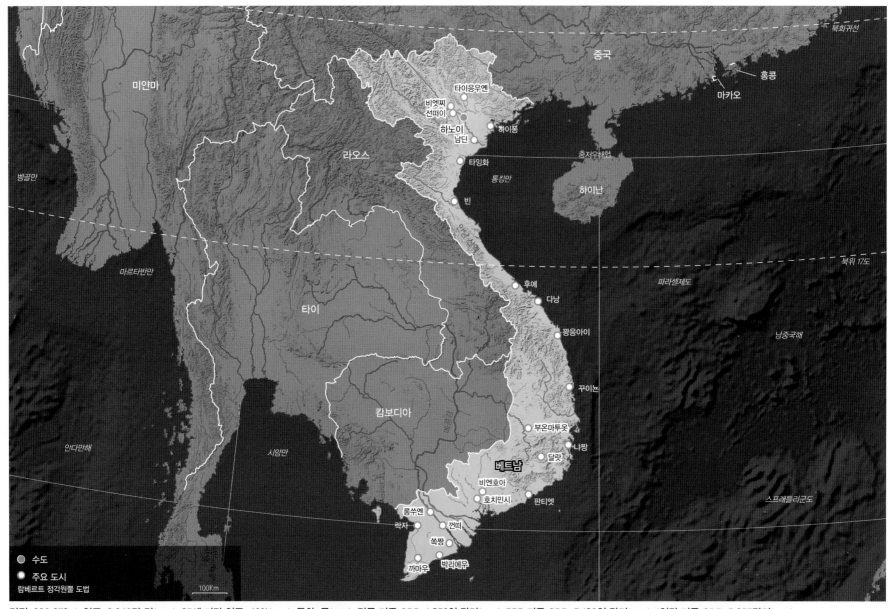

면적: 330,972㎢, 인구: 9,340만 명(2015), 25세 미만 인구: 40%(2015), 통화: 동(VND), 명목 기준 GDP: 1,850억 달러(2014), PPP 기준 GDP: 5,120억 달러(2014), 1인당 기준 GDP: 5,655달러(2014), 교육비 예산: 6.3%(2012), 국방비 예산: GDP의 2.2%(2014), 1인당 이산화탄소 배출량: 2톤(2011)

수차례의 전쟁, 국토 분단, 외세의 영향 등 격동의 역사가 낳은 베트남은 아시아 지역 정치 무대의 선두주자로서 21세기에 진입했다.

# 베트남, 전쟁과 통일 사이에서

베트남의 역사는 외세로부터 광범위한 영향을 받았다. 2세기에 참파왕국을 세운 참족은 남쪽에서는 인도의 영향을 받았고, 북쪽으로는 오랜 세월에 걸친 중국 제국과의 통합으로 도교와 유교의 영향을 받아 민족의 중국화가 진행되었다. 10세기에 북방 민족들은 점차 중국 제국의 영향에서 벗어나 마침내 독립을 이룩했다. 베트남의 새 왕조는 국호를 대월이라 짓고 남쪽 영토를 대상으로 확장정책을 펴나갔다. 몇 세기 동안의 대결 끝에 마침내 15세기에 대월은 현재의 베트남 영토 대부분을 아우르는 데까지 세력을 확장한다. 19세기 초 중국의 지속적인 압력을 물리치고 대월 남부에서 응우옌 왕조가 일어난다. 이 왕조가 주도하여 새롭게 기반을 다진 대월은 국호를 베트남越南으로 정한다.

그러나 통합을 이룩하여 번영을 구가하던 베트남은 19세기 중반부터 프랑스의 식민 확장 정책에 맞닥뜨린다. 프랑스의 정복은 1859년 나폴레옹 3세가 지배하는 프랑스 해군의 사이공 공격 및 코친차이나 점령과 더불어 시작되어,

제3공화국 내내 계속된다. 19세기 말에는 베트남 전역이 프랑스의 수중에 들어간다. 이때 시행된 식민지 개발 정책으로, 프랑스인들은 차, 커피, 파라고무나무, 석탄, 후추, 쌀 등을 아시아 및 대도시의 시장으로 수출하는 산업을 발전

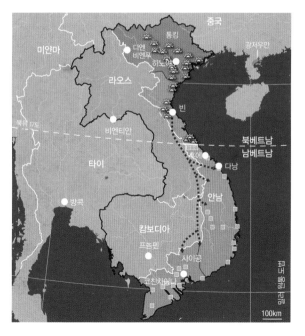

시킨다. 흔히 인도차이나로 불리는 프랑스령 인도차이나는 프랑스 식민지 가운데 가장 수익성이 높고 인구도 많은 지역이었다.

제2차 세계대전 동안 인도차이나는 일본에 점령당한다. 일본의 점령으로 유럽의 프랑스와 인도차이나의 관계가 약화되자 민족주의자들의 목표는 강화되었다. 호치민은 1941년 통킹에서 베트민, 즉 베트남독립동맹을 결성한다. 일본이 항복한 뒤 프랑스는 인도차이나에 대한 권한을 되찾고자 한다. 극동지방의 프랑스 부대에서 고위 사령관으로 임명된 르클레르크 장군은 1945년 10월 사이공에 도착한다. 그러나 호치민은 이미 한 달 전 베트남민주공화국의 독립을 선언하고 베트남 주석으로 취임한다. 프랑스 측과 베트남 측의 타협이 부재한 상황에서 1946년 말에 인도차이나전쟁이 발발하고, 8년간 지속된다.

## 인도차이나에서 베트남까지

이 지역에서의 분쟁은 식민지 전쟁이자 냉전 상황에서의 동서양의 대립이며, 동시에 내전의 양상을 띤다. 이러한 의미에서 인도차이나를 점유하고자 했던 프랑스는 아시

**인도차이나반도 내 전쟁**
**인도차이나전쟁**(1946~1954)
☐ 프랑스령 인도차이나 경계선          ••• 호치민의 발자취
▨ 베트남의 프랑스령 식민지 및 보호령
**베트남전쟁**(1955~1975)
🔺 미군의 주요 폭격 지역(1967)
■ 주요 미군기지(1968)

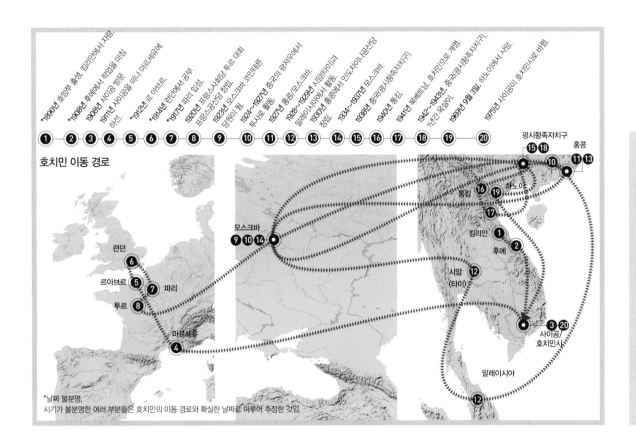

*1890년 호앙쯔 출생, 낌리엔에서 자람. *1908년 후에에서 학업을 마침. 1908년 사이공 방문. 1911년 사이공을 떠나 마르세유에 상륙. *1912년 르 아브르. *1914년 런던에서 숙박. *1917년 파리 입성. 1920년 프랑스사회당 투르 대회. 프랑스공산당 창립. 1923년 모스크바 코민테른 당원이 됨. 1924~1927년 중국의 광저우에서 투사로 활동. 1927년 홍콩/모스크바. 1928~1929년 시암(타이)과 말레이시아에서 활동. 1930년 홍콩에서 인도차이나공산당 창립. 1934~1937년 모스크바. 1938년 중국(광시좡족자치구). 1940년 퉁킹. 1941년 북베트남. 호치민으로 개명. 1942~1943년 중국(광시좡족자치구). 1년간 옥살이. 1969년 9월 3일, 하노이에서 사망. 1975년 사이공이 호치민시도 바뀜.

① ② ③ ④ ⑤ ⑥ ⑦ ⑧ ⑨ ⑩ ⑪ ⑫ ⑬ ⑭ ⑮ ⑯ ⑰ ⑱ ⑲ ⑳

호치민 이동 경로

광시좡족자치구 ⑮⑱
홍콩 ⑪⑬ ⑩
통킹 ⑯ ⑲ 하노이
⑰
킴리안 ①②
후에
모스크바 ⑨⑩⑭
런던 ⑥
르아브르 ⑤⑦ 파리
투르 ⑧
마르세유 ④
시암(타이) ⑫
사이공/호치민시 ③⑳
말레이시아 ⑫

*날짜 불분명.
시기가 불분명한 여러 부분들은 호치민의 이동 경로와 확실한 날짜로 미루어 추정한 것임.

### ◀ 호치민의 생애

1890년 안남의 한 마을에서 태어난 응우옌 신 꿍은 베트남 중부의 후에에서 학업을 이어갔다. 1911년 그는 베트남의 사이공을 떠나 유럽으로 향하는 아미랄 라투슈-트레빌호에 승선함으로써 세상을 발견하기 위한 발걸음을 내딛는다. 그는 아프리카와 유럽의 여러 항구도시들을 방문하고, 심지어 1911~1913년에는 아메리카 대륙에도 가보지만 이와 관련한 정보는 부족한 상황이다. 그는 먹고살기 위해 여러 직업을 전전한 뒤 파리에서 비로소 정치 참여의 기반을 다진다. 이후 그는 모스크바로 향해 정치 수업을 마무리한 뒤 중국과 동남아시아에서 투사로 활동한다. 그리고 고국을 떠난 지 30년 만인 1941년 베트남으로 귀향한다. 그는 호치민이라는 이름으로 맹렬히 정치활동을 펼친다. 1945년 9월 호치민은 하노이에서 베트남민주공화국의 독립을 선언하고 정부 주석으로 취임한다. 그는 1969년 9월 3일 미국에 맞서 베트남전쟁이 한창이던 때 심장병으로 급사한다.

아의 공산주의 확산을 두려워한 미국에 밀렸다. 프랑스는 파견 부대를 투입했으나, 곧 베트민과 부딪혀 어려움을 겪는다. 베트민은 벼농사를 짓는 농촌을 중심으로 중국의 지원을 받아 게릴라전을 펼쳤다. 디엔비엔푸전투에서 프랑스군이 패배하면서 1954년 5월 7일에 전쟁이 끝나자 인도차이나의 식민지 시대도 막을 내린다. 인도차이나전쟁은 1954년 7월의 제네바협정으로 공식 종결된다. 이 협정은 프랑스 군대의 철수를 계획하고, 북위 17도를 군사 분계선으로 하여 남북으로 분할된 베트남의 독립을 인정

했다. 이념적인 이유와 지정학적 측면에 따라 공산주의의 북베트남과 친서방주의의 남베트남으로 나뉜 베트남의 영토 분할은 그 자체로 영속될 운명은 아니었다. 이러한 분할은 곧 두 진영 사이의 전쟁으로 이어졌고, 미국은 남베트남 당국을 군사 지원함으로써 전쟁에 개입한다. 인도차이나전쟁이 끝나자마자, 곧이어 1955년에 베트남전쟁이 시작된다.

미국은 사이공 정권(남베트남)의 몰락을 막기 위해 1965년부터 베트남에 직접 개입하기로 결정한다. 미 육군이 지상

전에 투입되어 싸우는 동안, 미 공군은 북베트남군의 전투 능력을 파괴하기 위해 폭격을 퍼부었다. 전투가 절정에 달한 1968년, 미국은 50만 명의 지상군을 배치한다. 그러나 미국은 군사적 우위에 있었음에도 정치적으로 패배했으며, 6만 명의 전사자를 낸 채 1973년 철군을 시작한다. 이러한 직접적인 지원이 사라지면서 사이공의 남베트남 정부는 1975년 4월 30일 무너지고 만다. 베트남은 베트남공산당의 지배하에 재통합되고 전쟁에서 벗어나지만, 국토는 초토화되었다. 두 번의 전쟁 동안 200만 명이 넘는

베트남 인구가 사망하고 수천 개의 마을이 폐허가 되었으며 경제는 파괴되었다. 또한 전쟁 동안 사용된 화학무기(네이팜, 고엽제)로 인해 환경이 오염되었다.

북베트남의 지휘 아래 국가가 재통일되자 공산주의 독재 체제가 자리 잡았다. 이 때문에 1975~1989년 동안 100만 명이 넘는 베트남인들이 나라를 떠나야 했다. 이 가운데 70만 명의 보트피플은 미국과 프랑스를 중심으로 베트남 디아스포라를 형성했다. 인도차이나반도는 평화기에 접어든 듯했으나, 특히 캄보디아의 상황으로 설명되는 여전히 극심한 불안정을 겪고 있다. 1975년부터 캄보디아는 중국의 지원을 받는 크메르루주 정권의 지배를 받고 있다. 1975~1979년에 폴포트가 이끈 크메르루주 정권의 정책으로 대학살이 자행되었고, 이때 200만 명의 캄보디아인이 목숨을 잃었다. 이 시기 동안 크메르루주 정권은 베트남의 주도권 장악 의지에도 적대감을 표출했다. 두 나라 간 마찰은 점점 가중되어 마침내 1978년 12월 베트남이 캄보디아를 침공하는 사태가 벌어진다. 이후 베트남은 10여 년 넘게 캄보디아를 점령했고, 그 뒤 캄보디아에 자신들의 이해관계에 유리한 정부를 세웠다. 오늘날에도 여전히 캄보디아는 베트남의 영향을 받고 있는 것으로 알려져 있다. 베트남은 경제 발전 덕분에 점차 아시아의 가장 중요한 정치적 주체로서 그 존재감을 드러내고 있다.

## 시대의 변화

1975년 베트남은 북베트남에 유리한 방향으로 재통일되었다. 이후 베트남을 장악한 공산정권은 남베트남에서 통용되던 일부 자유주의 경제 관행과 부딪히지만, 이내 그

**2014년 경제 구조(GDP 비율)**
- 1차 산업 – 18퍼센트(경제활동 인구의 50퍼센트)
- 2차 산업 – 39퍼센트
- 3차 산업 – 43퍼센트
- 천연자원

### 국가가 항시 통제하는 경제 ▲

하노이 주변, 북부의 홍강 삼각주와 베트남 최대 도시 호치민(구 사이공) 인근에 위치한 남부의 메콩강 삼각주는 두 개의 유역을 형성한다. 이 두 유역과 더불어 벼농사에 유리한 몬순기후 덕분에 베트남은 벼농사가 발달했고, 전체 경작지 면적의 80퍼센트에서 벼농사를 짓는다. 오늘날 베트남은 세계 2위의 쌀 수출국이자, 쌀 자급자족이 가능한 나라다. 석탄이나 중요한 광물자원을 보유하고 있으나, 관련 분야 개발에는 투자가 미미한 상황이다. 베트남 당국은 주로 섬유 분야에 많은 투자를 하고 있다. 베트남 섬유 생산량의 절반 이상은 거의 호치민시와 동나이성에 집중되어 있다. 마지막으로 서비스 분야는 자유화의 움직임을 겪었음에도 여전히 공공 당국의 통제를 받고 있다. 베트남은 국가가 광범위한 분야에서 경제를 통제하고 있으며, GDP의 약 40퍼센트 이상을 차지하는 수백 개의 공공기업도 국가가 운영한다.

이점을 인지하게 된다. 11년 뒤인 1986년 베트남은 '도이모이(베트남어로 '변경한다'라는 '도이'와 '새롭게'라는 뜻의 '모이'를 합친 말로 '쇄신'이라는 뜻-옮긴이)'라는 대규모 경제 개혁을

단행한다. 이는 베트남의 경제 자유화 정책으로서, 해외 무역 및 해외 투자에 베트남의 문호를 개방한다는 뜻으로 읽을 수 있다. 1995년 베트남의 ASEAN 가입은 새로운 무역 시장에 진입하려는 이러한 의지를 잘 보여주며, 2007년 WTO 가입은 이러한 변화에 박차를 가했다.

지리적 위치상 베트남은 중국의 영향에서 벗어나기 힘들다. 이처럼 중국은 베트남 제1의 무역 상대국(그 뒤를 이어 미국, 일본, 대한민국이 자리한다)이고, 100만 명의 중국인들이 현재 베트남에 들어와 있다. 두 나라는 1당 독재체제와 '사회주의 시장경제'라는 비교적 유사한 정치 및 경제 모델을 공유한다. 이렇듯 유사성이 있기는 하지만 두 나라는 오랜 세월 동안 껄끄러운 관계를 유지하고 있고, 남중국해 분쟁이 그 원인을 제공했다. 2010년대 이후 미국과 베트남의 전략적 협력 관계는 이 지역의 근본적인 변화를 드러낸다. 이처럼 베트남은 미련 없이 과거를 잊고, 현실과 21세기의 지정학적 도전 속에 미래를 새겨 넣고 있다.

참조: 59쪽 라오스, 중간 지대의 나라, 69쪽 전방위적 군사화

## 지도 범례

- 수도
- 도시
- 도로

람베르트 정각원뿔 투영

10Km

중국

이

말

라

야

7,165m
마사캉

7,194m
자이캉푸

7,554m
쿨라캉리

7,314m
초모라리

7,570m
강카푸엔숨

가사

푸나카

팀부

파로

하

왕듀포드랑

부탄

루엔체

트롱사

비야카르

트라시양체

도로카

츄카

다가나

센고르

인도

삼체

젬강

몽가르

트라시강

푼초홀링

담푸

사크텡

사르팡

왐롱

겔레푸

페마가첼

두

아

즈

평

원

삼드룹종카르

인도

면적: 38,394㎢, 인구: 77만 5,000명(2015), 25세 미만 인구: 46.4%(2015), 통화: 눌트름(BTN), 명목 기준 GDP: 19억 달러(2014), PPP 기준 GDP: 58억 달러(2014), 1인당 기준 GDP: 7,662달러(2014), 교육비 예산: 5.6%(2013), 국방비 예산: 인도에 위임함, 1인당 이산화탄소 배출량: 0.8톤(2011)

'세계의 지붕' 아래 둘러싸인 작은 나라 부탄 왕국은 오랫동안 세상사와는 동떨어져 있었다. 국민총행복지수를 제안한 부탄은 이제 세상의 무관심에서 벗어나 마침내 세상을 향해 진정한 행복이란 무엇인지 묻고 있다.

# 부탄, 태초의 행복을 간직한 나라

1947년 영국의 식민 지배가 끝나자 부탄은 인도에 국방 및 외교권을 위임하고 1949년에 독립했다. 1950년 중국이 티베트를 침략하며 팽창주의 정책을 적나라하게 드러내자, 이에 맞서 인도는 부탄을 완충국으로 이용했다. 부탄 인구는 77만 5,000명으로 극소국가에 속한다. 경제는 주로 농업 및 천연자원(수자원 및 목재)에 의존한다. 한때 여행이 금지되었으나 1970년대에 개방된 이후에는 매우 엄격한 규제 하에 관광을 허용한다. 또한 관광객들에게 하루 여행비 200달러를 부과하여 단체 관광객을 막고 환경보호 정책을 펴고 있다.

## 행복지수의 발명

1971년 UN은 부탄의 가입을 승인하면서 '국민총행복지수GNH' 개념을 세계에 소개할 기회를 제공했다. 부탄 국왕 지그메 싱예 왕추크가 제안한 이 지표는 통상적인 국민총생산GNP을 대체하는 개념이다. 그러나 국민의 실질적인 행복과 국가의 실효적 발전을 측정하기에는 부족하다는 평가도 있었다. 불교적 가치의 영향을 받은 국민총행복지수는 네 가지 축을 기반으로 한다. 즉 행복한 나라는 '평등하고 지속적인 사회 및 경제 발전, 올바른 통치 구조, 전통 가치의 보존 및 발전, 자연환경 보존'이라는 네 조건을 만족시켜야 한다.

생물 다양성이 풍부한 부탄은 전체 국토 면적의 60퍼센트 이상을 숲으로 보존해야 하고, 모든 에너지는 근본적으로 수력 전기로 생산해야 함을 법으로 정해놓았다. 2008년부터는 양원제 의회 제도를 채택하여 최초로 헌법 및 선출 정부를 갖추게 되었다. 그러나 여전히 인도 경제에 의존하고, 인구의 4분의 1이 빈곤의 문턱에서 살아간다. 또한 전통 가치의 보존 개념도 10만 명의 로참파족(네팔계 부탄 민족) 난민 문제로 부탄과 네팔이 대립하는 분쟁 상황을 생각하면 신뢰할 수 없는 지점이 있다. 로참파족은 1990년대 초에 부탄 정부의 '일국가, 일민족' 정책으로 강제 추방되어 네팔 국경의 난민 수용소에서 살아가고 있다.

분명 이런 모순들이 존재하지만, 그럼에도 부탄의 제안은 파급 효과가 있다. 여러 정부들과 국제기구들이 국가의 부를 다른 방식으로 측정하기 위해 국민의 행복 고려를 거론하기 때문이다. 2011년 OECD는 '더 나은 삶 지수'를 발표했고, UN은 부탄의 제안에 따라 2012년 4월, 행복과 복지를 새로운 경제 패러다임의 토대로 삼아 고위급 회담을 개최했다. 이와 관련하여 UN은 첫 번째 '세계행복보고서' 작성을 지원했다. 이 보고서는 1인당 GDP를 산출하는 6가지 기준을 변형한 지표, 즉 사회적 지원, 건강한 삶의 기대, 삶의 선택의 자유, 관용, 부패 인식 등에 근거한다. 2013년 UN은 매년 3월 20일을 '세계 행복의 날'로 지정했다. 2016년 3월 20일에는 네 번째 세계행복보고서가 발표되었다. 행복과 복지 수준에 따라 각 나라를 분류한 이 보고서에서 아시아 최상위권 국가는 싱가포르였고, 전체 순위에서는 22위를 차지했다. 인구 77만 5,000명에, 이렇다 할 자원도 없는 작은 산악국가 부탄이 아시아에서 가장 행복한 나라는 아니었다. 그렇다 해도 부탄의 제안에 따라, 한 나라의 부를 측정할 때 국민의 행복을 고려해야 할 필요성을 국제사회의 경제적 의제로 삼아야 한다는 점만큼은 변함없다.

| 2016년도 세계행복보고서에서 분석한 2013~2015년 국가별 행복 지수(0~10) 및 순위 |
| --- |
| 1 - 덴마크 (7,526) |
| 2 - 스위스 (7,509) |
| 3 - 아이슬란드 (7,501) |
| 4 - 노르웨이 (7,498) |
| 5 - 핀란드 (7,413) |
| 6 - 캐나다 (7,404) |
| 7 - 네덜란드 (7,339) |
| 8 - 뉴질랜드 (7,334) |
| 9 - 오스트레일리아 (7,313) |
| 22 - 싱가포르 (6,739) |
| 32 - 프랑스 (6,478) |
| 33 - 타이 (6,474) |
| 35 - 타이완 (6,379) |
| 47 - 말레이시아 (6,005) |
| 53 - 일본 (5,921) |
| 58 - 대한민국 (5,835) |
| 79 - 인도네시아 (5,314) |
| 82 - 필리핀 (5,279) |
| 83 - 중국 (5,245) |
| 84 - 부탄 (5,196) |

참조: 23쪽 경제성장, 27쪽 사회 불안정

# 약어 및 용어 해설

## 약어

**AAP:** Aam Admi Party, 서민당
**ADB:** Asian Development Bank, 아시아개발은행
**AFTA:** ASEAN Free Trade Area, 아세안 자유무역지대
**ANZUS:** Australia, New Zealand, United States Security Treaty, 태평양안전보장조약(Pacific Security Pact이라고도 함)
**APEC:** Asia-Pacific Economic Cooperation, 아시아태평양경제협력체
**ASEAN:** Association of Southeast Asian Nations, 동남아시아국가연합
**BJP:** Bharatiya Janata Party, 인도인민당
**CCP:** Chinese Communist Party, 중국공산당
**CIS:** Commonwealth of Independent States, 독립국가연합
**COP 21:** 21st Conference of the Parties, 제21차 UN 기후변화협약 당사국총회
**EEC:** European Economic Community, 유럽경제공동체
**EEZ:** Exclusive Economic Zone, 배타적 경제수역
**EU:** European Union, 유럽연합
**FAO:** Food and Agriculture Organization of the United Nations, UN 식량농업기구
**FDI:** Foreign direct investment, 외국인 직접투자
**GATT:** General Agreement on Tariffs and Trade, 관세와 무역에 관한 일반 협정
**GDP:** Gross Domestic Product, 국내총생산
**GHG:** Greenhouse gases, 온실가스
**GNH:** Gross national happiness, 국민총행복지수
**GNP:** Gross national product, 국민총생산
**HDI:** Human Development Index, 인간개발지수
**IAEA:** International Atomic Energy Agency, 국제원자력기구
**ICBM:** Intercontinental Ballistic Missile, 대륙간 탄도미사일
**IEA:** International Energy Agency, 국제에너지기구
**IMF:** International Monetary Fund, 국제통화기금

**INSEE:** Institut national de la statistique et des études économiques, 프랑스 국립 통계경제 연구소
**IPCC:** Intergovernmental Panel on Climate Change, 기후변화에 관한 정부 간 협의체
**LDCs:** Least developed countries, 최저개발국
**LTTE:** Liberation Tigers of Tamil Eelam, 타밀엘람 해방호랑이
**MDGs:** Millennium Development Goals, 밀레니엄 개발목표
**Mercosur:** Mercado Común del Sur, 남미공동시장
**mSv:** 밀리시버트
**Mtoe:** Million tons of oil equivalent, 석유환산톤
**NAFTA:** North American Free Trade Agreement, 북미자유무역협정
**NATO:** North Atlantic Treaty Organization, 북대서양조약기구
**NLD:** National League for Democracy, 민주국민동맹
**NPI:** Newly Industrializing Countries, 신흥공업국
**NPT:** Nuclear nonproliferation treaty, 핵확산금지조약
**OECD:** Organization for Economic Cooperation and Development, 경제협력개발기구
**PAP:** People's Action Party, 인민행동당(싱가포르)
**PM:** Particulate Matter, 미세먼지
**PPP:** Purchasing power parity, 구매력평가지수
**PRC:** People's Republic of China, 중화인민공화국
**RSS:** Rashtriya Swayamsevak Sangh, 인도 민족의용단
**SAARC:** South Asian Association for Regional Cooperation, 남아시아지역협력연합
**SCO:** Shanghai Cooperation Organization, 상하이협력기구
**SDR:** Special Drawing Right, 특별인출권
**SEATO:** Organization of the South-East Asia Treaty, 동남아시아조약기구
**SEZ:** Special Economic Zone, 경제특구
**SIPRI:** Stockholm International Peace Research Institute, 스톡홀름국제평화문제연구소
**SSBN:** Sub-surface ballistic nuclear 탄도 미사일 탑재 원자력 잠수함
**TPP:** Trans-Pacific Partnership, 환태평양경제동반자협정
**UN:** United Nations, 국제연합
**UNDP:** United Nations Development Program, 유엔개발계획
**UNEP:** United Nations Environment Program, 유엔환경계획
**UNESCO:** United Nations Educational, Scientific and Cultural Organization, 유엔교육과학문화기구(유네스코)

**UN-Habitat:** United Nations Human Settlements Programme, 유엔인간정주계획
**UNICEF:** United Nations International Children's Emergency Fund, 유엔아동기금(유니세프)
**UNWTO:** World Tourism Organization, 세계관광기구
**USGS:** United States Geological Survey, 미국지질조사국
**USSR:** Union of Soviet Socialist Republics, 소비에트사회주의공화국연방(소련)
**WB:** World Bank, 세계은행
**WHO:** World Health Organization, 세계보건기구
**WTO:** World Trade Organization, 세계무역기구

## 용어 해설

**– 간척** POLDÉRISATION
바다나 호수를 둑으로 막거나 물을 빼내어 육지 면적을 넓히는 일.

**– 개선된 수원** IMPROVED WATER SOURCE
개선된 수원에서 흘러나오는 충분한 양의 물을 적절하게 이용할 수 있는 인구의 비율을 말한다. 예를 들어 가정용 식수, 공공 물펌프(관우물 tubewell), 오염 방지시설이 되어 있는 샘이나 우물, 혹은 빗물 등이 있다. 비개선된 수원에는 물 공급자, 급수차, 오염 방지시설이 안 된 샘이나 우물 등이 있다. 적절한 이용이란, 수원이 거주지에서 1킬로미터 이내에 위치해야 하며 1인당 최소 20리터의 물을 매일 이용할 수 있는 경우를 말한다. (출처: World Bank, WHO, UNICEF)

**– 개선된 위생시설** IMPROVED SANITATION FACILITIES
인간, 동물 및 곤충이 내놓은 배설물과의 접촉을 효과적으로 차단함으로써, 배설물로 오염되지 않은 시설을 충분히 이용할 수 있는 인구 비율을 말한다. 개선된 위생시설은 발판이나 천장 등의 보호 장치가 있는 단순한 구덩이에서 배관에 연결된 수세식 화장실에 이르기까지 다양하다. (출처: World Bank, WHO, UNICEF)

**– 교토의정서** KYOTO PROTOCOL
1997년 12월 11일 일본의 교토에서 열린 기후변화협약 제3차 당사국총회에서 채택된 국제 협약. 만장일치로 채택되었으나 2005년에야 발효되었다. 이 의정서는 유엔기후변화협약United Nations Framework Convention on Climate Change에 의거하여, 선진국의 온실가스 배출 감축을 위한 법적 구속력이 있는 목표량과 일정을 설정했다.

**– 구매력평가지수**PURCHASING POWER PARITY, PPP

각국 화폐의 구매력을 기준 국가의 화폐 1단위(국제달러)로 표현한 화폐 변환 비율을 말한다. 구매력평가지수는 각 나라에서 동일한 양의 재화와 서비스를 얻기 위해 필요한 국제달러의 양으로 표현된다. 구매력평가지수를 기준으로 한 1인당 GDP는 여러 국가들의 실질적인 국민 생활수준을 고려함으로써 국제적인 비교 기준이 될 수 있다.

**– 국내총생산**GROSS DOMESTIC PRODUCT

한 국가가 1년 동안 창출한 부가가치를 평가하는 경제 지표. 이 지표는 한 국가의 국경 내에서 창출된 모든 재화와 서비스의 총합으로 나타낸다. GDP의 연도별 변화를 살펴보면 그 나라의 경제성장 규모를 측정할 수 있다. 또한 국민 1인당 GDP는 국민의 생활수준을 반영한다.

**– 극빈층**EXTREME POVERTY(1일 생활비 1.90달러 미만)

이 통계자료를 작성한 세계은행은 극빈의 수준을 산출하는 비용인 1일 생활비를 최근 1.90달러로 인상했다(2011년 구매력평가지수 기준). 과거 국제적 빈곤의 한계를 지정할 때는 1.25달러를 기준으로 삼았다.

**– 기대수명**LIFE EXPECTANCY AT BIRTH

0세 출생자의 출생 당시 사망률이 출생자의 생존 기간 내내 같은 비율로 유지된다고 할 때, 그 출생자가 생존할 것으로 기대되는 햇수를 가리킨다.

**– 냉전**COLD WAR

1947년부터 1989~1991년까지 세계가 이념과 정치면에서 두 진영으로 뚜렷하게 갈라진 시기를 가리키는 말이다. 이러한 국제적 양극화 체제의 한쪽에는 미국 및 시장경제와 자유민주주의를 채택한 국가들이 주도하는 서구 진영이 자리하고, 다른 한쪽에는 소련 및 계획경제를 채택한 공산 진영이 자리하여 서로 대립했다.

**– 대체에너지**ALTERNATIVE ENERGY

일반적으로 석유, 천연가스, 석탄, 우라늄 등과 같은 기존의 화석 연료를 대체할 수 있는 에너지를 말한다.

**– 도시화**URBANIZATION

인구가 농촌 지역을 떠나 도시 지역으로 집중되는 과정으로, 도시적 생활양식으로의 변화를 말한다.

**– 두뇌 유출**BRAIN DRAIN

과학 분야 및 지식인 계층의 고급인력이 외국의 더 나은 근무 환경 및 보수에 이끌려 이주하는 현상을 일컫는다.

**– 메갈로폴리스**MEGALOPOLIS

수백만 명의 인구가 모여 사는 도시. 케냐의 나이로비에 본부를 둔 유엔인간정주계획에 따르면 메갈로폴리스는 인구 1,000만 명 이상의 도시를 말한다. 최근에는 이 기준이 낮아져 인구 800만 이상의 도시에까지 적용된다.

**– 사망률**DEATH RATE

인구 1,000명 가운데 1년 동안 사망한 사람의 수가 차지하는 비율을 말한다. (출처: World Bank, UN 인구분과)

**– 아시아인프라투자은행**ASIAN INFRASTRUCTURE INVESTMENT BANK, AIIB

중국 주도로 2015년에 설립되었으며, 중국은 최대 주주이자 가장 큰 영향력을 행사하는 나라다. 창립 회원국은 57개국으로, 다수가 아시아 국가로 구성되나 미국을 제외한 서방 국가들도 여럿 참여하고 있다. 아시아에 기반시설 확충 시 자금을 지원하기 위해 설립된 이 국제금융기구는 아시아개발은행의 비효율성을 극복하고, 서방 국가들만의 기구라고 판단한 세계은행을 견제하려는 목적도 갖고 있다.

**– 이산화탄소 배출**CO2 EMISSION

이산화탄소는 화석연료의 연소나 시멘트 제조과정에서 배출된다. 여기에는 고체, 액체, 기체 연료를 소비하거나 태울 때 생성되는 이산화탄소도 포함된다. (출처: World Bank/Oak Ridge National Laboratory, USA)

**– 인구 변천(이론)**DEMOGRAPHIC TRANSITION (THEORY)

이 이론은 인구통계학적 상황의 변화를 몇 가지 단계로 구분한다. 첫 번째는 높은 사망률에 비례하여 출생률도 높아지는 단계로, 이때는 인구가 증가하지 않는다. 두 번째는 보건 위생의 개선이나 의학의 발달 같은 여러 가지 요인으로 사망률이 급락하지만 출산율이 높은 단계로, 이때는 인구가 증가한다. 세 번째는 출산율이 점점 감소하여 인구대체수준(여성 1인당 평균 2.05명) 한계점에 가까워지는 단계다.

**– 1차 에너지**PRIMARY ENERGY

가공하지 않은 자연 상태의 에너지원. 원유, 천연가스, 석탄, 바이오매스, 태양광, 수력, 풍력, 조력 및 원자핵 에너지 등이 이에 속한다.

**– 재생 에너지**RENEWABLE ENERGY

고갈되지 않는 에너지원 혹은 지질학적 시간의 규모에서는 무궁무진하다고 판단할 수 있을 정도로 빠른 시간 내에 재생되는 에너지원을 말한다. 재생에너지는 바람(풍력), 물(수력발전 댐, 조력발전), 태양(광전지 및 열 패널), 식물(목재, 식물성 대체연료), 지열 등 크게 다섯 가지로 분류된다.

**– 출산율**FERTILITY RATE

한 여성이 가임기간(15~49세) 동안 낳을 것으로 예상되는 평균 자녀의 수.

**– 출생률**BIRTH RATE

인구 1,000명 가운데 1년 동안 출생한 사람(사산은 제외)의 수가 차지하는 비율을 말한다. (출처: World Bank, UN 인구분과)

**– 컨테이너 물동량**CONTAINER TRAFFIC

항구에 적재하는 컨테이너의 수량은 지상 운송에서 해상 운송으로 이동되는 혹은 그 반대로 이동되는 컨테이너의 물동량으로 측정한다. 이때 컨테이너의 표준 크기는 20피트 컨테이너Twenty-Feet Equivalent Units, TEU를 기준으로 한다. (출처: World Bank)

**– 특별인출권**SPECIAL DRAWING RIGHT, SDR

1969년 IMF가 회원국들의 공식 외환보유액을 보충하기 위해 도입한 국제적 준비자산이다. SDR의 가치는 기존의 4개 표준바스켓통화(달러화, 유로화, 엔화, 파운드화)를 기준으로 삼았는데, 2016년 10월 1일부터 중국 위안화가 통화바스켓에 정식 편입됨으로써 5개로 확대되었다. SDR은 사용 가능한 다른 통화로 자유롭게 맞바꿀 수 있다. 2015년 11월 30일, 2,041억SDR(약 2,850억 달러에 상응)을 편성하여 회원국에 배정했다. (출처: IMF)

**– 플러스 에너지**PLUS-ENERGY

자체적으로 생산한 에너지가 소비한 에너지보다 더 많은 집이나 건물.

**– 힌두트바**HINDUTVA

인도의 민족주의 세력이 지지하는 이념으로, 이들은 인도를 힌두 국가로 간주하여 인도가 힌두교의 가치와 관습에 의해 통치되고 살아가야 한다고 생각한다.

# 참고문헌 및 출처

각 장에 실린 지도를 제작하는 과정에서 다룬 주제나 사용된 출처와 관련된 참고문헌(저작물, 보고서, 논문, 웹사이트)을 소개한다. 이 책에서 다룬 정보나 문헌들은 다양한 국제기구(UN, UNDP, 유엔환경계획, IMF, 세계은행, WHO, WTO, 아시아개발은행), 프랑스 국내기관, 연구센터 및 비정부기구들의 자료들을 참조한 것이다(이 기관들은 대개 인터넷으로 접속이 가능하다). 각 장마다 설명할 국가에 대하여 별도로 실은 정보들(면적, 국민, 인구통계, 경제, 예산 등)은 특히 다음 출처를 참조했다.

UN Data Country Profile : http://data.un.org/CountryProfile.aspx.
UN, World Population Prospects (The 2015 Revision), Department of Economic and Social Affairs (DESA), population division, 2015.
International Monetary Fund, World Economic Outlook Database, october 2015.
World Bank : Data (online), 2015.
World Bank, World Development Indicators 2015, december 2015.
Stockholm International Peace Research Institute (SIPRI) : SIPRI Military Expenditures Database, 2015 (www.sipri.org).

## 1장 다채로운 아시아

### 인구통계

G. Pison, Atlas de la population mondiale, Autrement, 2009 ; G. Pison, « Tous les pays du monde (2015) », Population et sociétés, n° 525, INED, septembre 2015 ; UN, World Population Prospects (The 2015 Revision), DESA, New York, 2015.

### 도시화

UN, World Urbanization Prospects (The 2014 Revision), DESA, New York, 2015 ; UN-Habitat, The State of Asian and Pacific Cities 2015. Urban Transformations Shifting from Quantity to Quality, United Nations Human Settlements Programme/Economic and Social Commission for Asia and the Pacific, 2015 ;
UN-Habitat, State of the World's Cities 2012/2013. Prosperity of Cities, 2012 ; NASA, Earth's City Lights. Data Courtesy Marc Imhoff of NASA GSFC and Christopher Elvidge of NOAA NGDC. Image by Craig Mayhew and Robert Simmon, NASA GSFC.

### 경제

J.-M. Bouissou et al., Les Géants d'Asie en 2025 : Chine, Japon, Inde, Éditions Philippe Picquier, 2013 ; J. Vercueil, Les Pays émergents. Brésil-Russie-Inde-Chine... Mutations économiques et nouveaux défis, Bréal, 2010 ; WTO, Statistiques du commerce international 2015, Geneva, 2015 ; IMF, World Economic Outlook Database, october 2015 ; World Bank : Data (online), 2015.

### 사회 불평등

UNEP, Rapport sur le développement humain 2015. Le travail au service du développement humain, New York, 2015 ; World Bank, World Development Indicators 2015, december 2015 ; WHO, World Health Statistic 2015, Geneva, 2015 ; UNICEF/WHO, Progrès en matière d'alimentation en eau et d'assainissement : rapport 2015 et évaluation des MDGs, Joint Monitoring Programme (JMP) for Water Supply and Sanitation, Geneva/New York, 2015 ; FAO, L'État de l'insécurité alimentaire dans le monde 2015, Rome, 2015 ; UN-Habitat, The Challenges of Slums. Global Report on Human Settlements 2003, Nairobi/London, UN-Habitat/Earthscan, 2003.

### 기후변화

F.-M. Bréon, G. Luneau (cartographie H. Piolet), Atlas du climat. Face aux défis du réchauffement, Autrement, 2015 ; N. Klein, Tout peut changer. Capitalisme et changement climatique, avec la traduction de G. Boulanger et N. Calvé, Actes Sud/Lux, 2015 ; UN, World Population Prospects (The 2015 Revision), 2015 ; World Bank, World Development Indicators 2015, december 2015 ; WHO, Ambient (Outdoor) Air Pollution in Cities Database 2014, 2015 ; NASA, Visible Earth et NOAA (National Oceanic and Atmospheric Administration) ; Chai Jing, Sous le dôme. Enquête sur le brouillard chinois, webdocumentaire (auto-financé), China, 2015.

### 부패

Transparency International, Indice de perception de la corruption 2015, 2016 ; Government of India, Provisional Coal Statistics 2013-2014, Ministry of Coal, Kolkata, 2014 ; Mahanadi Coalfields Limited, Orissa, India.

### 일본

É. Dourille-Feer, L'Économie du Japon, La Découverte, coll. « Repères économie », 2014 ; P. Pelletier (cartographie C. Fournier), Atlas du Japon. Après Fukushima, une société fragilisée, Autrement, 2013 ; J.-F. Sabouret, Japon. La fabrique des futurs, CNRS Éditions, 2011 ; WTO, Profils commerciaux 2015, Geneva, 2015 ; Government of Japan, National Report of Japan for the Fifth Review Meeting of the Convention on Nuclear Safety, september 2010 ; The Nuclear Energy Agency (NEA)/Organisation for Economic Co-operation and Development (OECD).

### 중국

F. Godement, Que veut la Chine ? De Mao au capitalisme, Odile Jacob, 2012 ; M. Aglietta, G. Bai, La Voie chinoise. Capitalisme et empire, Odile Jacob, 2012 ; WTO, Profils commerciaux 2015, Geneva, 2015 ; National Bureau of Statistics of China ; General Administration of Customs People's Republic of China, China Customs Statistics, 2015.

### 인도

C. Jaffrelot, La Démocratie en Inde. Religion, caste et politique, Fayard, 1998 ; F. Landy, A. Varrel, L'Inde. Du développement à l'émergence, Armand Colin, coll. « U », 2015 ; O. Da Lage, N. Da Lage, L'Inde de A à Z. Un abécédaire de l'Inde, André Versailles, 2010 ; WTO, Profils commerciaux 2015, Geneva, 2015 ; World Bank : Data (online), 2015 ; Census of India, Sample Registration System Bulletin, New Delhi, vol. XLIX, n° 1, september 2014 ; Election Commission of India.

### 싱가포르

P. Lorot et al., « Singapour, mirage ou miracle ? », Monde chinois, n° 30, Choiseul/ESKA, 2012 ; R. De Koninck, Singapour. La cité-État ambitieuse, Belin, coll. « Asie plurielle », 2006 ; WTO, Profils commerciaux 2015, Geneva, 2015 ; International Maritime Bureau, Piracy Reporting Center, 2015.

### 방글라데시

M. Gaborieau, Un autre islam. Inde, Pakistan, Bangladesh, Albin Michel, 2007 ; International Rice Research Institute, Manille, Philippines ; Bangladesh Agriculture Research Council, Dacca, Bangladesh ; WTO, Profils commerciaux 2015, Geneva, 2015 ; World Bank : Data (online), 2015 ; G. Turine, Le mur et la peur : Inde-Bangladesh, Actes Sud, coll. « Photo Poche », 2014.

### 라오스

V. Pholsena, Laos. Un pays en mutation, Belin, coll. « Asie plurielle », 2011 ; IMF, World Economic Outlook Database, octobre 2015 ; WTO, Profils commerciaux 2015, Geneva, 2015 ; Ministry of Planning and Investment, Investment Promotion Department, Laos ; Mekong River Commission, Sustainable hydropower, Phnom Penh/Vientiane, Cambodge/Laos.

## 2장 긴장 속의 아시아

### 전략적 소용돌이

The Military Balance 2015, The International Institute for Strategic Studies (IISS), London, 2015 ; Stockholm International Peace Research Institute, SIPRI Yearbook 2015. Armaments, Disarmament and International Security, Oxford University Press, 2015 ; Le Monde diplomatique, L'Atlas « Mondes émergents », 2012 ; Le Monde diplomatique, « Poudrières asiatiques », Manière de voir, n° 139, février-mars 2015 ; D. Ortolland, J.-P. Pirat, Atlas géographique des espaces maritimes, Éditions Technip, 2010.

### 군사화

SIPRI, SIPRI Military Expenditures Database, 2015 ; SIPRI : SIPRI Arms Transfers Database, 2015 ; The Military Balance 2015, The International Institute for Strategic Studies (IISS), London, 2015 ; The Senkaku Islands, Ministry of Foreign Affairs, Japon, mars 2013.

### 차이나메리카

T. Sanjuan (cartographie M. Benoît-Guyod), Atlas de la Chine. Un monde sous tension, Autrement, 2013 ; P. Buhler, La Puissance au xxie siècle. Les nouvelles définitions du monde, CNRS Éditions, 2011 ; S. Balme, D. Sabbagh, Chine-États-Unis. Fascinations et rivalités, Autrement, 2008

; IMF, *World Economic Outlook Database*, octobre 2015 ; World Bank : Data (online), 2015 ; *SIPRI*, SIPRI Military Expenditures Database, 2015 ; The World Factbook, Central Intelligence Agency (CIA), USA ; WTO, *Statistiques du commerce international 2015*, Geneva, 2015 ; WTO, *Profils commerciaux 2015*, Geneva, 2015 ; « The Trans-Pacific Partnership Countries », *The New York Times*, October 2015 ; United States Census Bureau, organisme de statistique des États-Unis.

### 중국해

D. Ortolland, J.-P. Pirat, *Atlas géographique des espaces maritimes*, Éditions Technip, 2010 ; B. Xu, « South China Sea Tensions », Council on Foreign Relations, New York, may 2014 ; The Asia Maritime Transparency Initiative (AMTI), Center for Strategic and International Studies (CSIS), Washington, USA, 2015 ; D. Rosenberg, Middlebury College, South China Sea (site Internet), USA ; « Carte : Revendications en mer de Chine du Sud », CERI et Atelier de cartographie de Sciences Po, 2010 ; *The Senkaku Islands*, Ministry of Foreign Affairs, Japan, march 2013 ; « Asia's Second-World-War Ghosts. The Unquiet Past », *The Economist*, august 2015.

### 한국

UN, Bureau des affaires du désarmement. Carto, n° 2, september-november 2010 ; P. Rekacewicz, « La Corée du Nord entre nucléaire et famine », *Le Monde diplomatique*, march 2006 ; Reuter (agence de presse), « North Korea Range of Missiles », April 9 2015 ; « North Korea Nuclear Facilities », september 16 2015. Stratford.

### 파키스탄

C. Jaffrelot, *Le Syndrome pakistanais*, Fayard, 2013 ; L. Gayer, *Karachi. Ordered Disorder and the Struggle for the City*, Hurst/HarperCollins/Oxford University Press, 2014 ; Institute for the Study of War, « The Afghanistan Project », Washington DC, USA ; S. Almukhtar, K. Yourish, « 14 Years After US Invasion, the Taliban are Back in Control of Large Parts of Afghanistan », *The New York Times*, 16 october 2015.

### 카슈미르

J.-L. Racine, *Cachemire. Au péril de la guerre*, Autrement, coll. « CERI/Autrement », 2002 ; UN, Section de la Cartographie, Cartes et sources d'information géographique, « Cachemire : UNMOGIP Deployment », 2015 ; « Carte : Revendications au Cachemire », CERI et Atelier de cartographie de Sciences Po, 2010 ; P. Rekacewicz, « Le Cachemire, un casse-tête cartographique », *Le Monde diplomatique* (Blog « Visions cartographiques »), february 2012 ; F. Landy, « Le Cachemire, un espace de conflits et de tensions », *L'Inde ou le grand écart*, La Documentation photographique, n° 8060, november-december 2007 ; P. Rekacewicz, « Carte : Sri Lanka, communautés et religions entremêlées », *Le Monde diplomatique*, march 2009 ; E.P. Meyer, « Massacres au Sri Lanka, triomphe de Colombo », *Le Monde diplomatique* (blog « Planète Asie »), may 2009.

### 아시아의 물

D. Blanchon, *Atlas mondial de l'eau*, Autrement, 2013 ; Mekong River Commission, Phnom Penh/Vientiane, Cambodge/Laos ; World Water Assessment Programme (WWAP).

### 오스트레일리아

L. Vacher et al. (cartographie C. Marin), *Atlas de l'Océanie*, Autrement, coll. « Atlas Monde », 2011 ; M. Ponsonnet, P. Grundmann, *Australie*, La Découverte, 2011 ; Department of Immigration and Border Protection, Australie ; National Oceanic and Atmospheric Administration (NOAA), USA.

## 3장 역동적인 아시아

### 실크로드

National Development and Reform Commission (NDRC), « Vision and Actions on Jointly Building Silk Road Economic Belt and 21st Century Maritime Silk Road », government of China, march 2015 ; Mercator Institute for China Studies, « China Mapping Silk Road Initiative », december 2015 ; « One Belt, One Road », *South China Morning Post*, November 3 2015 ; US Energy Information Administration, « International Energy Data and Analysis. China », 2015 ; Institut Confucius. Internet Movie Database (IMDb).

### 운송

Port of Rotterdam Data, 2015 ; Airports Council International (ACI), « World Airport Traffic and Rankings », mars 2015 ; Commission on Filipinos Overseas, « Profile of the Filipino Diaspora », government of Philippines, 2014 ; « Mapping the Diaspora », *The Economist*, november 2011 ; World Bank, « Malaysia Economic Monitor. Brain Drain », april 2011 ; National Oceanic and Atmospheric Administration (NOAA)/Voluntary Observing Ship Climate (VOSClim) Fleet/National Centers for Environmental Information (NCEI)/National Center for Ecological Analysis and Synthesis (NCEAS).

### 에너지

Asian Development Bank/APEC, *Energy Outlook for Asia and the Pacific*, Philippines, 2013 ; AIE, World Energy Outlook 2015, Paris, 2015 ; US Energy Information Administration, *International Energy Data and Analysis*, 2015 ; Department of Energy, « Rare Earth Element Resources », USA ; US Geological Survey, « Mineral Commodity Summaries. Rare Earths », January 2016 ; International Atomic Energy Agency (IAEA), 2015.

### 상하이

T. Sanjuan et al., *Atlas de Shanghai*, Autrement, coll. « Atlas/Mégapoles », 2009 ; UN, *World Urbanization Prospects (The 2014 Revision)*, 2015 ; *The State of China's Cities 2014-2015*, UN-Habitat, China Science Center of International Eurasian Academy of Sciences, 2014 ; UN-Habitat, *State of the World's Cities 2012/2013. Prosperity of Cities*, 2012.

### ASEAN

H. Tertrais *et al.* (cartographie C. Marin et M. Marie), *Atlas de l'Asie du Sud-Est. Les enjeux de la croissance*, Autrement, coll. « Atlas Monde », 2014 ; ASEAN (Internet site) ; APEC (Internet site).

### 인도네시아

F. Raillon, Indonésie. *Les voies de la survie*, Belin, coll. « Asie Plurielle », 2007 ; WTO, *Profils commerciaux 2015*, Geneva, 2015 ; M. Radday, « Borneo Maps », WWF Germany, 2007 ; H. Ahlenius, « Extent of Deforestation in Borneo 1950-2005, and Projection Towards 2020 », UNEP/GRID-Arendal, 2012.

### 타이

National Statistical Office, gouvernement de Thaïlande ; World Bank : Data (online) – Thailand, 2015 ; « Election 2011 », *The Nation*, Bangkok, July 4 2011 ; UNWTO, « Faits saillants du tourisme : édition 2015 », 2015.

### 미얀마(버마)

R. Egreteau, *Histoire de la Birmanie contemporaine. Le pays des prétoriens*, Fayard, 2010 ; G. Defert, *Les Rohingya de Birmanie. Arakanais, musulmans et apatrides*, Éditions Aux lieux d'être, 2007 ; Myanmar Election Commission ; The Myanmar Information Management Unit (MIMU), UN, Rangoon ; UNEP, *Rapport sur le développement humain 2015. Le travail au service du développement humain*, New York, 2015.

### 베트남

P. Brocheux, *Histoire du Vietnam contemporain. La nation résiliente*, Fayard, 2011 ; Encyclopédie Larousse, « Guerre d'Indochine et du Vietnam » ; Asian Revolutions in the Twentieth Century, « Ho Chi Minh (1890-1969). Major Events in the Life of a Revolutionary Leader », Expanding East Asian Studies, a Program of Columbia University ; J. Lacouture, *Hô Chi Minh*, Seuil, 1967 ; WTO, *Profils commerciaux 2015*, Geneva 2015 ; World Bank : Data (online), 2015.

### 부탄

R. Dompnier, *Bhoutan, royaume hors du temps*, Éditions Philippe Piquier, 2010 ; The Centre for Bhutan Studies & GNH Research, « Provisional Findings of 2015 Gross National Happiness Survey », Thimphu, 2015 ; J. Sachs et al., *World Happiness Report 2016*, Sustainable Development Solutions Network, New York, 2016.

# 찾아보기

## 감사의 글

이 테마 지도책은 〈지도의 이면〉이라는 프로그램(프랑스—독일 공동 방송채널 아르테<sup>Arte</sup>에서 제작)을 기획하면서 제작한 지도 및 자료들을 일부 추려 엮은 것이다. 이 아시아 지도책을 세상에 나올 수 있게 해준 로베르 쇼우아와 기욤 쇼에게 그 누구보다 감사의 말을 전한다. 더불어 장시간 이 광범위하고 긴 교육 프로젝트의 공동 작업에 참여한 모든 분들께도 심심한 감사를 표한다. 이 책은 기획력, 기술력, 동원된 지식, 미적 감각뿐 아니라, 식견, 친절, 인내, 유머감각들이 한데 뭉친 노하우의 산물이며, 요컨대 그것은 자신을 드러내지 않고 함께, 그리고 진지하게 일할 수 있었기에 가능한 작업이었다.
매주 두 팀이 이 프로젝트를 맡아주었다. 우선 프랑스 지도 제작 및 미래 연구소<sup>Laboratoire d'Etudes Prospectives et d'Analyses Cartographiques, Lépac</sup>의 마틸드 아벨, 타릭 엘 악타, 알렉시아 푸낭, 기욤 강들랭, 델핀 르클레르크, 밀랑 누블라, 앙투안 스퀴베, 비르지니 레송, 타콰 와레가 선행 작업을 맡았다(lepac.org). 그리고 아르테 방송사의 카트린 비종, 올리비에 칸, 피에르-장 카낙, 쥘리에트 드루아야, 피에르-올리비에 프랑수아, 토마 질로, 카를-하인츠 그림, 아르노 랑보리옹, 나타샤 니식, 디디에 오질, 프랑수아 페코스트, 파스칼 필로, 프레데리크 라마드, 세베린 라티에, 쥐디트 루, 미리암 방돔, 에마뉘엘 뱅상이 후속 작업을 해주었다(arte.tv/ddc).
또한 내 '역사적 통로'가 되어 준 친구들 클레르 오브레, 필리프 드 뵈켈라에, 베로니크 카일라, 프레데리크 르르노, 마리-로르 르사주, 안 프라델, 파스칼 소토비아, 크리스티앙 스토네에게도 고마움을 전한다.
매주 독일과 프랑스에서 약 50만 명의 시청자가 〈지도의 이면〉을 보고, 인터넷이나 TV5를 통해 전 세계 50만 명의 사람들이 이 프로그램을 시청한다. 두 팀이 없었다면, 프랑스 및 독일 합작 기능이 없었다면 이 프로젝트는 불가능했을 것이다.

# 지도로 읽는 아시아

2017년 11월  8일 초판 1쇄 인쇄
2017년 11월 15일 초판 1쇄 발행

지은이 | 장 크리스토프 빅토르
옮긴이 | 조민영
발행인 | 이원주
책임편집 | 이연수
책임마케팅 | 문무현

발행처 | (주)시공사
출판등록 | 1989년 5월 10일(제3-248호)

주소 | 서울시 서초구 사임당로 82(우편번호 06641)
전화 | 편집 (02)2046-2850 · 마케팅 (02)2046-2894
팩스 | 편집 · 마케팅 (02)585-1755
홈페이지 | www.sigongsa.com

ISBN 978-89-527-7944-1  03910

이 도서의 국립중앙도서관 출판예정도서목록(CIP)은 서지정보유통지원시스템 홈페이지
(http://seoji.nl.go.kr)와 국가자료공동목록시스템(http://www.nl.go.kr/kolisnet)에서
이용하실 수 있습니다. (CIP제어번호: CIP2017027367)